与世界相交　与时代相通

"十四五"时期国家重点出版物出版专项规划项目

"一带一路"交通运输国际工程建设与管理丛书

中老铁路软岩隧道
大变形控制技术

谭忠盛 著

**LARGE DEFORMATION CONTROL TECHNOLOGY OF
SOFT ROCK TUNNEL IN
CHINA-LAOS RAILWAY**

人民交通出版社

北京

内容提要

本书针对中老铁路软岩大变形隧道修建面临的技术挑战,基于国家自然科学基金项目开展的大变形控制技术研究成果,结合中老铁路隧道的工程建设实践,系统总结并提出了软岩大变形隧道主动控制方法。本书主要内容包括:琅勃拉邦缝合带地质构造特征、隧道围岩地应力测试及反演分析、琅勃拉邦缝合带软岩大变形隧道工程特性、软岩隧道围岩松动圈分析、软岩隧道大变形机理及分级、隧道大变形主动控制技术。

本书可供从事软岩大变形隧道设计、施工的技术人员阅读使用,也可作为高等院校相关专业师生的参考用书。

LARGE DEFORMATION CONTROL TECHNOLOGY OF SOFT ROCK TUNNEL IN CHINA-LAOS RAILWAY

序

FOREWORD

铁路作为基础设施互联互通的重要组成部分,在推动铁路沿线国家和地区经济发展的同时,也深化了共建"一带一路"国家和地区人民之间的友好情谊,成为高质量共建"一带一路"的重要支撑。中老铁路是一条连接中国和东南亚国家的国际铁路线,线路全长约1035km,既是共建"一带一路"的重要标志性工程,也是中老两国深厚友谊的生动体现。

中老铁路的建设面临一系列挑战,被称为"山川中的奇迹",全线桥隧比高达87.3%,是一条"不是穿行在洞中,就是穿行在空中"的铁路。中老铁路位于横断山脉南延段,铁路沿途山高谷深,地质复杂,如同在"地质博物馆"中修建铁路。铁路隧道的建设更是面临一系列的挑战:一是显著的地形高差,整体地势由北西向南东倾斜,地形起伏剧烈,最高点与最低点相对高差达2900m;二是复杂的地形条件,线路穿越"三山"(磨盘山、哀牢山、无量山)、横跨"四水"(元江—红河、阿墨江、把边江、澜沧江—湄公河),地形条件极为复杂;三是频发的地质灾害,中老铁路沿线地区地质活动频繁,存在滑坡、泥石流等自然灾害;四是严重的大变形问题,隧道穿越地质缝合带,地应力高、方向多变,加之围岩软弱、破碎,导致隧道施工产生严重大变形问题。为了确保铁路隧道建造和运营安全,亟须开展地质缝合带隧道大变形控制技术研究。

本书是对中老铁路穿越地质缝合带隧道大变形控制技术研究成果的总结，首先对琅勃拉邦缝合带地质构造特征进行分析，然后对大变形隧道地应力进行测试及反演，进而对大变形隧道工程特性及松动圈规律进行分析，提出地质缝合带隧道大变形机理及分级标准，最后通过总结和归纳相关工程实践经验，提出了一套软岩隧道大变形主动控制方法，并广泛应用于中老铁路软岩隧道工程实践中，有效控制了隧道大变形。

本书的出版对推动软岩隧道大变形控制技术的发展具有重要意义。通过阅读和学习本书，读者可以获得丰富的实践经验和创新思路，提高在软岩隧道工程中应对大变形问题的能力。希望本书能成为相关领域专业人士的参考工具，促进软岩隧道工程的技术进步和发展。

中国工程院院士

2024 年 5 月 10 日

前言

中老铁路北起中国昆明，南至老挝万象，全长1035km。中老铁路的开通运营是共建"一带一路"实打实的成就，是中国以更开放的姿态与世界分享发展机遇的典范，对推动中老命运共同体建设不断走深走实、促进区域内国家互联互通具有里程碑意义。中老铁路是泛亚铁路中线的重要组成部分，由北向南穿越老挝境内，沿线80%为山地和高原，地形起伏大。线路穿越数条规模巨大的断裂或板块缝合线，区域岩体破碎，软岩具有互层状结构，强度极低。受到缝合带非均匀构造应力挤压作用影响，岩体层理紊乱，结构形式多变，导致地应力大小、方向变化规律复杂，线路沿线多段发生严重大变形问题。

我国西南地区隧道工程一般位于青藏高原及其邻区，由于地质构造复杂，该地区地势起伏大、地形切割非常强烈，且山体受板块构造挤压，赋存了较高的构造应力，隧道施工中大变形灾害，尤其是软岩大变形灾害非常突出。近年来，众多学者和建设者对软岩大变形的工程特性、隧道变形及受力特征、变形破坏机理、变形控制技术等开展了大量研究，我国软岩大变形建设进入了一个新的发展时期。为此，总结出版一本适用于大变形隧道主动控制的专著很有必要。本书依托作者团队所承担的国家自然科学基金及相关重大科研项目的研究成果,并结合大量调研和工程实践经验总结编撰而成。全书详细介绍了软岩隧道围岩地应力测试及反演分析、工程特性、大变形分级、大变形机理、主动控制原理、变形控制技术,可为出现软岩大变形隧道的工程建设提供较为系统的指导与参考。

本书的编写得到了老中铁路有限公司、中铁二院工程集团有限责任公司、中国水利水电第三工程局有限公司、中铁八局集团有限公司等单位领导和专家的大力支持,在此表示诚挚感谢!感谢人民交通出版社对本书出版发行的大力支持以及所做的辛勤工作。同时,本书引用大量学者的研究成果,在此表示由衷的感谢。

本书的整体构思、统稿和审定由谭忠盛负责,其中,第1章由谭忠盛负责编写,第2章由杨旸、谭忠盛负责编写,第3章由杨旸、谭忠盛负责编写,第4章由谭忠盛、李松涛负责编写,第5章由李松涛、谭忠盛负责编写,第6章由谭忠盛、赵金鹏、张宝瑾负责编写,第7章由谭忠盛负责编写。全书的图、表由张宝瑾、王健、范晓敏、吴俊俊、李元卓、韩书臣、叶思根分工绘制。

当前,我国软岩隧道建设正处于高速发展时期,新技术、新工艺不断涌现,限于作者水平,书中难免存在疏漏和不足之处,恳请读者批评指正,以便后续修改完善。

作　者

2024年5月10日

目录

第1章 绪论 / 001

1.1 软岩基本介绍 / 001

1.2 高地应力及大变形等级划分 / 005

1.3 软岩隧道大变形控制技术概述 / 006

1.4 典型高地应力软岩隧道 / 012

1.5 中老铁路软岩隧道建设面临的挑战 / 031

1.6 中老铁路代表性软岩隧道工程概况 / 035

第2章 琅勃拉邦缝合带地质构造特征 / 039

2.1 地质缝合带演化及构造特征 / 039

2.2 琅勃拉邦缝合带断层分布特征 / 044

2.3 琅勃拉邦缝合带褶皱分布特征 / 051

2.4 琅勃拉邦缝合带新生构造行为 / 055

2.5 琅勃拉邦缝合带区域宏观应力场特征 / 069

第3章 隧道围岩地应力测试及反演分析 / 072

3.1 地应力影响因素分析 / 072

3.2 地应力测试方法及特点 / 076

3.3 空心包体应力解除法 / 081

3.4 水压致裂法 / 088

3.5 中老铁路代表性隧道地应力测试结果及分析 / 091

3.6 隧道宏观地应力场反演分析 / 101

第4章 琅勃拉邦缝合带软岩大变形隧道工程特性 / 114

4.1 缝合带岩性的宏观特征 / 114

4.2 缝合带炭质板岩物理及力学特性 / 130

4.3 缝合带隧道围岩大变形特征 / 163

第5章 软岩隧道围岩松动圈分析 / 192

5.1 隧道开挖围岩应力释放特征 / 192

5.2 考虑应力释放的隧道松动圈理论解 / 195

5.3 考虑应力释放的隧道变形力学机制分析 / 205

5.4 隧道围岩松动圈测试 / 213

5.5 典型隧道松动圈测试结果分析 / 219

第6章 软岩隧道大变形机理及分级 / 229

6.1 隧道大变形影响因素 / 229

6.2 隧道大变形机理 / 232

6.3 中老铁路软岩隧道大变形分级 / 235

第7章 隧道大变形主动控制技术 / 238

7.1 隧道大变形主动控制方法 / 238

7.2 隧道合理断面形式及预留变形量 / 240

7.3 长短锚杆协同作用 / 246

7.4　仰拱及时封闭 / 254

7.5　初期支护加强 / 257

7.6　注浆加固围岩 / 261

7.7　二次衬砌施作时机 / 264

7.8　工程应用 / 268

参考文献 / 279

CHAPTER 1

| 第1章 |

绪　　论

老挝,素有"中南半岛屋脊"之称,是东盟国家中唯一的内陆国家,国土狭长,山地和高原约占国土面积的80%。在中老铁路开通前,老挝仅有一段长约3.5km的铁路连接泰国,交通因素成为制约其经济发展的一大因素。中老铁路是首条以中方为主投资建设、全线采用中国技术标准、使用中国设备并与中国铁路网直接连通的国际铁路项目,也为我国的铁路修建技术登上国际舞台带来巨大契机。不同于以陆核为主的单一大陆,老挝是由不同年代微陆块间多次碰撞和造山运动演化汇聚而成的复合拼接型大陆。本书以中老铁路工程建设为背景,详细总结了缝合带软岩隧道建设过程中的大变形相关研究成果和施工经验。中老铁路地质构造复杂,继承了不同历史阶段和不同陆块的地质特征,存在多条不同性质及走向的地质缝合带。这些复杂的地质条件对软岩隧道的建设提出了极大挑战。

1.1 软岩基本介绍

1.1.1 软岩定义

岩体作为赋存于自然界中的复杂介质,是各种矿物的集合体,由于其发展形成过程经历了不同时期的地质构造变迁,遭受了不同的地应力变化、风化作用及人类活动等综合因素影响,使其受荷历史、成分和结构特征形成差异,从而呈现出不同程度的非线性、不连续性、非均质性以及各向异性等复杂特征。

国际岩石力学学会在1981年举办的国际软岩学术研讨会中将软弱岩石（包括软弱夹层）、因断裂或节理裂隙发育而削弱的岩石、因风化而削弱的岩石纳入软岩的范畴。1990年，国际岩石力学学会将软岩定义为饱和单轴抗压强度介于0.5~25MPa的松散、破碎、软弱及具有风化膨胀性的一类岩石的总称。我国的《工程岩体分级标准》(GB/T 50218—2014)将饱和单轴抗压强度R_c小于30MPa的岩石定义为软质岩，并给出了软质岩的定性和定量描述，见表1-1。

软质岩的定性与定量描述　　　　表1-1

坚硬程度	较软岩	软岩	极软岩
定性鉴定	锤击声不清脆，无回弹，较易击碎，浸水后指甲可刻出印痕	锤击声哑，无回弹，有凹痕，易击碎，浸水后手可掰开	锤击声哑，无回弹，有较深凹痕，手可捏碎，浸水后，可捏成团
R_c(MPa)鉴定	30~15	15~5	≤5
代表性岩石	(1)强风化的坚硬岩；(2)中等(弱)风化的较坚硬岩；(3)未风化~微风化的凝灰岩、千枚岩、砂质泥岩、泥灰岩、泥质砂岩、粉砂岩、砂质页岩	(1)强风化的坚硬岩；(2)中等(弱)风化~强化的较坚硬岩；(3)中等(弱)风化的较软岩；(4)未风化的泥岩、泥质页岩、绿泥石片岩、绢云母片岩等	(1)全风化的各种岩石；(2)强风化的软岩；(3)各种半成岩

然而，上述指标性或描述性的软岩定义均是未考虑地应力等地质环境和工程作用影响的单因素分类，在实际隧道及地下工程应用时将会形成矛盾，目前国内外关于软岩的定义仍有分歧。例如，当岩体承受足够大的地应力时，硬岩同样会表现出与软岩相似的塑流状特征，而当岩体承受的地应力足够小时，软岩并不会表现出相应的力学规律。因此，工程处于极高地应力环境时同样会产生软岩大变形的难题，而关于软硬岩体的界定也应基于外部荷载的动态变化而定。何满潮院士则明确指出，目前普遍采用的软岩定义更多的是基于地质学的软岩划分，但不能应用于工程实践，从而提出工程软岩的概念。

所谓工程软岩，是指在工程力作用下能产生显著塑性变形的工程岩体。

其中,显著塑性变形通常表示隧道及地下工程中围岩以塑性变形为主体的变形量超过了工程设计的允许值,影响了工程正常使用及安全性。该定义强调了软岩与工程荷载之间相互辩证、对立、统一的关系,不仅应重视软岩自身的强度特性,更应注重软岩承受工程荷载的能力,通常通过软化指数来评价工程软岩的软硬程度(表1-2)。软化指数定义为软化临界荷载与工程岩体中最大应力的比值,即:

$$f_s = \frac{\sigma_{cs}}{\sigma_{max}} \tag{1-1}$$

式中:f_s——软化指数;

σ_{cs}——软化临界荷载(MPa);

σ_{max}——工程岩体中最大应力(MPa)。

岩石软化程度分类　　　　　　　　　　表1-2

软岩类型		f_s	工程力学状态
非软岩		≥1.0	弹性
软岩	准软岩	1.0~0.8	局部塑性
	一般软岩	0.8~0.5	全断面塑性
	超软岩	0.5~0.3	扩容、膨胀为主的塑性
	极软岩	<0.3	扩容、膨胀和高应力挤出为主的塑性

1.1.2 软岩的矿物组成

软岩的矿物成分和颗粒间的结构形式是决定其力学性质的主要因素,其中大小不等、形状不一的矿物颗粒在以不同的排列方式组合后形成软岩固体结构的主要部分,固体颗粒的孔隙中充填液体和气体,三者相互混合形成软岩的物质基础。矿物成分的稳定性是影响软岩物理力学性能的关键,各种矿物成分的稳定性主要与其化学成分、结晶特征密切相关,再根据其经历的风化、迁移、沉积等形成条件的不同,一般可以将矿物成分划分为原生矿物、次生矿物和有机质,见表1-3。

软岩的矿物成分主要类型　　　　　　　表1-3

矿物成分类型	性状描述	典型矿物
原生矿物	保留矿物体风化作用前母岩的矿物;化学成分和结晶构造未发生改变;具有坚实稳定的晶格	长石、石英、云母、橄榄石、辉石、角闪石等

续上表

矿物成分类型	性状描述	典型矿物
次生矿物	经历风化作用改造后形成的新生矿物；化学组成和构造都发生改变；具有活动的晶格，呈高度分散性，强烈的吸附交换性，胶体特征明显	高岭石、水云母、蒙脱石等
有机质	由动植物残骸在微生物作用下分解形成	泥质体、炭质体

1.1.3 软岩的工程力学性质

软岩在工程中表现出多种独特的工程力学特性，这些特性对工程设计和施工具有重要影响。软岩的主要工程特性包括强度低、变形大、弹性模量小、流变性强，以及显著的水理性质。具体而言，软岩常常在受到外部荷载时表现出显著的变形能力，且由于其弹性模量较小，软岩在受力后容易产生较大的弹性变形和塑性变形。此外，软岩的流变性强，即在恒定荷载作用下，软岩会随着时间的推移逐渐产生变形，这种特性对长期稳定性提出了挑战。软岩还具有显著的水理性质，其遇水后容易软化，强度降低，甚至可能出现渗透和崩塌的风险。影响工程性质的主要因素包括结构连接形式和微结构面。

（1）结构连接形式

软岩中的矿物颗粒之间的连接主要通过结晶连接和胶结连接两种方式实现。结晶连接是矿物颗粒通过结晶相互紧密嵌合形成整体，而由于晶粒大小、均匀程度、玻璃质含量的不同，强度性质将产生明显差异，一般表现为晶粒越细，均匀程度越高，玻璃质含量越少，强度越高。胶结连接则通常指的是矿物颗粒间通过不同胶结物和胶结方式连接在一起。软岩中常见胶结物一般以泥质为主。根据胶结方式一般可以划分为基质胶结、接触胶结、孔隙胶结三类，其中基质胶结是矿物颗粒间完全受胶结物包围，接触胶结是在颗粒接触部位存在胶结物胶结，孔隙胶结则是胶结物充填到孔隙中，胶结效果也比前两种更紧密。总体而言，由于软岩中胶结物的胶结强度普遍较低，胶结效果较差，进而导致岩石强度普遍较低。

（2）微结构面

构成软岩的矿物颗粒内部及矿物颗粒间往往存在极小的弱面和空隙，由此构成岩石的微结构面，主要表现为矿物解理、晶格缺陷、晶粒边界、粒间空隙、微裂隙等。由于不同微结构面的交错影响,导致软岩在承受外部应力时,微结构面发生应力集中,从而大大降低软岩的强度性能,并且导致岩石的各向异性。

1.2 高地应力及大变形等级划分

国内外关于高地应力、极高地应力的判定通常通过地应力绝对值与岩体(石)强度应力比综合判定。最初认为当地应力数值在20~30MPa以上时即为高地应力。2014年,我国在《工程岩体分级标准》(GB/T 50218—2014)中以岩石的强度应力比进行判定:$R_c/\sigma_{max}<4$为极高地应力,$R_c/\sigma_{max}=4\sim7$为高地应力(其中,R_c为岩石饱和单轴抗压强度,σ_{max}为最大初始地应力)。此后,有学者意识到,原岩的岩石强度并非是在高地应力条件下岩体产生挤压性大变形的必要条件。因此,2018年,中铁第一勘察设计院集团有限公司基于R_c与σ_{max}两个指标提出高地应力的划分标准,规定当满足$R_c/\sigma_{max}=2\sim7$或$\sigma_{max}=10\sim40$MPa时为高地应力,其中,满足$R_c/\sigma_{max}<2$或$\sigma_{max}\geqslant40$MPa时为极高地应力。

目前国内外关于挤压性大变形的划分指标主要包括R_b/σ_0(R_b为岩石单轴抗压强度,σ_0为初始地应力)、R_{cm}/σ_0(R_{cm}为岩体单轴抗压强度)、R_{cm}/σ_θ(σ_θ为根据弹性理论计算的洞周切向应力)、相对变形量等。

采用R_b/σ_0指标时,一般认为:R_b/σ_0介于2~4时,围岩为轻度~中度挤压,R_b/σ_0小于2时,围岩发生严重挤压。值得注意的是,我国《工程岩体分级标准》(GB 50218—2014)及相关行业规范采用该指标时,σ_0通常采用σ_{max},即最大初始地应力。此外,Barla、Hoek和刘志春等采用R_{cm}/σ_0指标对地层挤压性进行了分级,喻渝等采用R_{cm}/σ_0指标对围岩挤压性大变形进行了分级,见表1-4、表1-5。我国学者多采用相对变形量进行围岩挤压大变形的分级,且以3级为主(表1-6)。

基于R_{cm}/σ_0指标的地层挤压程度分级　　　　表1-4

学者	无挤压	轻微	中等	严重	非常严重
Barla	$x>2.0$	$2.0\leqslant x\leqslant0.8$	$0.8<x\leqslant0.4$	$x<0.4$	—
Hoek	$x>0.45$	$0.45\leqslant x\leqslant0.28$	$0.28<x\leqslant0.2$	$0.2<x\leqslant0.14$	$x<0.14$
刘志春	$x>0.3$	$0.3\leqslant x\leqslant0.2$	$0.2<x\leqslant0.15$	$0.15<x\leqslant0.1$	$x<0.1$

注:表中x代表R_{cm}/σ_0。

基于 R_{cm}/σ_0 指标的围岩挤压型大变形分级 表1-5

学者	无大变形	大变形分级			备注
		Ⅰ	Ⅱ	Ⅲ	
刘志春	$x>0.5$	$0.5≤x≤0.25$	$0.25<x≤0.15$	$x<0.15$	—
喻渝	$x>0.33$	$x<0.33$			侧压力系数=1
	$x>0.5$	$x<0.50$			侧压力系数=2

注：表中 x 代表 R_{cm}/σ_0。

采用相对变形判别挤压大变形等级(单位:%) 表1-6

学者	正常变形	大变形等级		
		Ⅰ	Ⅱ	Ⅲ
徐林生	$y<1.5$	$1.5≤y≤3$	$3<y≤5$	$y>5$
刘志春	$y<3$	$3≤y≤5$	$5<y≤8$	$y>8$
李国良	$y<2$	$2≤y≤3.5$	$3.5<y≤5$	$y>5$

注：表中 y 表示相对变形。

1.3 软岩隧道大变形控制技术概述

1.3.1 软岩隧道变形控制理论

国际岩石力学学会(ISRM)的挤压性岩石委员会定义挤压现象为一种在隧道(或大型地下洞室)开挖过程中与时间有关的大变形,与岩石材料的黏弹塑性行为及流变时效特征有相当程度的关联性。围岩的收敛机理包括五个方面,分别为岩体扩容、挠曲、塑性楔体移动、膨胀和流变。Aydan等将隧道围岩挤压变形机制定性为完全剪切破坏、弯曲折断破坏、剪切滑移破坏三种。隧道产生大变形的起因可以分为岩性膨胀型、围岩应力扩容型、结构变形型及以上三类的复合型四种,应根据断层产状、构造运动、地形地貌、地壳剥蚀程度、隧道埋深、围岩岩性等指标综合确定软岩大变形类型及衍发机制。此外,李术才等将隧道大变形按成因与机制分为应力型、材料型和结构型三类,见表1-7。

隧道大变形类型及成因机制 表1-7

大变形类型	成因及机制	变形特征
应力型	岩体强度过低,在高应力作用下发生剪切破坏,进而失稳发生整体大变形	变形具备明显的优势部位和方向
材料型	黏土矿物,如高岭石、蒙脱石、云母等矿物遇水发生化学反应,产生体积膨胀,进而产生大变形	变形无明显优势部位和方向

续上表

大变形类型	成因及机制	变形特征
结构型	由于岩体结构面强度较弱，在地下空间开挖后，岩体沿结构面如层理、节理等发生滑移、松动产生的大变形	大变形沿岩体结构面发生，一般具备突发性

新奥法是目前国内外隧道界一直沿用的施工支护理论，强调充分利用围岩自承载能力，但充分利用围岩自承载能力的前提是深刻了解围岩-支护间的相互作用机理，从而能在最大限度发挥围岩自承载能力的情况下选择合理的支护形式，保证工程建设经济、安全。1978年由法国地下工程协会(AFTES)提出的收敛约束法成为目前最常用的围岩—支护相互作用关系研究方法，其通过获得围岩特征曲线与支护特征曲线，建立最佳契合点，实现支护结构的最优化选择，但该方法也有一定的局限性，收敛约束法的基础离不开岩体材料的本构关系特性，它是该方法的要害所在，但其应用程度存在一定的限制。Asef等通过迭代方法建立围岩—支护相互作用的数值模型。同时，Eisenstein等考虑隧道施工的空间效应，通过分析隧道拱顶位移及应力分布规律得出围岩特征曲线计算方法。

随着基础理论发展，国内相关学者也针对软岩隧道的围岩-支护相互作用关系，形成了多个颇具影响力的支护理念。例如，于学馥提出的轴变理论指出隧道围岩的失稳破坏是改变了隧道轴比。陆家梁将新奥法与软岩隧道工程问题相结合，提出以"先柔后刚，先让后抗，柔让适度，稳定支护"为原则的联合支护理论。何满潮基于非线性大变形理论和软岩变形力学机制，提出软岩工程力学支护理论。孙钧等建立锚喷弧板支护理论，并提出对于软岩放压支护应适时而止，采取高强度的锚喷弧板支护能够有效实现先柔后刚的支护效果。方祖烈等认为隧道深部围岩应力重分布表现为拉压状态，并根据拉压区域特征建立了主次承载区的支护理论，认定压应力区域和拉应力区域分别表示围岩主承载区和次承载区。

董方庭等提出松动圈支护理论，认为隧道变形的主要因素为松动圈发展过程中的剪胀变形。何满潮结合非线性大变形力学理论考虑矿山大变形问题，认为岩土工程大变形的标志是岩体进入了显著的塑性变形阶段，同时根据围岩的变形破坏特征、特征性矿物、力学作用和特点，认为软岩变形破坏机制与软岩本身性质、结构面与洞室结构的三个方面有关。刘高等从围岩的岩性条件、地下水条件、地应力条件以及隧道变形破坏特征等方面分析,得出木寨岭隧道结构出现大变形破坏是围岩塑性流动与围岩膨胀变形综合作用的结果。李磊结合成兰铁路茂县隧道,从理论分析和现场测试研究挤压性陡倾千枚岩隧道的大变形机制,得出大变形诱发机理是高构造应力、陡倾围岩产状、低围岩强度、施工扰动等多因素耦合作用产生的渐进破坏形式,如图1-1所示。吴永胜通过千枚岩岩体的物理力学试验,从微观角度分析了成兰铁路千枚岩隧道的大变形机理。

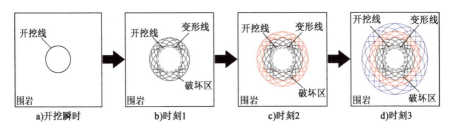

图1-1 隧道挤压大变形围岩渐进破坏

国内多座隧道发生大变形问题均以层状软岩为主,如兰新铁路的大梁隧道,兰渝铁路的毛羽山隧道、乌鞘岭隧道、木寨岭隧道,成兰铁路的茂县隧道、杨家坪隧道等。因此国内外部分学者基于层状岩体力学简化模型对软岩大变形机理进行阐述。孙广忠于1984年针对层状岩体提出"板裂结构"和"板裂介质岩体力学"的概念,并将岩体力学概括为连续、碎裂、块裂及板裂的四种介质力学,指出对于隧道及地下结构施工中层状岩体的弯曲变形和溃屈破坏都属于板裂结构破坏问题,其基于模型试验结果,指出高地应力作用下层状围岩变形包含岩体材料本身的回弹变形和岩体结构的梁板弯曲变形,层状岩体倾角及地应力大小将直接影响变形机制,如图1-2所示。

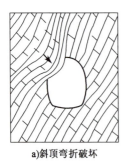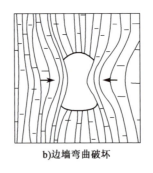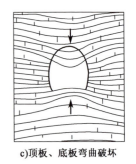

图1-2 层状岩体变形及破坏模型

1.3.2　软岩隧道支护技术

目前国内外隧道支护技术中应用最广泛的应属锚喷支护,自20世纪50年代至今,关于锚喷支护的研究理论与实践经验积累,已经形成一套相对完善的隧道支护体系。但面对软岩隧道变形大、围岩自稳能力弱的问题,初期支护难以抵抗变形,二次衬砌施作时机难以把控,隧道施工期和运营期的安全难以保障。大量学者从钢架支护结构、锚杆支护结构、隧道施工方法等多个方面对软岩隧道变形控制技术开展研究。

(1)钢拱架控制技术

王襄禹等基于软岩的变形机制,提出在支护钢架背后主动预留刚柔层,通过保证柔性层足够强度来限制支护钢架的破坏,并采取数值计算对该控制措施的可行性进行了验证分析。汪波等研究提出了基于"及时—强—让压"原理的支护技术,在保证结构承载性能的同时允许隧道发生一定变形,如图1-3a)所示。刘招伟等依托乌鞘岭隧道,设置采用不同支护参数的对比试验段,得出采用H175钢拱架+柔性预应力锚索+钢纤维喷射混凝土作为初期支护结构能够较好地应用于隧道变形控制。李术才等自主研发的钢格栅混凝土核心筒支护结构秉承"先柔后刚"的支护理念,前期通过格栅拱架柔性支护特点发挥围岩自承载能力,并以后期混凝土核心筒结构控制围岩持续变形增长,如图1-3b)所示。江玉生等对某公路隧道型钢钢架受力形式进行现场实测分析,指出钢架拱架及衔接位置受力较大。徐帮树等通过数值模拟方法建立型钢喷射混凝土的安全性评价方法,并对公路隧道的型钢支护结构安全性进行评价分析。张德华基于围岩—支护特征曲线,同时考虑喷射混凝土的硬化效应影响,研究了高地应力隧道型钢钢架与格栅钢架支护适用性,综合提出了适合软岩大变形隧道的合理支护形式。李为腾等对现阶段钢管混凝土拱架在大变形隧道中的应用与发展进行剖析,指出目前钢管混凝土拱架支护体系设计理论并不完善,图1-3c)所示为钢管混凝土在大变形隧道中的应用情况。

a)可收缩钢架支护

b)钢格栅混凝土核心筒支护结构

c)钢管混凝土支护结构

图1-3 软岩大变形控制技术

(2)锚杆及锚索控制技术

邹志晖等通过相似模型试验方法,模拟了锚杆在不同地层中的作用效果和影响机制,并通过试验拟合得出计算岩体参数的经验公式。高谦等通过考虑围岩碎裂蠕变特性的数值计算方法,对高应力软岩的预应力锚索变形控制技术进行分析验证,得出锚索的有效支护长度。郭小红、王梦恕对不同地质环境的锚杆作用效应进行分析,提出基于承载拱理论的锚杆承载力计算方法,依据计算分析提出软弱围岩中密集布置系统锚杆的作用效果并不强,建议采用长、疏的锚管布置方式。余伟健等研究了长锚索和锚网喷组合支护在深埋软岩隧道中的应用,提出叠加拱承载体力学模型,将模型与实际工程结合,计算分析发现通过该组合支护方式能够有效提高围岩峰后强度,有利于围岩长期稳定。姚强岭等结合高地应力软岩自稳性差的问题,通过数值分析提出了锚杆与注浆锚索联合支护的变形控制技术,在现场应用发现能够有效减小松动区范围。赵景彭利用通用离散单元法程序(Universal Distinct Element Code,UDEC)对不同岩层倾角时的围岩稳定性进行计算分析,并对各种岩层倾角下锚杆的支护效果进行对比,提出锚杆打设角度与岩层节理面呈大角度相交时更易发挥锚固效果。洪开荣等通过数值计算对比分析了掌子面玻璃纤维锚杆预加固和管棚超前支护作用效果,发现玻璃纤维锚杆对掌子面前方塑性区控制效果更明显,管棚超前支护则主要对掌子面上方围岩塑性区发展起控制作用。孙洋通过分析总结隧道大变形诱发因素,结合理论分析,提出以长锚杆支护为主的变形控制技术,综合现场试验论证了长锚杆支护在软岩隧道中能够更好发挥围岩自承载能力。何满潮自主研发了恒阻锚杆和吸能锚杆,并通过室内试验和现场试验对锚杆支护性能进行验证,均得到了较好的支护效果。

1.3.3 软岩隧道施工技术

基于上述软岩隧道支护理论,众多学者结合实际工程提出了许多变形控制技术并进行了现场应用。目前来看,高地应力软岩隧道大变形控制技术主要可以分为开挖方法和支护技术两个方面,其中支护技术又可以分为柔性支护和刚性支护。

目前隧道爆破开挖方法主要包括全断面法、台阶法、中隔壁法(Center Diaphragm,CD法)、交叉中隔墙法(Cross Diaphragm method,CRD法)、双侧壁导坑法等。对于软岩隧道,考虑围岩稳定性问题,主要采用分部开挖法,其中CD法、CRD法、双侧壁导坑法及其演变工法等可以保证隧道开挖过程中的初期支护分部成环,提高支护的整体稳定性,有利于控制围岩变形。但由于其工序复杂、施工进度慢、成本高、临时支撑拆除风险大等原因,主要适用于浅埋大断面隧道及对地表沉降控制要求严格地段。

台阶法由于其合理的经济性、灵活性,是目前软岩隧道中的主要施工方法。通过对国内外典型软岩大变形隧道开挖方法进行调研,几乎所有隧道都采用台阶法施工,主要包括两台阶法、三台阶法及其演化工法。基于此,国内外大量学者对台阶法及其演化工法对变形控制作用进行了研究,通过对台阶长度、初期支护封闭距离、开挖进尺等因素的分析,结果一致表明封闭初期支护,减小对围岩的扰动是台阶法施工变形控制的关键。此后,经过兰渝铁路两水隧道、木寨岭隧道等大量工程实践,工程技术人员提出了"快挖、快支、快封闭"的微三台阶预留核心土开挖方法,其目的还是强调初期支护的及时性,既包括初期支护及时施作,又包括初期支护及时封闭,使初期支护在最短时间内发挥最大作用。

随着掌子面控制技术的不断发展及新意法的推广应用,为达到及时封闭初期支护的目的,近年来软岩大变形隧道中也逐渐出现了大断面开挖方法,主要通过合理的掌子面超前加固,采用两台阶带仰拱开挖方法。如陈亮依托锦屏水电站引水隧洞软岩段,以及廖雄、李磊依托成兰铁路杨家坪隧道开展了两台阶带仰拱的大断面开挖方法研究,隧道两次爆破开挖成形,可以及时封闭初期支护,取得了良好效果。

1.4 典型高地应力软岩隧道

国内外很多隧道在修建时或运营后遇到了高地应力软岩大变形问题,典型的有瑞士与意大利交界处的辛普朗Ⅰ线隧道,奥地利的陶恩隧道和阿尔贝格隧道,日本的惠那山隧道,中国的家竹箐隧道、木寨岭隧道、乌鞘岭隧道等。本节收集了典型高地应力软岩大变形隧道相关信息,主要内容包括隧道用途(线别)、修建时间、隧道长度、断面净空、线路埋深、地应力、地层特征、变形特征、支护措施等。

(1)辛普朗Ⅰ线隧道(Simplon Tunnel)

辛普朗Ⅰ线隧道北起瑞士的布里格,南至意大利的伊塞尔,是世界首条遇到挤压性软岩大变形的交通隧道,修建时间为1896年至1906年,长度为19.8km,埋深为1400~1800m,隧道断面宽9.3m、高10.3m,该隧道地质纵断面如图1-4所示。穿越地层为钙质云母片岩,支护结构主要为重型木支护和工字钢支护,大变形处理段为工字钢和混凝土。施工期间多次发生严重的围岩大变形,如图1-5所示。大变形洞段长度仅有42m,但施工工期却达到了18个月,反复扩挖后的最大开挖断面达到9.3m×10.3m。尽管如此,隧道在竣工若干年后,强大的山体压力再次引起横通道边墙、拱部和隧底破裂、隆起。

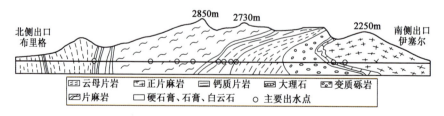

图1-4 辛普朗Ⅰ线隧道地质纵断面示意图

图1-5 辛普朗Ⅰ线隧道大变形情况

（2）惠那山隧道（Enasan Tunnel）

惠那山隧道为双洞隧道，位于日本中央公路的两宫线上，分为Ⅰ号隧道和Ⅱ号隧道，埋深400~450m，洞跨12m，穿越地层岩性为变质角页岩、断层破碎带和风化花岗岩，地应力为10~11MPa，围岩天然状态下的单轴抗压强度为1.7~4.0MPa，该隧道地质纵断面如图1-6所示。其中，Ⅰ号隧道完工于1975年，施工期间拱顶最大沉降93cm，边墙最大收敛112cm，造成喷射混凝土开裂掉落，如图1-7所示，支护结构为型钢（H250）+钢衬板+模筑混凝土（两层，第二层含H200钢架）；Ⅱ号隧道完工于1985年，施工期最大变形量56cm，稳定时长超300d，控制措施为预留变形量（上部50cm，中部30cm，下部25cm）+锚杆（9~15m）+喷射混凝土（钢纤维混凝土）+钢架（可缩）+衬砌（素混凝土）。

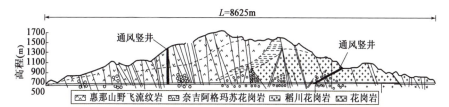

图1-6 惠那山隧道地质纵断面示意图

图1-7 惠那山隧道喷射混凝土开裂掉落

(3) 家竹箐隧道

家竹箐隧道的修建时间为1992年至1997年,长度4.99km,最大埋深404m(大变形段247~402m),净空断面面积82.5m²(宽9.34m,高10.47m)。隧道穿越的地层岩性为玄武岩、煤系地层、灰岩、断层破碎带(大变形段为煤系地层),隧道地质纵断面如图1-8a)所示。实测地应力为16.09MPa,煤系地层的单轴抗压强度为1.7MPa,大变形段的围岩变形拱顶处为50~80cm(最大240cm)、侧壁处为50~60cm(最大160cm)、隧底处为50~80cm(最大100cm),采取的先期支护措施为锚杆(3m)+钢架(无仰拱)+喷射混凝土(4cm)+模筑(18cm),处理措施为预留变形量(拱45cm,墙25cm)+优化断面+锚杆(8m)+钢架(全环、U29可缩)+喷射混凝土(初喷20cm,复喷15cm)+衬砌(外层55cm、内层25cm的双层模筑钢纤维混凝土),该隧道大变形情况如图1-8b)、c)所示。

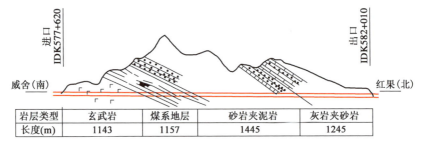

a) 家竹箐隧道地质纵断面示意图

b) 拱顶处病害

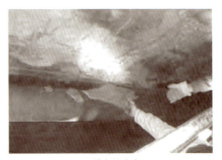

c) 隧底处病害

图1-8 家竹箐隧道条件

(4) 鹧鸪山隧道

鹧鸪山隧道位于海拔3200m处,为分离式小净距隧道,是国内具有代表性的高寒高瓦斯特长隧道之一,左线长8808m,最大埋深1392m,右线长8778m,最大埋深1242m,隧道开挖断面宽13.4m,高11m,开挖断面面积为

117m²。穿越的地层主要为互层浅变质岩系(千枚岩、板岩、变质砂岩等),如图1-9a)所示,鹧鸪山隧道K184+150~K186+140段主要受钻金楼倒转背斜、米亚罗压扭性断层综合影响,共穿越5条断层,总宽度超过1km。其中,F5断层[图1-9b)]在隧道表面里程为K186+514~K186+729,其埋深最大,平均埋深约为960m,K186+512~K186+497段破碎层厚约为0.4m[图1-9c)],充满千枚岩碎屑、泥质等充填物。地应力实测最大值23.58MPa,围岩变形滞后且持续时间长,初期支护侵限隧道净空30cm,且局部有塌方[图1-9d)],初期支护为锚杆(3.5~5m)+钢架(格栅、型钢)+喷射混凝土+超前小导管。

a)千枚岩和板岩互层围岩

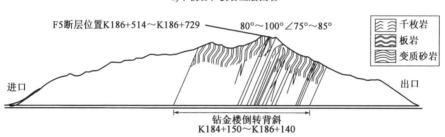

b)鹧鸪山隧道F5断层示意图

c)K186+512~K186+497破碎带围岩情况　　　　d)拱顶坍塌

图1-9　鹧鸪山隧道地层条件

(5) 乌鞘岭隧道

乌鞘岭隧道的修建时间为2003年至2006年,长20.05km,埋深450~1100m,隧道地质纵断面如图1-10a)所示,净空断面面积为87.5m²(宽7.8~10.6m,高8.8~10.6m)。隧道发生大变形段的岩性为千枚岩、板岩,且有断层经过,实测地应力33MPa,与隧道线路夹角平均值为40°,岩石单轴抗压强度0.7~2.5MPa,围岩最大变形量120cm、最大变形速率16.8cm/d,支护措施为超前管棚+锚杆(4m,中空注浆)+锚杆(6.5m)+喷射混凝土+钢架。采用三台阶钻爆法施工以千枚岩、板岩为主的乌鞘岭隧道V级围岩破碎段时,出现了不同程度的围岩变形与支护结构破坏,例如掌子面频繁溜塌[图1-10b)],初期支护开裂、掉块[图1-10c)],拱架接头挤压破坏严重以及初期支护部分压溃侵限等。

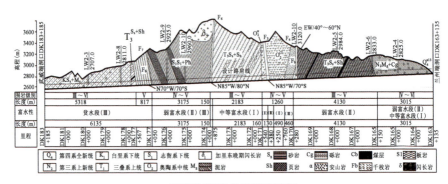

a) 乌鞘岭隧道地质纵断面示意图

b) 掌子面溜塌

c) 初期支护变形开裂

图1-10 乌鞘岭隧道地层条件

(6) 堡镇隧道

堡镇隧道的修建时间为2004年至2008年,隧址区地质如图1-11a)所示,长度11.6km,最大埋深630m(其中大变形段埋深约380m),堡镇隧道地质条件极其复杂,隧道穿越高地应力的炭质页岩地区,局部含软弱夹层泥质,岩层走向与隧道轴线基本一致,地下水以基岩裂隙水为主,实测地应力16MPa,围岩天然状态下的单轴抗压强度3.9~13.1MPa。

隧道施工过程中出现了严重的围岩变形破坏,且变形量大、变形发展快、持续时间长,在时空效应上具有明显的不对称性和不均匀性,岩体挤压破碎、褶皱、饼化现象严重,层状线紊乱,整体稳定性差,钢架扭曲、折断现象严重[图1-11b)~c)],围岩内挤100cm,初期支护破坏,围岩部分坍塌,施工方法为三台阶,初期支护为喷射混凝土+锚杆(3~4m,中空注浆)+钢架,大变形处理措施为初期支护快速封闭,二次衬砌及时施作。

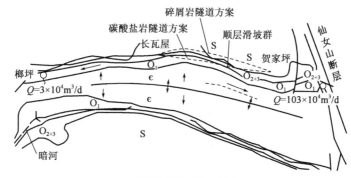

a)堡镇地区区域地质略图

b)喷射混凝土开裂

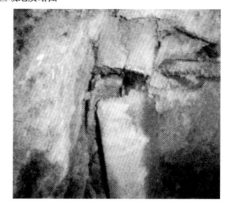

c)钢架变形折断

图1-11 堡镇隧道条件

(7)包家山隧道

包家山隧道的修建时间为2006年至2009年,长度11.2km,净空断面面积106.4m²(宽10.25m,高5m),包家山隧道地质纵断面如图1-12a)所示,穿越地层的岩性为绢云母千枚岩夹炭质板岩、片岩,断层破碎带多,局部地段富水[图1-12b)~c)],围岩在天然状态下的单轴抗压强度为53.12MPa,饱水时为19.07MPa,施工方法为三台阶法,支护措施为喷射混凝土+钢架(I16)+砂浆锚杆(3m),现场试验结果表明拱部锚杆的支护作用不明显,锁脚锚杆在支护体系中发挥着重要作用。

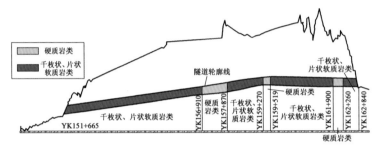

a)包家山隧道地质纵断面示意图

b)包家山隧道不良地质图

图1-12 包家山隧道地层条件

(8)杜家山隧道

杜家山隧道的修建时间为2011年至2012年,长度1.886km,隧道断面宽13.06m、高10.55m,最大埋深196m,该隧道地质纵断面如图1-13a)所示,穿越地层岩性为绢云母千枚岩,区域断层发育,受地下水影响突出,围岩的天然单轴抗压强度小于5MPa,围岩最大变形量90cm,最大变形速率20cm/d,拱顶多次发生塌方,导致初期支护侵限变形[图1-13b)],拱顶钢拱架扭曲变形[图1-13c)],严重影响隧道施工安全。施工方法为三台阶法,初期支护为喷射混凝土+锚杆(5m,药包)+钢架(I22b)。

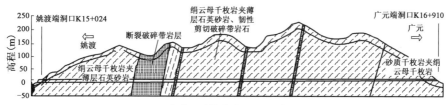

a) 杜家山隧道地质纵断面示意图

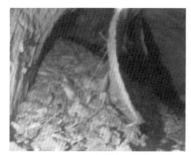

b) 围岩塌方

c) 隧道初期支护变形破坏

图 1-13 杜家山隧道地层条件

(9) 洞松水电站引水隧道

洞松水电站引水隧道位于四川省甘孜藏族自治州乡城县境内,近场区地质构造如图 1-14 所示。洞松水电站引水隧道的修建时间为 2009 年至 2016 年。隧道全长 17.862km,埋深 150~500m,马蹄形断面,洞径 6m,穿越地层岩性为板岩、砂岩、千枚岩。区域内有褶皱、断层,褶皱主要有龙门色松向斜,区域性大断裂主要有索让断裂(F_{48})、普鲁边松断裂(F_{49})、乡城断裂(F_{50}),实测最大水平主应力 18.6MPa,天然状态下的围岩单轴抗压强度为千枚岩 6.9~25.3MPa、板岩 11.6~21.2MPa,最大围岩变形拱顶下沉 35cm、边墙收敛 92cm,施工方法为两台阶法,初期支护为超前小导管+固结灌浆+锚杆(3~5m)+喷射混凝土。工程开挖过程中,围岩不良地质现象主要表现为脱层、掉块、垮塌、变形、地下水突涌等。

(10) 木寨岭铁路隧道

木寨岭铁路隧道的修建时间为 2009 年至 2016 年,全长 19.1km,最大埋深 600m,净空断面面积 80.77m²,该隧道地质纵断面如图 1-15a)所示。隧道穿越地层为二叠系板岩、炭质板岩夹砂岩,受地下水影响,最大水平主应力 27.16MPa,最大围岩变形量 186cm,炭质板岩饱和单轴抗压强度 0.219~

0.302MPa，板岩饱和单轴抗压强度1.73~2.39MPa。

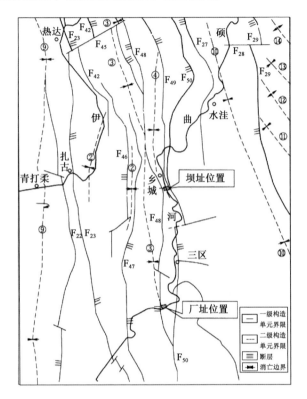

图1-14 近场区地质构造简图

注：①-切多向斜；②-央知指考向斜；③-龙门色松向斜；④-松多牛场向斜；⑤-曲措卡背斜；⑥-麦桑背斜；⑦-正斗褶皱群；⑧-跃卡背斜；⑨-青打柔向斜；⑩-旺央向斜；⑪-从古向斜；⑫-一百另八沟背斜；⑬-纳诺丁向斜；⑭-马擂沟背斜；⑮-胡比松向斜。其中，①、⑤~⑧及⑮在本图中未示出。

木寨岭铁路隧道大变形地段根据埋深、围岩特征、地应力大小、施工期间初期支护变形及拆换情况可分为3个段落：一般板岩段、岭脊一般段和岭脊核心段。一般板岩段围岩强度应力比为1~3；岭脊一般段围岩强度应力比为0.2~0.6；岭脊核心段围岩强度应力比为0.01~0.2，为大变形发生最严重区域，岭脊核心段施工采用三台阶法或超前导洞法，初期为超前小导管(3.5m)+钢架(Ⅰ12)+喷射混凝土(15cm厚，C25)+锚杆(3m)，处理措施为双层钢架+喷射混凝土+径向注浆+锚索+双层衬砌。该隧道掌子面围岩状况如图1-15b)所示，钢架扭曲及混凝土剥落如图1-15c)所示。

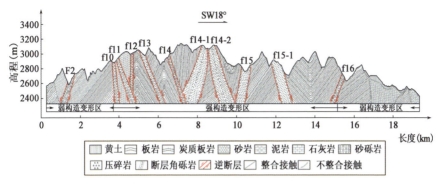

a) 木寨岭铁路隧道地质纵断面示意图

b) 掌子面围岩状况

c) 钢架扭曲及混凝土剥落

图1-15 木寨岭铁路隧道地质条件

F2-美武—新寺断裂带；f10-f16-美武—新寺断裂带次级断裂

(11) 木寨岭公路隧道

木寨岭公路隧道是渭源—武都高速公路的控制性工程，横跨漳县、岷县，纵穿漳河、洮河的分水岭——木寨岭，隧道地质纵断面如图1-16所示。隧道采用分离式双洞设计方案，左线全长15.226km，右线全长15.168km，洞身最大埋深约629.1m。隧址区内初始地应力场以水平构造应力为最大主应力，实测最大值为18.76MPa，岩性主要为炭质板岩，岩体松软，遇水软化，受区域构造影响，隧道分布有12条主要断层，全隧岩体破碎，节理裂隙发育，地勘均为Ⅴ级围岩。隧道施工期间大变形情况如图1-17所示。

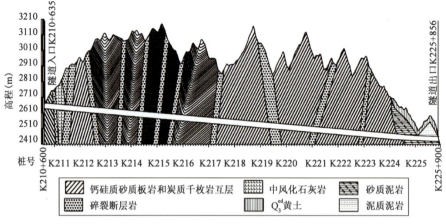

图1-16 木寨岭公路隧道地质纵断面示意图

a)喷射混凝土开裂

b)钢拱架扭曲

图1-17 木寨岭公路隧道大变形破坏情况

(12)大梁隧道

大梁隧道地处祁连山中高山区,隧道全长6550m,为双线隧道。该隧道地质纵断面如图1-18a)所示,隧道以水平地应力为主,达到25MPa且与隧道走向夹角较大,地层岩性主要为板岩夹砂岩,板岩呈灰白色、灰色及灰黑色,大梁隧道斜井出口方向掌子面围岩如图1-18b)所示。隧道施工中较频繁地出现大范围的洞身支护体系破坏[图1-18c)]、二次衬砌结构破坏[图1-18d)]等严重工程问题。围岩自稳时间短,单天最大变形量为81.5mm,变形速率高。

(13)哈达铺隧道

哈达铺隧道全长16.59km,位于甘肃省定西市与陇南市交界处,隧道洞身穿越炭质板岩,该岩石遇水易崩解软化且具有膨胀性。隧道洞身地质条件非常复杂,褶曲、断裂构造发育。隧道通过断层破碎带及三叠系板岩等软弱岩层,局部含水量大。隧道初期支护的变形未能被有效约束,导致侧边墙收敛大,最大变形速率为104mm/d,大变形段喷射混凝土层大范围开裂剥落,变形范围均出现环、纵向裂缝,局部地段拱顶沉降严重,甚至出现钢架扭曲开裂现象,具体变形情况如图1-19所示。

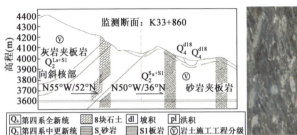

a)隧道地质纵断面示意图

b)大梁隧道斜井出口方向掌子面围岩

c)初期支护破坏

d)二次衬砌破坏

图1-18 大梁隧道地质条件

a)喷射混凝土层大范围开裂

b)钢架扭曲开裂

图1-19 哈达铺隧道变形情况

(14)两水隧道

兰渝铁路两水隧道位于甘肃省武都区白龙江左岸中山区,地形较为陡峻,隧道最大埋深346m。隧道地层岩性主要为志留系中、上统千枚岩夹板岩及炭质千枚岩夹板岩,隧道开挖揭示围岩如图1-20a)所示,揉皱及构造节理发育,岩体极破碎,完整性差。隧道初期支护表面起拱线处喷射混凝土严重开裂[图1-20b)~c)],9m长二次衬砌整体塌落,隧底最大隆起量达39.4cm。

a)岩性照片

b)钢架扭曲断裂　　　　　　　　　c)喷射混凝土开裂

图1-20　两水隧道条件

(15)毛羽山隧道

兰渝铁路毛羽山隧道是连接我国西南和西北的重要铁路干线,为双线隧道,最大埋深约700m。地层岩性主要为三叠系板岩、板岩夹灰岩,局部夹炭质板岩,板岩含膨胀性及黏土性矿物,泥质板岩饱和单轴抗压强度5.63~17.7MPa、钙质板岩饱和单轴抗压强度22.7~36.3MPa。板岩结构松散、结构面发育、层间结合力差,具有典型的软岩特征。隧道受构造作用影响,褶皱断裂发育,地质构造十分复杂,岩体较破碎,且处于极高地应力区,工程地质条件差。隧道施工期间喷射混凝土开裂剥落、拱部拱架扭曲情况如图1-21所示。

a)喷射混凝土开裂剥落　　b)拱部拱架扭曲

图1-21　毛羽山隧道条件

(16)新城子隧道

兰渝铁路新城子隧道处于西秦岭高中山区、山高沟深，洞身最大埋深749m。隧道长9166m，进口为双线，隧道进、出口端均基岩裸露。地层岩性主要是三叠系中统板岩、断层角砾岩、砾岩夹砂岩夹泥岩及碎裂岩。隧道出口段受宕昌车站站线进洞的影响，隧道出口段设计为喇叭口隧道。隧址区发育有断层、褶皱、岩层角度不整合接触带及节理密集带，褶皱断裂发育、地质构造发育，十分复杂。隧道开挖围岩变形剧烈，最大收敛变形达1300mm，拱顶累计下沉量最大值为286mm，最大收敛速率63mm/d，最大下沉速率26mm/d，导致初期支护混凝土开裂，拱架扭曲破坏严重(图1-22)。

a)拱架扭曲　　b)边墙内挤

图1-22　新城子隧道条件

(17)茂县隧道

茂县隧道位于成兰铁路茂县车站与核桃沟双线大桥之间，为双线隧道，其中左线长10010m，右线长9980m，进口双线间距5m，为合修，出口双线间距30m,为分修。隧道地质纵断面如图1-23所示,最大埋深约1656m,位于D8K130+660处。地层岩性绢云千枚岩夹灰岩、砂岩,受地质构造影响,岩层扭曲严重,岩体软弱破碎,Ⅳ、Ⅴ级围岩占全隧长度的74%。茂县隧道穿越的区域地质构造为龙门山华夏系构造体系之九顶山华夏系,包括三条NE向压扭性大断裂——映秀断裂、茂汶断裂、二王庙断裂,茂县隧道最大水平主应力为25.99MPa,最小水平主应力为20.00MPa,水平侧压力系数为1.58。隧道大变形特征突显(图1-24),所测最大变量达到1.2m。

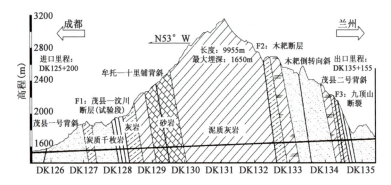

图1-23 茂县隧道地质纵断面示意图

a)拱架弯折

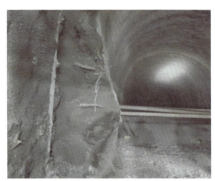
b)边墙挤入

图1-24 茂县隧道变形情况

(18)跃龙门隧道

跃龙门隧道采用双洞分修,隧道左线全长19981m、右线全长20042m,左、右线线间距为29.999~62.493m。线路设计为单面上坡17.8‰,最大埋深1445m。跃龙门隧道地质纵断面如图1-25所示,穿越我国著名的龙门山山脉,隧道不良地质复杂多变,主要有地震活动断裂带、断层破碎带、岩溶富水、下穿河道、高地应力、高地温、高瓦斯及硫化氢有毒有害气体、岩爆等,同时隧道外部环境受2008年"汶川大地震"影响,危岩落石、山体滑坡及泥石流等地质灾害频发,属极高风险隧道。隧道施工期间大变形情况如图1-26所示。

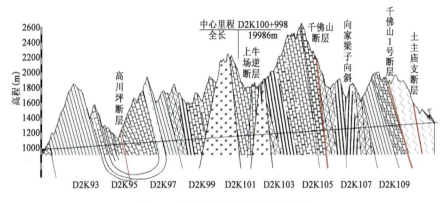

图1-25 跃龙门隧道地质纵断面示意图

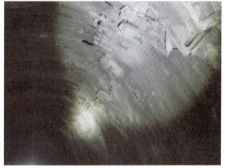

a)平导边墙钢架扭曲变形　　　　b)正洞拱墙整体初支变形开裂

图1-26 跃龙门隧道大变形情况

(19)云吞堡隧道

云屯堡隧道位于成兰铁路镇江关至松潘区间,起讫里程DK213+350~D3K236+390,全长22923.42m,为双线合修隧道,最大埋深约750m。隧道地质纵断面如图1-27所示,洞身穿越地层为三叠系中统杂谷脑组下段(T_2z^1)砂岩、板岩、灰岩、千枚岩互层,中统杂谷脑组上段(T_2z^2)砂岩夹板岩、灰岩、千枚岩,上统侏倭组(T_3zh)砂岩夹千枚岩,上统新都桥组(T_3x)千枚岩、炭质千枚岩夹砂岩。隧址位于四川盆地与青藏高原东侧的地形急变带,区域地质条件复杂,由于"A"字形构造的头部遭受强烈的挤压,导致岩体发生严重的揉皱变形,节理发育,岩体破碎,特别是隧道穿越的多个褶皱核部部位,围岩稳定性很差,且地下水发育。隧道施工期间大变形情况如图1-28所示。

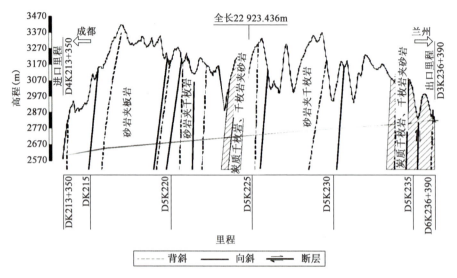

图1-27 云屯堡隧道地质纵断面示意图

a)拱顶及边墙混凝土剥落、掉块

b)钢拱架扭曲

图1-28 云屯堡隧道大变形情况

(20)哈巴雪山隧道

丽香铁路哈巴雪山隧道地处云南省西北部青藏高原东南缘横断山脉中段,金沙江左岸,属高原构造剥蚀地貌区。山体近南北走向,地势左低右高,地面高程2050~3400m,地形起伏较大,隧道属越岭隧道。该隧道作为全线重点控制性工程,全长9523m,最大埋深1155m,设计速度140km/h,为Ⅰ级高风险隧道。围岩以碎裂化、片理化玄武岩夹凝灰岩为主,多被挤压呈角砾及砂土状,开挖渣样呈粉状、碎石、角砾、砂及片状,围岩软弱松散,自稳性极差。在施工过程中,多个隧道段落出现了严重大变形问题,施工过程水平收敛达4m以上,是目前国内最严重的大变形隧道之一。哈巴雪山隧道地质纵断面如图1-29所示。施工过程结构破坏情况如图1-30所示。

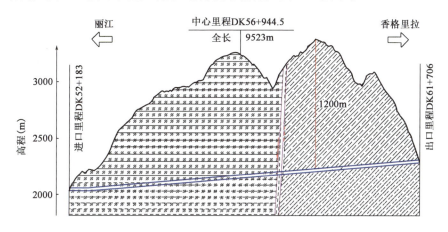

图1-29 哈巴雪山隧道地质纵断面示意图

图1-30 哈巴雪山隧道结构破坏情况

(21)玉龙雪山隧道

丽香铁路玉龙雪山隧道位于新尚站—虎跳峡站区间,属高原剥蚀地貌区,山体近南北走向,地势左低右高。穿越云贵高原、横断山脉,横跨金沙江、澜沧江、怒江水系,为丽香铁路的控制性工程之一。隧道全长14745m,设计速度为120km/h,洞身最大埋深约1240m。隧址区存在区域地质构造复杂、构造挤压特征明显、岩体破碎软弱等工程特点,大变形段岩性主要以碎裂化玄武岩夹凝灰岩、大理岩、片理化玄武岩夹凝灰岩为主,开挖过程中大变形问题突出。该隧道线路两侧累计收敛变形为3.583m,最大单日变形速率为175mm/d。玉龙雪山隧道结构破坏情况如图1-31所示。

a)正洞初期支护侵限　　　　　　b)平行导洞初期支护侵限

图1-31　玉龙雪山隧道结构破坏情况

(22)香炉山隧道

滇中引水工程香炉山隧道全长62.596km,最大埋深为1450m,隧道位于滇藏区域地块"歹"字形构造体系与三江南北向构造体系的复合部位,下穿金沙江水系和澜沧江水系分水岭,区域地质构造和地质条件较为复杂,地形起伏较大,经历喜马拉雅造山运动以来的强烈构造变动,区域构造运动活动强烈,活动性断裂较为发育。目前,隧道TBM掘进正处于大变形地段,岩性主要以砂岩、泥质砂岩为主,埋深在1200m以上,围岩富水,最大拱顶沉降达2m以上。隧道地质纵断面如图1-32所示,变形及结构破坏情况如图1-33所示。

第1章 绪论

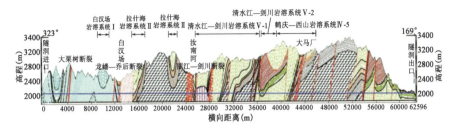

图1-32 香炉山隧道地质纵断面示意图

a)隧道支护侵限

b)隧道临时竖撑

c)钢拱架断裂

图1-33 香炉山隧道变形及结构破坏情况

1.5 中老铁路软岩隧道建设面临的挑战

中老铁路由中国段(玉磨铁路)和老挝段(磨万铁路)两部分组成(图1-34)。其中,老挝境内全线80%地段为山地与高原,自北向南跨越老挝琅南塔(Luang Namtha)、乌多姆赛(Oud&ocirc)、琅勃拉邦(Luang phra-bang)、万象(Vientiane)。老挝段(图1-35)线路全长414.3km,隧道75座,长度196.7km,隧线比高达47.5%,由于北高南低的地形走势,隧道集中分布在老挝北中地区。中老铁路在建设过程中面临构造复杂多变、活动断裂发育、板块活动强烈,穿越缝合带三大挑战。

031

图1-34 中老铁路线路示意图

图1-35 中老铁路磨万段线路示意图

老挝是东南亚内唯一的内陆国家,境内板块单元构造主要为印支地块,其构成不同于单一大陆,是由多组地块之间的碰撞结合带和造山组合经长期演化汇聚而成的复合大陆,主要构造单元与毗邻的中国、越南、柬埔寨、泰国等相互连接和延伸。中老铁路老挝段区域构造如图1-36所示。

由于地质构造由多个大小不一的块体碰撞结合而成,导致地质结构不仅拥有不同历史阶段构造属性,同时也继承不同块体的自身特征。微地块之间缝合带受强烈的冲击挤压作用,主动盘和被动盘相互交错,多组不同方位断裂构造带、褶皱等复杂地质构造在区域内发育,造成区域原始构造地应力场极其复杂,岩体破碎程度较高,受多组地块边界的断裂影响,最大断层破碎带宽度达300m,沿线分布长大断裂带30余条,不完整褶皱21个。与线路相交跨越的缝合带是兰坪—思茅地块和南海—印支地块两个构造单元的分界带,继承了古构造的变形痕迹,属于喜马拉雅造山阶段,由于应力应变集中部位多位于构造活动幅度最大且最年轻部位,因此隧道穿越该区域存在应力重分布情况,局部应力集中将诱发复杂构造地应力的衍生灾害,而且受地块相互运动作用,区域岩性复杂多变,层理走向分布紊乱,岩体应力状态难以预估。

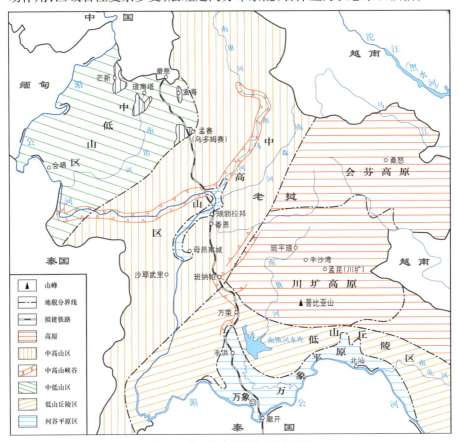

图1-36 中老铁路老挝段区域构造图

研究证实,东南亚地质构造演化经历了古生代时期冈瓦纳大陆和劳伦大陆间的分裂聚合,伴随特提斯洋的闭合,直至新生代第四纪形成现今构造行迹复杂的板块格局。由于板块强烈活动影响,中南半岛的大洋岩石圈与大陆岩石圈间发生俯冲、碰撞、拉伸裂离、走滑错位等多重构造运动,形成多期次多方向的沟—弧—盆体系构造格局,地表山河相间、南北纵列延伸分布。

老挝西缘邻靠滇缅马陆块和印支陆块分界的澜沧江—清莱—劳勿缝合带,北东界邻靠华南陆块和印支陆块分界的哀牢山缝合带和马江缝合带,属于中国青藏—三江带古特提斯构造东南方向延伸的重要组成部分。相关资料显示,老挝西北部已知最老地层为志留纪,东北部探明最老地层为震旦纪,中北部琅勃拉邦区域出露最老地层则为泥盆纪,整体基本以中新生代地层为主。地层岩石年代表明陆块形成时期存在差异,板块构造并非单一陆块,而是由不同微陆块长期演化汇聚而成,将特提斯构造域视为一级构造单元,印支地块视为二级构造单元,微陆块视为三级构造单元,可划分出多个构造单元,图1-37所示为老挝板块划分示意图。可初步划为西部景洪—素可泰火山弧带,中部思茅—彭世洛微陆块,东北部长山微陆块、东南部万象—昆嵩微陆块,不同微陆块间由缝合带衔接。

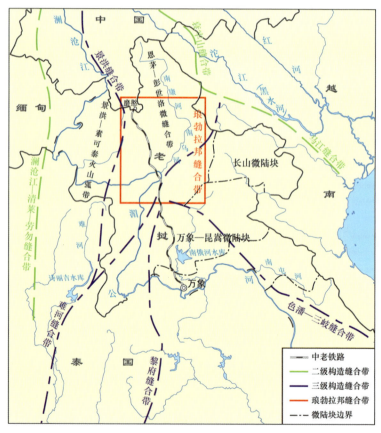

图1-37 老挝构造单元划分示意图

琅勃拉邦缝合带是随着学者对老挝地层年代调查补充完善而被逐渐探明的一条微陆块缝合带。其南部可能与难河—程逸缝合带或黎府缝合带相连,北部则可能通过奠边府断裂构造与哀牢山缝合带相连,位于思茅—彭世洛微陆块区域,总体呈北东—南西走向,长度约800km,分布宽度大至70~80km,因穿越老挝琅勃拉邦省而得名。因琅勃拉邦缝合带与中老铁路斜向交织,使区内隧道穿越地质构造极其复杂,岩体结构节理裂隙发育,工程地质问题频发。表1-8所示是基于相关研究提出的老挝地质构造单元划分表。

老挝地质构造单元划分简表　　　　　表1-8

一级构造单元	二级构造单元	三级构造单元
特提斯构造域	澜沧江—清莱—劳勿缝合带	—
	印支地块	景洪—素可泰火山弧带
		景洪—难河缝合带
		思茅—彭世洛微陆块
		琅勃拉邦缝合带
		万象—昆嵩微陆块
		色潘—三岐缝合带
		长山微陆块

1.6 中老铁路代表性软岩隧道工程概况

(1)会富莱隧道

会富莱隧道全长6969m,最大埋深645m,进口接会富莱楠额河双线大桥,出口紧邻会汗河车站(388m)。隧址区位于兰坪—思茅地块和南海-印支地块接合部,属特提斯—喜马拉雅构造发育带,由大小不一的微地块缝合拼接而成,区域断裂影响严重。隧区地貌特征表现为高低起伏较大,地表自然横坡15°~45°不等,植被覆盖较好,地面高程400~1200m不等,相对高差约800m,属于构造剥蚀、溶蚀中高山地貌。因受板块构造运动影响,测区发育有多条地质断裂带(表1-9),主要包括会富莱1号断层、普巴道山断层(F12)、会富莱2号断层、班会海断裂(F13)。隧道洞身穿越侏罗系下~中统(J_{1-2})砂岩、泥质粉砂岩、泥岩(480m);石炭系(C)板岩、砂岩夹炭质板岩、凝灰岩、玄武岩(5200m);二叠系下统(P_1)灰岩、白云质灰岩

（860m）；石炭系中统（C_2）板岩、凝灰质砂岩夹凝灰岩等。隧道揭露围岩特征如图1-38所示。

会富莱隧道跨越主要断层破碎带情况　　　　　　　　　　　　表1-9

断层破碎带名称	交汇里程	近似走向	揭示岩性
会富莱1号断层	D2K130+040	N58°E	页岩夹砂岩、泥质砂岩
普巴道山断层（F12）	D2K130+400	N54°E	白云质灰岩、石炭系板岩、炭质板岩
会富莱2号断层	D2K131+100	N30°E	板岩夹凝灰质砂岩
班会海断裂带	D2K136+040	—	上盘板岩、凝灰质砂岩；下盘板岩、砂岩夹炭质板岩

图1-38　会富莱隧道揭露围岩特征

隧道施工期间多个洞段均出现不同程度挤压变形。变形严重段喷射混凝土出现纵向或横向不等宽度裂缝，部分喷射混凝土脱落，钢拱架受挤压产生不规则扭矩变形，拱架单元连接板接头出现开裂等，最大变形部位基本位于水平方位，变形挤出点多于拱架接头部位，最大累计变形量超过100cm。

（2）相嫩三号隧道

相嫩三号隧道位于相嫩车站—班普亚车站区间，全长2633m，隧道最大埋深约188m。隧道位于班献伦断裂（南边界断裂）下盘，受区域构造影响，洞身段及附近次级构造发育，DK182+400洞身发育有相嫩断层，相嫩1号向斜轴线于隧道出口附近DK183+104处斜角而过。受构造区域影响，隧道围岩节理裂隙发育，岩体破碎，岩质软硬不均，浅埋地段围岩稳定性差，特别是断层通过地段。隧道岩性为石炭系（C）板岩、薄层板状，炭质含量高，污手，岩软，遇水易软化（图1-39）。受区域构造影响，褶曲发育，岩石节理裂隙发育，岩体破碎，岩质软硬不均。

图 1-39　相嫩三号隧道揭露围岩特征

(3) 达隆一号隧道

达隆一号隧道位于班普亚车站—沙拉巴土车站区间,为速度160km/h单线隧道。隧道进口里程 DK197+002,明暗分界里程 DK197+009,出口里程 DK203+425,明暗分界里程 DK203+417,全长 6423m。隧道进口接路基,出口接沙嫩山一号中桥,最大埋深约 345m。围岩为石炭系板岩,灰色,薄层状,弱风化,岩质软,岩体较破碎(图 1-40),岩层节理裂隙发育,有裂隙水。

图 1-40　达隆一号隧道揭露围岩特征

(4) 达隆二号隧道

达隆二号隧道位于班普亚车站—沙拉巴土车站区间,全长 2321m,隧道最大埋深 198m。隧道属构造剥蚀中高山地貌,地形起伏较大,地面高程 430~650m,相对高差大于 100m。受区域构造影响,次级褶皱、断层发育,隧道进口发育有班龙断层(DK203+477),出口发育有沙嫩山断层(DK205+875),洞身发育有次级褶皱达隆背斜(DK204+487),岩层产状变化较大,地下水以基岩裂隙水为主,局部为岩溶水。洞身围岩岩质软硬不均、节理裂隙发育,该隧道揭露围岩特征如图1-41所示。

图1-41　达隆二号隧道揭露围岩特征

(5)沙嫩山二号隧道

沙嫩山二号隧道位于班普亚车站—沙拉巴土车站区间,除出口沙拉巴土车站(双线)布置进入隧道690m外,其余均为单线。全长2090m。隧道最大埋深200m。隧道从进口、出口两个工区组织施工。隧道属构造剥蚀中高山地貌,地形起伏较大,地面高程440~680m,相对高差大于100m。受区域构造影响,次级断层发育,隧道段发育有沙嫩山2号断层(DK209+865),洞身岩性产状变化较大。地下水以基岩裂隙水为主,局部为岩溶水。洞身围岩岩质软硬不均、节理裂隙发育,隧道揭露围岩特征如图1-42所示。

图1-42　沙嫩山二号隧道揭露围岩特征

CHAPTER 2

| 第 2 章 |

琅勃拉邦缝合带地质构造特征

地质缝合带的形成通常经历了长期构造发育,跨度范围大,影响深度广,纵横长度能达数百千米以上。且由于陆块间强烈的冲击挤压作用,岩体破碎发育,地层相互交错,孕育出数条不同长宽、不同走向方位的断裂构造和褶皱构造等,造成区域初始地应力场极其复杂。缝合带内因断裂带和褶皱等次生构造影响,地应力方向和大小会随区域构造发育的复杂程度发生不同程度的改变,而当复杂的构造应力与软弱破碎围岩并存时,极易引发隧道大变形问题。地质缝合带是在构造运动过程中不同板块边界间碰撞挤压形成的构造区域,通常存在高应力应变特征。本章通过阐述琅勃拉邦缝合带地质构造演化特征,揭示该区域的基本构造特征,并为了解琅勃拉邦缝合带隧道变形特征提供基础支撑。

2.1 地质缝合带演化及构造特征

2.1.1 地质缝合带的形成与特征

板块构造学认为,地球上层是由刚性岩石圈和塑性软流圈两个不同物理性质的圈层组成,大小不一的板块拼接而成的刚性岩石圈漂浮在塑性软流层上发生相对运动,经过40多亿年的历史演变,最终形成现今的地质构造格局。板块边界作为不同地质单元间的结合部位,是地壳运动与变形最活跃敏感的区域,也是地震带和物质交换带存在的主要场所。在此汇集的大量沉积物记录了各种地质构造运动作用。

根据板块运动方式的不同,边界类型基本划分为离散型、转换型和汇聚型三类,如图 2-1 所示。

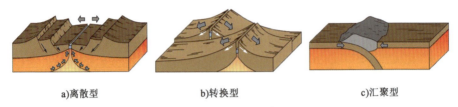

a)离散型　　　　　　　b)转换型　　　　　　　c)汇聚型

图 2-1　板块边界基本类型

离散型板块边界是由于软流圈物质上涌,在两侧板块不断形成新的岩石圈,两侧板块相背运动产生拉张与分离作用,存在形式以大洋中脊和洋隆为主。转换型板块边界是横向切割大洋中脊,并使两侧扩张所形成的一种特殊断层,一般情况下,切割形成的两端大洋中脊间发生水平错动,不会产生板块的生长和消亡。汇聚型板块边界是两个相邻板块发生俯冲碰撞形成的区域,是地壳造山作用的主要方式,因受岩石圈变形、岩浆活动、变质作用、地震活动等影响,而形成最复杂的板块边界类型,缝合带即是汇聚型板块边界中两个板块接触区域的主要构造单元,也是划分不同古板块的重要依据。

如图 2-2 所示为汇聚型板块边界缝合带的形成示意图。一般汇聚板块的类型包括洋壳—洋壳汇聚型、洋壳—陆壳汇聚型及陆壳—陆壳汇聚型。在两侧不同板块相向汇聚过程中,下行板块沉积层和碎片被俯冲刮削,上覆板块碎体垮落以及浊流沉积物和弧火山碎屑堆积,经历复杂构造作用后汇聚在板块前端形成增生楔,随着增生楔持续堆叠扩展,板块汇聚碰撞逐步形成缝合带。

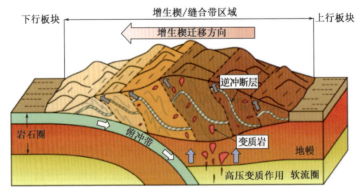

图 2-2　汇聚型板块边界缝合带的形成

增生楔作为不同性质、不同时代的岩石经历构造作用形成的混杂堆积体,是目前地壳岩石最复杂,变形最强的地质单元。缝合带则保存于增生楔内部,并保留了增生楔的各种属性特征,对隧道及地下工程建设过程有直接性影响。其主要特征有以下三点:

(1)混杂堆积体岩性复杂

板块汇聚俯冲过程中,部分混杂堆积体俯冲至不同深度,发生不同程度高压变形变质作用,再经俯冲复杂构造作用返回地表或底垫于不同深度,混入增生楔之中,形成泥质岩和板岩等变质岩基质,嵌入滑塌的能干性岩石碎块之中,组成增生楔的混杂堆积体。其主要构成为海相浊积物(复理石)和各类滑塌的孤立岩块,包括蛇绿岩、高压变质岩和碳酸盐等。

(2)多重构造组合作用复杂

增生楔位于陆块的构造活动带,其形成经历了多次岩浆活动、变质作用和地壳变形,不仅记录了板块俯冲碰撞的相关构造运动,还包含俯冲碰撞前期的构造断裂。组合作用主要包括下行板块运动的刮削剪切作用,使岩层形成片状构造;双重逆冲和褶皱作用使混杂带缩短增厚,堆垛形成叠瓦状构造;伸展垮塌和底辟作用使混杂带扩展和变薄,深层岩体运至地表。期间构造运动同时发育,构成了缝合带的复杂构造格局。

(3)地层应力状态复杂

汇聚型板块边界应力状态会随时间推移而不断改变。当下行板块与上覆板块耦合紧密时,地层主要以挤压应力为主,能量的不断积累且伴随地形地貌的隆起;当上覆板块发生伸展时,上下板块发生解耦,地层应力形式也由挤压应力主导变为拉伸应力主导。在构造运动的不断演化过程中,区域应力状态也并非单一形式,存在形式也并不固定,由此形成缝合带地应力状态的复杂性。

2.1.2 琅勃拉邦缝合带发展演化过程

1)老挝地质构造演化过程

老挝地处古特提斯洋、印支陆块以及华南板块的交汇位置,蕴含了大量古特提斯构造运动的相关证据。漫长的地史演化过程中,老挝的复合陆块构造伴随着不同阶段的板块运动而不断改变,经历了地层能量积聚和释放,融合了多重陆块的地质特征和构造属性。根据地质年代运动基本划分为三个重要的大地构造演化阶段，分别为前寒武纪时期地球陆块形成阶段、古生代至中生代时期板块活动阶段、中生代至新生代时期陆内活动阶段。

前寒武纪太古代时期，老挝境内的昆嵩微陆块形成，并在元古代逐步进入了稳定发展阶段，在元古代晚期老挝境内的长山微陆块构成基底。随着昆嵩微陆块和长山微陆块稳定刚性大陆壳的形成，进入板块活动阶段。

古生代至中生代时期是大陆频繁活动的时期，冈瓦纳大陆和劳伦大陆间的古特提斯洋多次发生张裂、消减、碰撞等构造运动，复杂的成岩作用随之发生，微陆块、弧后盆地则经历了发展、消减、关闭等不同阶段，形成了不同的缝合带区域。诸如泥盆纪至三叠纪期间，印支地块的长山微陆块和华南陆块间发生北东—南西向的俯冲碰撞，地层因承受弧—陆碰撞挤压作用，发生强烈褶皱变形，形成马江缝合带和哀牢山缝合带；志留纪末期甚至更早时期，昆嵩微陆块和长山微陆块间发生南北向俯冲碰撞，石炭纪至二叠纪期间洋盆闭合形成色潘—三岐缝合带。

新生代时期亚欧板块和印度板块发生正向、侧向和斜向俯冲碰撞等地质运动，随即引发印支陆块地下物质流动及表层地壳岩体东南向移动和地块旋转，并伴随大规模的陆内走滑现象，出现大量断裂构造带，诸如奠边府右行走滑断裂构造带、马江断裂构造带，逐步形成了老挝大地构造格局。

2）琅勃拉邦缝合带的发展与演化

琅勃拉邦缝合带形成于老挝地质活动频发的古生代至中生代时期，由于不同时期构造运动间的相互穿插、复合、斜接、错列，缝合带内存在数条与之平行或斜列展布的活动断裂和不完整褶皱构造，导致构造形态错综复杂，进而控制着山川地势、地层分布及水文条件。其具体发展与演化过程如下：

（1）微陆块拉伸裂离

泥盆纪早期东印支陆块与西印支陆块发生裂离，琅勃拉邦—黎府形成弧后盆地。石炭纪时期，古特提斯主洋盆俯冲扩张，琅勃拉邦—黎府进一步扩张，同时素可泰火山弧地体拉伸裂离古印支陆块，难河—程逸形成弧后盆地，至此形成岛弧和洋盆的地貌特征，如图2-3所示。

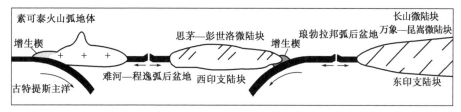

图 2-3 微陆块拉伸裂离运动

(2)微陆块汇聚俯冲

随着古特提斯洋的持续俯冲作用,致使岛弧间洋盆逐渐消减。二叠纪早期,东印支陆块开始向西印支陆块俯冲;二叠纪晚期,西印支陆块俯冲至素可泰火山弧地体之下,二叠纪整个时期滇缅马陆块也向素可泰火山弧地体发生俯冲,如图2-4所示。整个俯冲过程发生逆冲推覆作用,二叠纪整个时期地层挤压堆垛形成叠瓦状构造并发生塑性变形。

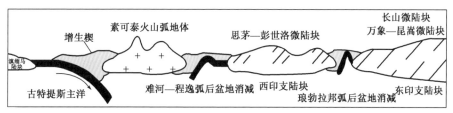

图 2-4 微陆块俯冲运动

(3)微陆块汇聚碰撞

二叠纪晚期,古特提斯洋俯冲挤压作用进一步加剧。三叠纪晚期,挤压碰撞造山作用形成琅勃拉邦缝合带,如图2-5所示。难河缝合带与琅勃拉邦缝合带构造演化过程较为相似,且两个缝合带均是古特提斯洋时期弧后盆地闭合的产物。微陆块俯冲碰撞过程中基质与构造变质岩体混杂,变形强烈,形成压扭性断裂带,褶皱和韧性剪切带。进入新生代时期陆内活动阶段,缝合带间持续碰撞挤压,深层次地壳发生均衡调整,发育系列山间、山前断陷—坳陷盆地,最终形成现今的地质构造格局。

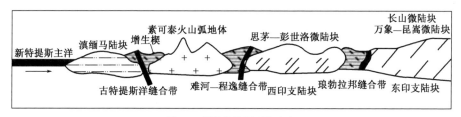

图 2-5 微陆块挤压碰撞造山

2.1.3 琅勃拉邦缝合带构造特征

琅勃拉邦缝合带在强烈的碰撞演化过程中,局部地质构造特征显著,深大活动断裂带和褶皱构造发育,地震活动强烈,地应力环境复杂。

(1)活动性断裂构造发育

深大活动断裂走向主要以北东向断裂、北西向断裂、近东西向断裂和近南北向断裂四组为主。由于构造部位不同,活动方式和活动时间存在明显差异,其中北东向断裂与褶皱轴向一致,可能形成于同一时期。线路分布主要活动断层包括走滑断层和逆冲断层,以压扭性断层为主,存在压扭性裂隙和片理。

(2)高地震烈度

研究区位于滇西南地震带内,同时与缅甸、泰国和越南相连,地震活动频度高、强度大。构造运动以大面积间歇性升、降和以断块差异运动和断裂活动为主要特征,并具继承性和新生性,各断块之间新构造运动的主要特征具有明显的差异。地震活动主要分布于晚更新纪以来活动断裂带边界或附近。

(3)地应力环境复杂

琅勃拉邦缝合带属于板块边缘构造带,区域性大断裂、活动断裂发育,沿线穿越地带新构造运动强烈。因局部地质构造差异显著,碰撞造山过程运动方向复杂,形成了复杂的地应力环境。深埋隧道受高地应力和软岩共同作用影响,施工过程可能造成支护结构的挤压变形与破坏。

2.2 琅勃拉邦缝合带断层分布特征

磨万铁路(北起中国和老挝边境磨憨—磨丁口岸,南至老挝首都万象)琅勃拉邦缝合带段落宽约42km,主要的断层有13条,从北往南分别为班会海断层、班纳海断层、班标断层、班宋断层、普巴吞断层、卡村断层、班巴伦断层、萨诺村1号断层、萨诺村3号断层、班孟坎断层、班夫姆瓦断层、夫蓬山断层、班献伦断层等。上述断层基本上控制了整个缝合带的构造背景,并直接决定着该区域的变形状态,因此厘清这些断层在铁路沿线的分布特征和变形行为,对于铁路修建,特别对于解决铁路上的隧道、桥梁等特殊工程单元所面临的工程地质问题具有重要意义。经过近几年开展的一系列地质调查工作,尽管对上述断层的分布位置和初步特征已有了相应的研究资料,但是对断层的演化历史和最新变形行为方面的研究仍旧非常缺乏,这直接导致施工中对具体工程地质问题预判存在显著不确定性,并伴随较高的风险。因此,本节将结合以往的断层调查资料,对缝合带内13条主要断层的演化关系进行系统分析,包括建立时间变形序列和强度变形序列。

2.2.1 琅勃拉邦缝合带断层主要特征

(1)班会海断层

班会海断层分布于跨湄公河西岸的班泰—班会海—班坤尼欧一线,沿北—北东向延伸约40km与班纳海断层合并后继续向北东延伸至墨江,向南西延至呈逸,总长约800km。属区域上的墨江—呈逸岩石圈深大断层的中南段,区内明显可见的断层破碎带宽大于200m,带内由玄武岩、凝灰岩、板岩、砂岩等碎裂岩块、构造透镜体及构造角砾岩组成,透镜体排列具有定向性,并发育压扭性劈、片理。线路与断层于D2K136+040相交,与线路小里程夹角约82°,倾南东,倾角约75°,为一压扭性逆断层。洞身附近上盘岩性为石炭系中统(C_2)板岩、凝灰质砂岩夹凝灰岩、玄武岩,测得岩层产状为N20°E/70°NW;下盘岩性为石炭系(C)板岩、砂岩夹炭质板岩、凝灰岩、玄武岩,测得岩层产状为N70°E/55°NW。

(2)班纳海断层

班纳海断层将区内下石炭一套泥晶灰岩切割成两段,水平错距达3km,宏观上该断层两侧地层组合、构造格局具有明显差异。断层通达处均为负地形,航卫片解译标志在区域上线性展布,平直而明显。综合其他标志分析,该断层性质为压扭性走滑断层。测区出露地层岩性为石炭系中统(C_2)玄武岩、凝灰岩、砂岩、板岩,区域上北西盘岩层产状为N85°E/65°SE、南东盘岩层产状为N45°E/78°NW。该断层是南海—印支地块向北西南坪—思茅地块俯冲碰撞形成的,是一条具有多期活动性的断层,历史上的多次地震均发生在该断层之上,对工程影响大。

(3)班标断层

班标断层与线路相交于DK155+133m,交角为88°。断层呈北—北东向延伸约39km,位于缝合带内,对石炭系(C)与二叠系(T)地层造成显著破坏。断层破碎带多被掩盖,仅局部显露宽2~3m的挤压碎裂岩与构造角砾,两者均由粉砂岩组成。该断层截断了部分石炭系与二叠系地层，然断层面直接证据未现，根据断层挤压碎裂岩特征推测断层倾向北西，且表现出强烈的挤压作用。

(4) 班宋断层

班宋断层与线路相交于 DK153+636，交角为 81°。断层呈北—北东向延伸，倾北西，倾角约 65°，区域内延伸长度约 16km。断层破碎带宽约 5m，切割破坏地层为石炭系中统(C_2)玄武岩、板岩、泥岩、砂岩。

(5) 普巴吞断层

普巴吞断层呈北西—南东向延伸，与线路交于 DK155+783 附近，夹角约 62°。断层发育于石炭系中统(C_2)板岩夹砂岩中，NE 翼测得产状为 N32°E/46°SE，SW 翼测得产状为 N12°W/39°NE，断层性质不明。

(6) 卡村断层

卡村断层呈北东—南西向延伸，与线路交于 DK157+280 附近，夹角约 41°。断层北西盘基岩为石炭系中统(C_2)玄武岩、板岩、泥岩、砂岩，测得产状为 N88°E/44°NW；南东盘基岩为三叠系(T)泥岩、砂岩，测得产状为 N36°W/46°SW，断层性质不明。

(7) 班巴伦断层

班巴伦断层与线路相交于 DK158+176m 处，断层产状为 N50°~55°E/70°SE，破碎带宽约 20m，破碎带内由泥岩、砂岩等断层角砾岩组成，挤压特征明显，为逆断层。

(8) 萨诺村 1 号断层

萨诺村 1 号断层发育于洞身，呈北东—南西向延伸，与线路相交于 D2K160+262，夹角约 61°，发育于三叠系(T)泥岩、砂岩夹砾岩。北西盘岩层产状为 N72°E/53°NW，南东盘岩层产状为 N88°W/52°NE。

(9) 萨诺村 3 号断层

萨诺村 3 号断层与线路相交于 D2K162+100 附近，交角为 72°，呈北—东南西向延伸。南东盘为石炭系(C)玄武岩、泥岩、砂岩、砾岩，北西盘为三叠系(T)紫色泥岩、砂岩夹砾岩。在靠近断层附近地层产状紊乱，受该断层影响，PDZ-17-011 钻孔中的玄武岩呈碎裂结构。测段为第四系覆土覆盖，地表未见断层破碎带出露。

(10) 班孟坎断层

班孟坎断层与线路相交于 DK163+045 附近，交角为 73°。南西起班顺，被班夫姆瓦断层切断,往北东经琅勃拉邦、班科萨梅于普巴吞山,过湄公河继续向北东延伸,走向长约33km。北西盘(上盘)为石炭系(C)玄武岩、泥岩、凝灰质砂岩,南东(下盘)为三叠系(T)紫色泥岩、砂岩,在靠近断层上、下盘地层,局部陡倾乃至倒转,总体表现出逆冲断层性质。桥址区断层走向约N58°E,倾向北西,倾角约70°,桥址区为第四系覆土覆盖,地表未见断层破碎带出露。

(11) 班夫姆瓦断层

班夫姆瓦断层南西起夫万山,往北东经琅勃拉邦市东郊班孟牙、班萨若,穿越湄公河经夫桑拉山,线路与断层呈61°相交于D2K163+488,走向N35°~50°E,倾南东,倾角约75°,断层北西盘岩性为三叠系(T)砂岩、泥岩夹砾岩,岩层产状为N44°E/39°SE,节理产状为N42°E/52°NW、N55°E/66°SE;南东盘岩性为二叠系上统($P_2\beta$)玄武岩,节理产状为N85°E/33°NW,N70°E/70°NW、N40°E/90°。破碎带宽度30~70m,由挤压透镜体、断层角砾岩(Fbr)组成,紫红色,压碎结构,主要成分为砂岩,挤压破碎强烈,节理裂隙极发育。

(12) 夫蓬山断层

夫蓬山断层南西起夫伦山,往北东经夫蓬山、夫观山、会芒看河、班迁一线,沿楠顺河延伸约50km,与线路相交于D2K166+420,夹角约55°。线路附近走向约N40°E,倾南东,倾角约30°,断层性质为逆掩断层,主要发育于石炭系(C)及二叠系(T)中。断层破碎带宽20~50m,带内主要由挤压透镜体及板岩、玄武岩形成的断层角砾组成。夫蓬山断层位于隧道出口段,对工程影响大。断层北西盘岩性为二叠系上统($P_2\beta$)玄武岩,南东盘为石炭系(C)板岩夹砂岩,于D2K167+900,右600m测得岩层产状为N40°E/50°SE,节理产状为N80°W/30°NE、N50°W/70°SW。

(13) 班献伦断层

班献伦断层为琅勃拉邦缝合带南边界断层。该断层与线路相交于DK178+156,交角约27°。区内该断层通过地点为莎拉班亭—相嫩—班献伦—现棵弯。班献伦断层呈北—北东向延伸,贯穿全区,属区域上的莫边府—琅勃拉邦断层的中南段,在区域上延长数百公里,为缝合带南东侧边界断层。区内可见断层破碎带及影响带宽达100~300m,其主要由大致平行断面分布的构造碎裂岩块(最大的可达3m×10m)、构造挤压透镜体及断层角砾岩带组成。构造碎裂岩块和挤压透镜体受构造应力挤压现象十分明显。

构造角砾岩一般呈棱角状与次棱角状,由板岩、灰岩、砂岩混杂组成,角砾岩具挤压现象,略显定向排列,以钙泥质胶结为主,局部有褐铁矿化。断层内的岩块有较多次级平卧尖棱柔皱,轴线宽度在数十厘米至数米之间,且局部显得很混乱,但总体规律性较好。未见该断层直接断面及破碎带全貌,但地貌显示的线性特征十分明显,断层通过处大多为负地形及马鞍状山脊,宏观上断层两侧构造格局及沉积面貌均具有显著的差异。从宏观和旁侧次级构造特征综合分析,该断层为倾向北西、倾角约70°的压扭性断层。

2.2.2 琅勃拉邦缝合带断层变形强度分级

一般认为,断层的破碎带规模越大(包括断层泥厚度、岩体结构、地形陡变等),其变形强度越大。Childs系统总结了断层的平面和剖面形态随着应变的逐步加载,从单一的小规模相对完整发育岩体中的裂隙逐步贯通为几何结构相对连续的、具有一定宽度的破碎带(图2-6)。因此,观测野外断层剖面的几何结构特征和岩体破碎情况就可以半定量地确定断层的变形强度。通过野外调查和相关断层资料分析,琅勃拉邦缝合带构造主要由其南北两侧的断层及其夹有的断块所构成,内部尽管发育大量断层,但单个的断层规模小,破碎程度低。

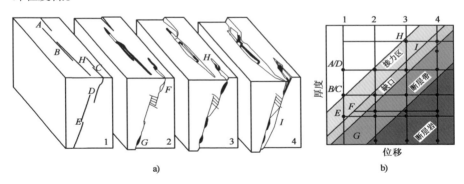

图2-6 断层演化模式图

注:图a)表示随着位移增加在时刻1~4时的断层组演化过程。个别断层的不规则性,不论是粗糙点还是分段边界,都标记为A~I,图中填充黑色的区域表示断层岩。这些不规则性在断层位移(和剪切应变)下的结构变化在图b)中的位移—厚度图上得以标记。其中垂直线表示在时间1~4时的位移,水平线是个别断层几何不规则性的增长曲线。

因此,缝合带相关断层是以南北界为主的构造变形带,地壳尺度的构造应变加载主要受控于南北边界断层的调节,其他断层为从属断层,属于被动变形范畴,是由南北边界在构造变形中衍生出来的(表2-1)。因此,南北边界断层可定性为主构造,变形强度大,内部断层为次级构造,变形强度相对较小。

琅勃拉邦缝合带主要断层汇总表　　　　表2-1

序号	断层名称	断层规模	性质	强度分级
1	班会海断层	宽度>200m	压扭性逆断	主要构造
2	班纳海断层	宽度不详	压扭性走滑	次级构造
3	班标断层	宽度2~3m	逆冲	次级构造
4	班宋断层	宽度约5m	逆冲	次级构造
5	普巴吞断层	数据不详,暗示规模小	—	次级构造
6	卡村断层	数据不详,暗示规模小	—	次级构造
7	班巴伦断层	宽度约20m	逆冲	次级构造
8	萨诺村1号断层	数据不详,暗示规模小	—	次级构造
9	萨诺村3号断层	地表未见破碎带	逆冲	次级构造
10	班孟坎断层	地表未见破碎带	逆冲	次级构造
11	班夫姆瓦断层	宽度30~70m	压扭性	次级构造
12	夫蓬山断层	宽度20~50m	压扭性	次级构造
13	班献伦断裂带	宽度100~300m	压扭性	主要构造

2.2.3　琅勃拉邦缝合带断层变形时代分级

以琅勃拉邦缝合带所处的东南亚区域大地构造基本格局的形成与演化过程为基础,国内外有许多学者进行过相关研究,但由于该问题的复杂性,尽管在部分大地构造单元的划分与归属、部分演化阶段的具体时间过程等方面存在着不同的观点或看法,但有两点是绝大多数研究者的基本共识:一是其总体格架是以大小古陆块或古陆核的拼贴为特征;二是其演化进程始终处于多期特提斯洋的影响和控制下。基于该共识,可将琅勃拉邦缝合带周缘地区的构造基本格局的形成和演化分为4个阶段,这也对断层和褶皱系列构造的时空演化进行了较好的约束(图2-7)。

(1)陆核形成阶段

东南亚原始陆核由早元古代抹古群、昆嵩群及范式坂杂岩组成,大致对应云南三江地区的哀牢山群、瑶山群。依据古地磁、古生物群区系特征,一一般认为构成中泰缅马苏古陆的抹古群属于原始冈瓦纳古陆核,而构成印支古陆的则认为是原始的劳亚古陆核。

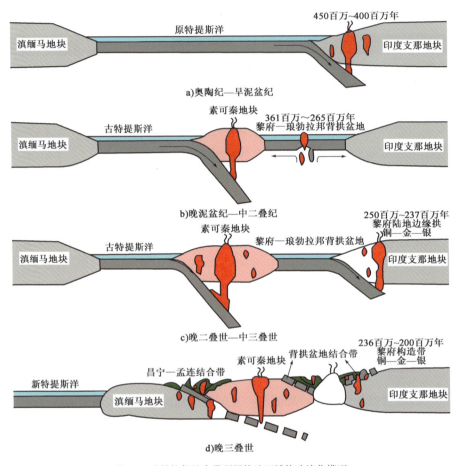

图2-7 琅勃拉邦缝合带所属构造区域构造演化模型

(2)板块活动阶段

早元古代原始刚性陆核形成后,东南亚板块活动体制大致始于中元古代,经历加里东、海西、印支等旋回,基本结束板块活动阶段并转入陆内汇聚阶段。

中元古代,原特提斯洋壳分别向古陆俯冲,沿澜沧江、黑水河—马江产生古沟、弧、盆系或古裂谷,自西向东形成昌马支群、澜沧群及红河、春大等杂岩带。

晚元古代，印支、越北大陆边缘增生，黑水河—马江裂谷转入优地槽发育阶段，有晚元古代齐江群等火山复理石建造。到晋宁期，原特提斯洋闭合转入残留海盆地，进入冒地槽沉积阶段。

早古生代，寒武纪开始，华南裂谷盆地扩张，印支板块中局部抬升为陆块。晚古生代，泥盆纪开始向古特提斯洋扩张，俯冲加快。东部印支、华南板块结合带被再次拉开，主体沿三江地带东南亚地区分布，其中沿金沙江—奠边府—程逸形成古特提斯洋东支，这也是琅勃拉邦缝合带的发端。

（3）板内活动阶段

印支早期随着古特提斯洋的关闭，华南板块与印支板块再次焊接发育成统一陆块。总体进入陆缘裂谷、碰撞期滞后型弧后盆地等板内活动阶段。

（4）陆内汇聚阶段

晚三叠世开始，印支运动进入高潮，统一后的东南亚板块，在周边洋壳消亡后的挤压应力作用下，全区抬升，海水推出，基本结束海相历史，转入陆内汇聚阶段。

琅勃拉邦缝合带历史悠久，经历了多期次造山运动，相对而言，最新的造山运动对缝合带的影响可能追溯至陆内汇聚阶段，即印支运动和后期的喜马拉雅运动。

2.3 琅勃拉邦缝合带褶皱分布特征

磨万铁路琅勃拉邦缝合带内发育有12个褶皱带，包括班内海背斜、相门破向斜、夫昆考山背斜、卡村1号向斜、班会科破向斜、班萨诺向斜、班披奈1号背斜、班披奈1号向斜、班披奈2号背斜、班披奈2号向斜、素郎村1号背斜、素郎村2号向斜等褶皱带。一般而言，断层与褶皱是相辅相成的构造组合，但也存在从属关系，有断层—相关褶皱模式和褶皱—相关断层模式两种。同样，前期也对琅勃拉邦缝合带内的褶皱开展了初步的调查，包括其位置和简单的形态特征描述，但该缝合带内的褶皱与断层之间是何种关系还不明确。因此，本节将厘清琅勃拉邦缝合带褶皱与断层之间的构造变形关系，确定褶皱与断层的从属性质，这样才能确定该区域变形场的主控因素以及明确褶皱对铁路沿线的相关工程地质问题的影响程度。

2.3.1 琅勃拉邦缝合带褶皱主要特征

(1)班内海背斜

班内海背斜呈北东—东走向,长约20km,发育在地层内两端均倾没,该背斜被班内海走滑断层斜切为两段,断距约3km。北西翼产状为N75°W/79°NE,南东翼产状为N60°E/85°SE。

(2)相门破向斜

相门破向斜核部与线路相交于D1K146+340,位于缝合带北西侧湄公河近大转弯处,向斜轴线为北东向,枢纽呈宽缓波状起伏。槽部由二叠系灰色中~厚层块状灰岩组成,南东端在班奔先扬起;两翼为石炭系(C)中上部玄武岩、安山岩、火山碎屑岩、晶屑凝灰岩、含凝灰质粉砂岩、泥岩夹泥质灰岩。

(3)夫昆考山背斜

夫昆考山背斜轴线与线路相交于DK149+865,核部地层为石炭系中统(C_2)玄武岩、板岩、泥岩、砂岩,北西翼产状为N30°E/70°SE;南东翼产状N80°W/82°SW,枢纽呈宽缓波状起伏,背斜由北东向南西端倾伏,两翼不对称出露,南陡北缓,为一轴面向北西倾斜的斜歪背斜。

(4)卡村1号向斜

卡村1号向斜发育于缝合带中南部班标一带,轴部与线路相交于DK152+260m。北西翼岩层产状为N80°W/82°SW,南东翼岩层产状为N15°W/81°SW。

(5)班会科破向斜

班会科破向斜发育于缝合带中南部湄公河大转弯处班会科一线约20km,轴部与线路相交于DK154+246m,北西翼岩层产状为N55°W/42°SW、N80°E/67°~81°SE;南东翼岩层产状为N30°~35°E/50°~60°NW、N80°E/59°~82°NW,两翼均被断层切割,使转折端尖陡,受班标断层与班宋断层两条北东向断层挟持破坏,整个向斜显得残缺不全。

(6)班萨诺向斜

班萨诺向斜发育于三叠系(T)泥岩、砂岩中,向斜呈北东—南西走向,与线路呈55°相交于D2K158+808,北西翼岩层产状为N85°E/27°SE,南东翼岩层产状为N39°E/60°NW。

(7)班披奈1号背斜

班披奈1号背斜该走向N53°E,与线路呈60°相交于D2K166+065,背斜核部为二叠系下统(P_1)灰岩、白云质灰岩,两翼为二叠系上统($P_2\beta$)玄武岩。

(8)班披奈1号向斜

班披奈1号向斜走向N68°E,与线路相交于D2K168+864处,夹角70°。向斜北西盘为石炭系(C)板岩、砂岩、页岩,岩层产状为N40°E/50°SE,节理产状为N40°W/90°、N50°W/70°SW。向斜南东盘为石炭系(C)板岩、砂岩、页岩,岩层产状为N65°W/79°NE,节理产状为N50°E/73°NW、N30°E/53°SE。

(9)班披奈2号背斜

班披奈2号背斜走向N65°E,与线路相交于D2K169+657处,夹角65°。向斜北西盘为石炭系(C)板岩、砂岩、页岩,岩层产状为N65°W/79°NE,节理产状为N50°E/73°NW、N30°E/53°SE。向斜南东盘为石炭系(C)板岩、砂岩、页岩,岩层产状为N19°E/54°SE,节理产状为N70°E/35°NW、N54°W/79°SW。

(10)班披奈2号向斜

班披奈2号向斜走向N68°E,与线路相交于D2K170+500处,夹角65°。向斜北西盘为石炭系(C)板岩、砂岩、页岩,岩层产状为N19°E/54°SE,节理产状为N70°E/35°NW、N54°W/79°SW。向斜南东盘为石炭系(C)板岩、砂岩、页岩,岩层产状为N77°E/73°NW,节理产状为N9°E/84°SE、N30°W/29°SW。

(11)素郎村1号背斜

素郎村1号背斜轴在D2K174+170附近以约45°角与线路相交,轴线较扭曲,线路附近轴部走向约N70°E,向南西延伸后逐渐变为N20°E。两翼均为石炭系(C)板岩、炭质板岩地层。北西翼量得岩层产状为N70°~72°E/60°~82°NW,南东翼量得岩层产状为N4°~55°E/44°~72°SE。背斜轴部附近岩体十分破碎,节理发育,岩质软。

(12)素郎村2号向斜

该向斜及线路与于D2K176+940呈58°相交,轴线走向约N57°E,向斜两翼均为石炭系(C)板岩、炭质板岩夹砂岩,北西翼产状为N55°~68°E/70°~78°SE,南东翼产状为N29°~55°E/69°~80°NW,该段岩体节理裂隙发育,岩石完整性差,产状变化较大,褶曲、揉皱现象发育。

2.3.2 琅勃拉邦缝合带褶皱变形强度分级

典型的断层—相关褶皱和褶皱—相关断层模式的核心区别是断层控制褶皱的演化变形和褶皱控制断层的演化变形(图2-8)。如图2-8a)揭示了三种最为典型的断层—相关褶皱模式,即滑脱、断弯和断层,不管是何种模式,断层均为深部构造,褶皱属于浅表层次变形,即传统意义的"有根构造"。而图2-8b)揭示了褶皱—相关断层模式中最为典型的横弯和纵弯模式,在褶皱变形过程中由于应力的局部化,造成次级的断错变形样式,不管呈现何种变形特征,断层规模和尺度受控于褶皱,即断层为"无根构造"。因此,识别无根还是有根是区分这两个不同模式的根本方法。

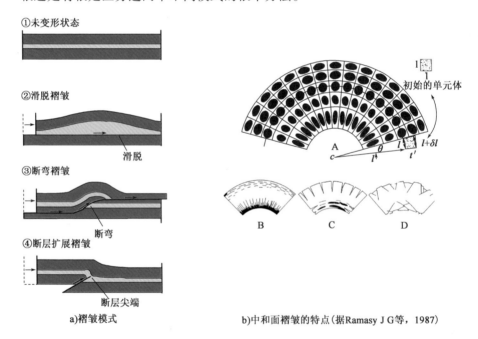

图2-8 断层—相关褶皱模式与褶皱—相关断层模式图
A-应变分布形式;B-劈理;C-张裂;D-剪裂

对比琅勃拉邦缝合带断层和褶皱的变形特征,从褶皱发育的规模和变形程度来比较,应属于断层—相关褶皱模式,即褶皱变形受断层控制。一是褶皱规模普遍小于断层系统,大部分褶皱被断层系统围限;二是褶皱轴向与断层一致,表明是同一个构造应力场作用下的产物;三是断层系统有根,即属于深切构造,非褶皱变形导致的无根断层。因此,琅勃拉邦缝合带褶皱变形强度均小于断层,换句还说从属于断层系统,由于其规模小、变形强度低等综合特征,可不需要再进行详细的强度分级。

总而言之,缝合带内褶皱规模远小于断层系统,但其走向和产出位置与断层一致,表明受断层控制,属于次级变形构造,因此断层是缝合带的主要应变调节对象。

2.3.3 琅勃拉邦缝合带褶皱变形时代分级

考虑到琅勃拉邦缝合带褶皱从属于断层系统,因此从理论上而言,所有的琅勃拉邦缝合带褶皱变形时代同步于断层系统。即断层控制着褶皱的变形强度与变形时代。前文已述断层变形时代划分,在此不再赘述。

2.4 琅勃拉邦缝合带新生构造行为

琅勃拉邦缝合带是兰坪—思茅地块和南海—印支地块两个一级构造单元的分界带,作为块体边界带也是变形强度最集中的部位,同时受地质历史中不同阶段的构造事件的影响,该缝合带还继承了古构造的变形痕迹,在最新一期的喜马拉雅造山阶段,该缝合带出现应力应变环境的重新调整,部分古构造可能还会"复活"。这种多期次的构造变形叠加最新一期的变形,导致该铁路沿线出现了异常复杂的工程地质问题。然而,缝合带内又广泛发育断层和褶皱变形带,最新的应力应变往往集中在构造活动幅度最大且最年轻的部位,因此该部位的工程地质问题非常值得关注和重视。断层是本区域构造演化和形变调节的核心载体,因此,本部分内容将重点针对断层开展高精度遥感数据解译、地质剖面清理和绘制、高精度数字高程模型(DEM)数据地形地貌分析和计算、年代学测试、地应力特征获得和对比琅勃拉邦缝合带的最新构造变形事件和部位,这对约束该缝合带的不良地质体分布(强烈破碎结构范围和程度)的评价具有直接的效益。

2.4.1 琅勃拉邦缝合带断层运动特征

缝合带断层由多条断层组成,北东端始于中越边界的五台山,向南西经越南奠边府、老挝孟威、孟松、琅勃拉邦、沙耶武里、班纳古、孟梅、班纳占,泰国程逸,止于泰国达府。断层总体走向北东,逐渐向北偏转,研究区内段走向北东。断层总长度约750km。

该断层性质属板块俯冲—缝合带,属超岩石圈深断层。断层经历了多期构造运动,晚石炭世早期为古特提斯洋的支边界断层,晚石炭世晚期关闭转入残留边缘海盆,印支晚期再次拉开成残留海槽。至诺利克末期,海盆关闭发生碰撞,形成青藏—西印支板块与中国南方—东印支板块的结合带。

沿断层有多期岩浆岩的侵入活动。在琅勃拉邦、难府及程逸北等地,残留有蛇绿岩带,分布于上石炭统的下部,与海相硅质岩伴生;在程逸,蛇绿岩侵位于该时代地层中的复理石沉积;在越南境内,蛇绿岩侵位于二叠纪—三叠纪砂页岩层位。

根据第四纪活动特征,大致分为三段:

(1)北段:主要位于越南,展布于五台山、封土、兴湖、莱州、奠边府、班冈、哈迪一线,长约180km。第四纪时期,断层活动仍以升降运动为主,控制着第四纪盆地的分布,并兼有右旋走滑活动。该断层对地貌发育有明显的控制作用,成为第四纪盆地展布的边界断层,盆地多分布于断层东侧,如奠边府盆地,反映了断层第四纪以来西升东降的垂直差异运动特征。断层在卫星照片上线性特征十分清晰。利用断层仪探测,小震活动呈密集带状分布。到目前为止,沿该断层段于1983年6月24日在莱州发生7.0级地震、1920年2月在奠边府发生5.1级地震、2001年2月20日在奠边府发生5.1级地震、2001年2月19日在奠边府发生5.2级地震。由于该段主要位于越南,无法进行考察,根据卫星影像特征、断层对盆地的控制程度以及地震活动情况,推测属于全新世活动断层。

(2)南段:由多条断层左行斜列组成,主要展布于泰国湄差林、法塔、南巴、拉莱、程逸、达府、黎府一带,长约290km。难府、程逸北等地有大片蛇绿岩带分布。断层在卫星照片上线性特征十分清晰。断层槽地、跌水、三角面发育。沿断层发育德伦、程逸等多个长条形的第四纪拉分盆地,且对泰国南部大型第四纪断陷盆地的北部边缘有着明显的控制作用。断层具有明显的水平右旋走滑特征。根据卫星影像特征、断层对盆地的控制程度,推测属于全新世活动断层。

(3)中段:主要位于老挝境内,展布于孟威、孟松、琅勃拉邦、沙耶武里、班纳古、孟梅、班纳占一带,由断续的多条断层组成,长约280km。断层主要控制古生代和中生代地层的分布,沿断层第四纪盆地不甚发育,只发育孟威、孟松等小型盆地,对南乌江有明显的控制作用,南乌江基本上沿断层线发育。卫星照片上线性特征清晰,地貌上主要表现为长长的断层陡崖和断层三角面。

野外考察期间,重点对琅勃拉邦沿线(中段)开展调查工作(图2-9),发现线性槽谷较为发育,与断层带位置较为重合,反映出断层对地形地貌具有较为明显的控制作用。

图2-9　断层槽谷地貌特征

关于琅勃拉邦断层的变形特征,到目前为止还存在一定争议。早期中国地震局研究报告认为:琅勃拉邦缝合带断层在琅勃拉邦、沙耶武里等地,湄公河支流右旋位错明显(图2-10),表明断层具有右旋水平滑动性质,同时还具有正断层性质。该结论主要基于老构造填图,由于老构造反映的是早期的构造运动,难以有效描述最新一期喜马拉雅造山运动对该区域的影响。

为此,基于最新的全球定位系统(GPS)观测数据解译,GPS跨断层数据明显揭示该断层为系列的左旋走滑断层(图2-11)。GPS数据能反映十年尺度的断层运动特征,能够代表最新的构造运动速度场。

上述已有资料表明琅勃拉邦缝合带断层可能发生了断错变形的反转,基于此,结合高精度遥感影像资料解译,在琅勃拉邦缝合带北段部位解译出一线性构造极其发育的断层槽谷,通过水系位错和槽谷地貌分析,该断层显示为明显的左旋走滑性质,左旋走滑量达到百米级别,进一步表明了该区域构造背景和地壳运动场特征相统一。

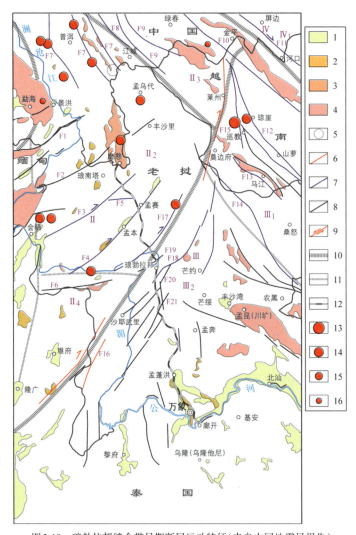

图 2-10 琅勃拉邦缝合带早期断层运动特征（来自中国地震局报告）

1-第四系（纪）；2-新近系（纪）；3-古近系（纪）；4-花岗岩；5-三叠纪地层；6-全新世活动断层；7-晚更新世活动断层；8-早第四纪活动断层；9-走滑断层；10-三级构造缝合带；11-二级构造缝合带；12-拟建铁路；13-M=7.0~7.9（M 为地震震级）；14-M=6.0~6.9；15-M=5.0~5.9；16-M=4.0~4.9

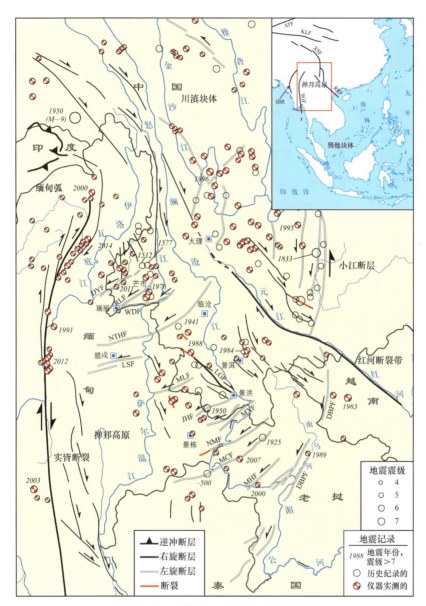

图2-11 琅勃拉邦缝合带最新的断层运动特征

WDF-畹町断裂；MLF-孟连断裂；MCF-梅江断裂；DYF-大盈江断裂；NTHF-南汀河断裂；LCF-澜沧江断裂；MXF-勐兴断裂；MHF-芒洪断裂；RLF-瑞丽断裂；LSF-腊戍断裂；JHF-景洪断裂；NMF-南玛断裂；DBPF-奠边府断裂；SGF-实皆断裂；RRF-红河断裂；ATF-阿尔金断裂；KLF-昆仑断裂；XSF-鲜水河断裂；IBR-印缅山岭

另外,擦痕方向也是断层运动的重要指标,在琅勃拉邦13号公路以东段落发现一断层露头(GPS:19°57′49.62″,102°15′36.60″)(图2-12、图2-13),断层整体较为破碎,发育在钙质砂岩中,断层产状为335°/51°,通过人工开挖将断层剖面清理干净,局部仍可见断层面特征,如擦痕和阶步,擦痕产状为49°/5°,表明断层以逆冲为主,具有一定的左旋位移分量,这与GPS反演的琅勃拉邦缝合带北段断层地貌现象相一致。该断层不见断层泥,局部发育的一些小型构造透镜体基本上被钙质胶结,表明断层的活动时代可能较为久远,不参与最新的构造应变分配,反映的是早期构造运动的产物。

图2-12 密集发育的剪节理(石英脉宽约0.5cm,平行密集分布)

同时在该公路东南侧(GPS:19°57′40.04″,102°16′46.30″)发现构造局部应变集中带—破劈理较为发育,统计破劈理带中大量剪节理的产状为260°/75°,传统上认为区域最大构造应力场垂直与破劈理面,由此可以推测区域应力场方向,考虑到琅勃拉邦缝合带构造的主体方向为北东向,则表明断层为逆左旋断层。这些与断层剖面观察到的现象也基本一致。

走滑断层的运动方向直接反映了区域应力场,早期认为的右旋运动与现今新认识的左旋运动之间的差异,直接催生了关于构造应力场截然不同的认识视角,使得岩体主要结构面特征、不良地质体发育部位等都需要做一定的修正,特别是中老铁路修建过程中面临的多隧道段落,这对地质灾害预警具有较好的区域定性约束作用。

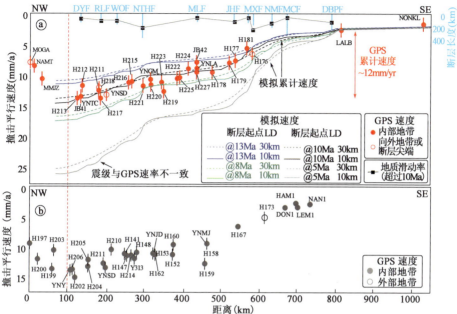

图2-13 琅勃拉邦缝合带位移速率推算图（DBPF表示琅勃拉邦缝合带断层）

另外，结合最新的GPS数据反演，可以推算琅勃拉邦缝合带主要边界断层的左旋位错速率为1~3mm/a。

2.4.2 缝合带区域DEM数据约束的地壳变形特征

地貌和新构造期地层发育特征反映出本区新构造运动表现为大面积的整体性隆升、地壳隆升的掀斜性与间歇性和断层的新活动性。据普遍缺失上新统和主夷平面形成于上新世末分析，近场区的快速隆升始于上新世，与区域新构造运动上新世末的起始时间基本一致。这主要是受青藏高原隆起的强烈影响，老挝高原同步隆起。整体性隆起的直接结果导致了第四系地层不甚发育，只在河谷及少数山间盆地有零星分布，以及残、坡积层广泛分布于山坡和山麓地带。在地壳整体性隆起的同时，地壳隆起兼具掀斜性与间歇性，主要表现在区内地势北西高南东低的掀斜特征，发育有多级夷平面和阶地面层状地貌。多级夷平面和阶地面，反映了地壳隆起的间歇性特点。断层构造继承了古老构造形迹，以北东向断层占优势。断层在第四纪晚更新世重新活动，沿断层发育有多个新生代盆地，盆地面海拔500~700m，与周围山地相差700m，差异运动明显。

考虑到区域认识大多基于资料的搜集和定性认识，还难以全面地认识构造运动痕迹。为此，基于高分辨率的数字高程模型数据，对琅勃拉邦缝合带的地壳变形特征开展更为深入的解析。

地形因子是用于定量化描述地貌形态的特征参数，又称为地貌参数，可用于定量分析构造运动对地形地貌的控制与影响。不同的地形因子可以从不同的视角，描述一定条件下地貌的某种形态特征。这些地形因子既有一维线性的（如河长坡降指标），也有二维面性的（如流域盆地不对称度），还有三维体性的（如高程—面积积分）；既有微观的（如坡度、坡向），也有宏观的、如（河谷宽深比、盆地延长率）等。

(1) 高程（地形与等高线）

高程可以从DEM数据中直接得到，也是最为基本的地形因子，是其他地形因子的基础，其数值反映了地形的高低分布情况。在ArcMap软件中打开融合后的DEM数据，直接展示的就是高程数据的空间分布，系统默认给出的是灰度拉伸图，通过设置渲染属性，可以使高程的分布更加形象直观。采用色带及等值线工具可以得到区域的等高线，更为直观地展示高程的空间变化。

研究区的高程分布为246~1627m，总体来讲，地形起伏较大，具有西北部总体偏高、湄公河两侧下切地形偏低的特点。这可能反映出北侧受到的抬升作用较强，也可能反映出北侧岩性抗风化能力更强。

(2) 坡度与曲率

坡度也是一项比较基本的地形因子，是划分地貌类型的重要依据。地表任一点的坡度是指通过该点的切面与水平面的夹角，即过地表某点各方向直线的最大倾角。在ArcGIS软件中，使用空间分析工具箱的表面分析模块的坡度计算工具，仅需插入原始栅格即可计算，其计算方法为计算某一节点与其紧邻节点的高程差与距离的比值，取其最大值，作为坡度的正切，该方向即为坡向。

通过分析发现，研究区的坡度分布范围为0°~70°，其坡度变化范围很大,说明研究区受地球内外动力作用十分显著。坡度的分布情况与高程类似,也是在西北、东南部较大,河流谷地地区坡度较小,坡度带的轮廓很好地勾勒出不同地貌的范围。

另外,对于坡度可做进一步处理,进一步求取坡度对于微分空间的变化率,即曲率。曲率描述的是地表扭曲变化的程度,是局部地形曲面在各个方向上凹凸性的反映。曲率为地形表面对距离的二阶导数,是坡度的一阶导数,可理解为"坡度的坡度",曲率正值代表是凸出的部分,曲率负值代表是凹陷的部分,曲率接近零为较平坦的地方。将获得的结果按零、正值、负值分类之后,得到研究区的地表曲率图。

在河谷附近地表曲率几乎为零,说明河流对于地形塑造具有重要影响。而其余位置几乎都是凹凸相间,以凸形为主导。凸形地形是构造运动较强烈的表现,而其间的凹形地形,推测是由于岩性不同差异风化导致的。

2.4.3 DEM约束的缝合带构造变形特征分析

近年来,均衡河道纵剖面模型对河道陡峭指数进行的研究表明,区域岩石隆升速率是控制河道陡峭指数的主要因素。换句话说,陡峭指数能够反映构造变形的强度。大量研究已证实陡峭指数K_{sn}与构造变形密不可分。

2000年Snyder等提出了剪应力下切模型,首先假设基岩河道的侵蚀速率(E)与流水下切剪应力(τ_b)呈幂函数关系。

$$E = k_b \tau_b^a \tag{2-1}$$

式中:k_b——受侵蚀过程控制的有量纲系数,主要与岩石强度、河道输沙量有关;

a——与侵蚀过程相关的常数。

假设河流水流的质量守恒、处于稳定状态并且流速均匀,推出流水下切剪应力:

$$\tau_b = \rho C_f^{1/3} \left(\frac{gSQ}{W} \right)^{2/3} \tag{2-2}$$

式中:ρ——水的密度;

C_f——摩擦系数;

g——重力加速度;

S——河道中某点的坡度(dz/dx);

Q——流量;

W——河道宽度。

利用水文学计算流量(Q)的假设:

$$Q = k_q A^c \tag{2-3}$$

式中:A——上游流域面积;

k_q——有量纲系数;

c——近似为很小的常数。

而下游流域河道宽度(W)与流量(Q)的关系为:

$$W = k_w Q^b = k_w k_q^b A^{bc} \tag{2-4}$$

式中:k_w——有量纲系数;

b——常数。

由公式可得剪应力下切定律:

$$E = KA^m S^n \tag{2-5}$$

$$K = k_b k_w^{-2a/3} k_q^{2a(1-b)/3} \rho^a g^{2a/3} \tag{2-6}$$

$$m = \frac{2}{3}ac(1-b) \tag{2-7}$$

$$n = \frac{2}{3}a \tag{2-8}$$

结合实践经验可确定式(2-4)~式(2-8)中一些参数,b值一般在冲积河流中近似为 0.5;K 为侵蚀系数,与区域降雨量、岩性、河道宽度、岩石强度、泥石流频率等因素有关;n 为坡度指数,与侵蚀过程有关;m/n 也受限制于剪切侵蚀过程,根据 b 和 c,通常认为 m/n 约为 0.5。

研究表明,河道纵剖面上任意一点的高程随时间的变化与岩石的隆起抬升速率及河流下切侵蚀速率有关。

$$\frac{dz}{dt} = U - E = U - KA^m S^n \tag{2-9}$$

假设区域内岩石抬升速率与水流下切速率相似,提出均衡河道纵剖面理论 $dz/dt=0$ 时,$U=E=KA^m S^n$;定义河道均衡坡度(S_e)为 $S_e=(U/K)^{1/n}A^{-m/n}$;根据幂函数转换关系,可得到 $K_{sn}=(U/K)^{1/n}$,$\theta=m/n$。系数 K_{sn} 表示为河道陡峭指数,由于整个河道抬升速率 U 和侵蚀速率 E 都是均匀的,定义 θ 为河道纵剖面的凹曲指数。基于上述理论,结合 ArcGIS 和 MatLab 程序,分析 30m 分辨率的琅勃拉邦缝合带区域 DEM 数据,获取 K_{sn} 分布图。

由 K_{sn} 分布图可知:

(1)即便琅勃拉邦缝合带宽度约 40km,发育十多条断层和褶皱,通过 K_{sn} 分布图分析认为:缝合带最新的构造变形属于集中型应变模式,这是因为为缝合带内部为 K_{sn} 低值分布区,南北边界为 K_{sn} 高值分布带,K_{sn} 值越高,表明剥蚀越强烈。在岩性较为一致的情况下,认为是构造活动强度越大部位,其 K_{sn} 值越大。琅勃拉邦缝合带 K_{sn} 分布图表明最大应变可能集中于缝合带边界断层,缝合带内部的断层和褶皱几乎不承担应变分配。

(2)早期的资料认为琅勃拉邦缝合带北边界为班会海断层,但从 K_{sn} 分布特征来看,班会海断层并非主要的 K_{sn} 高值分布区,相反普巴道山断层对应高分布区,代表着应变的集中部位。其次,查阅会富莱隧道进口一带最新的地勘资料,发现该部位存在一条被忽视的大型断层——普巴道山断层(图 2-14)。普巴道山断层为一压扭性逆断层,测区内断层走向 N54°E,倾向南东,倾角较陡 60°~80°。断层破碎带宽 100~300m,受其影响,隧道洞身滑坡、岩堆等不良地质体发育。断层上、下盘为二叠系(P_1)灰岩、白云质灰岩和石炭系(C)板岩、砂岩夹炭质板岩、凝灰岩、玄武岩。

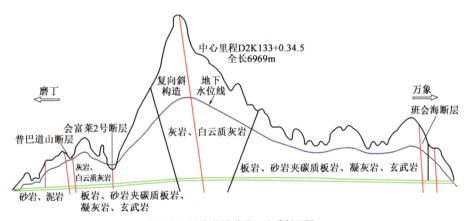

图 2-14 会富莱隧道进口地质断面图

因此,综合来看,考虑到普巴道山断层的规模(强烈破碎宽度达到 100~300m)和 K_{sn} 高值等信息,从新生代构造变形的程度来分析,认为相较于班会海断层,该断层更有可能作为琅勃拉邦缝合带的北边界构造。

(3)除了在北边界普巴道山断层一带显示为K_{sn}高值,其南边界也存在K_{sn}高值分布特征,尽管也有可能说明南边界是高应变区,但是不能排除其受岩性差异化的影响,因为南边界大量发育灰岩,高的剥蚀率可能与灰岩成分有关,而缝合带内部和北部均主要为砂岩、板岩、玄武岩等,剥蚀率应较低,但北边界部位却显示非常高的K_{sn}值。研究认为主要是因为受到构造加载出现应变集中。

2.4.4 琅勃拉邦缝合带北边界断层年代约束

上述章节已详细论述琅勃拉邦缝合带北边界是构造变形的主要集中部位,特别是确定了普巴道山断层为北边界断层,因此有必要进一步针对该边界断层进一步测年,提供变形的时间证据。因此,选择在邻近该边界的福格村隧道内采集1个石英脉样品,对其进行低温下电子自旋共振(ESR)测年,测年的主要工作在中国地质科学院地质力学研究所新构造运动与地质灾害重点实验室ESR测年实验室完成。

(1) ESR测年原理

电子自旋共振(Electron Spin Resonance, ESR)测年,又称为电子顺磁共振(Electron Paramagnetic Resonance, EPR)测年。该方法是用来检测和研究含有未成对电子的顺磁性物质。

假定矿物晶体在被埋藏之前,其ESR信号归零。样品自埋藏后,会接收来自样品内部和周围环境中存在的天然放射性同位素(如U、Th、K等)的α、β、γ射线以及宇宙射线的辐照,使矿物晶体中的电子电离,从价带(基态)跃迁到导带并被晶格缺陷捕获从而形成各种不同的顺磁中心。给定缺陷的顺磁中心的数目,即这个中心的ESR信号强度,是正比于辐射场的强度D_t(千年剂量率)和辐照的时间A(样品的年龄),也正比于样品接收的天然辐照总剂量P(等效剂量)。样品的ESR年龄可以用下式表示为:

$$A(\text{ka}) = P(\text{Gy})/D_t(\text{Gy/ka}) \tag{2-10}$$

(2) 试验过程

将样品粉碎后,筛分出粒径为100~225μm的颗粒,用10%的盐酸浸泡1h后,用清水洗净,在40℃下烘干。然后进行磁分选。将处理后的样品称出10份,每份质量为200mg。留1份作为原始样品测试,其他9份送至原子能科学研究院,用60Co源对样品进行辐照,辐照剂量分别为0、200Gy、400Gy、800Gy、1400Gy、2000Gy、2800Gy、5000Gy、7000Gy(实际数据略有偏差),辐照后的样品"冷却"一月后再进行ESR测量(图2-15和图2-16)。

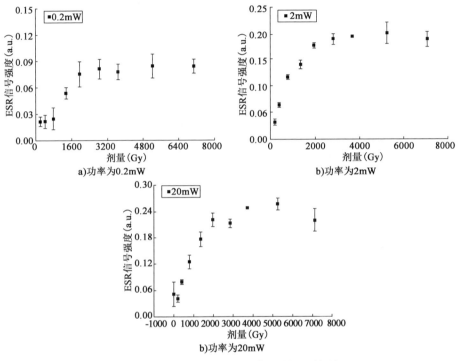

图2-15　室温下不同功率下ESR信号随剂量增长图

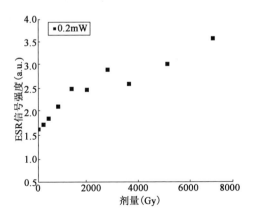

图2-16　低温下功率为0.2mW时ESR信号随剂量增长图

实验室将该样品在室温下和低温下分别进行了测试,测试结果见表2-2。等效剂量的测试均在德国布鲁克公司生产的电子顺磁共振波谱仪上完成。常温测量参数:测量功率0.2mW,微波频率9.4GHz,中心/磁场3348Gy,扫场宽度800Gy,调制幅度1.00Gy,时间常数30ms。同一样品在同一测量位置扫描3次,然后旋转3个不同方位测试取平均值,以减小各向异性的影响。gvalue=2.001。低温下测量参数:测量功率0.2mW,微波频率9.4GHz,中心/磁场3390.95Gy,扫场宽度500Gy,调制幅度1.00Gy,时间常数41.94ms。低温下样品测试1次,部分样品进行重复测量。gvalue=2.0075。等效剂量的测量方法使用附加剂量法。利用最小二乘法,对指定信号的ESR信号强度随剂量的增长曲线进行拟合,并计算等效剂量值。年剂量,也称环境剂量率。样品所吸收的环境辐射剂量是其本身及周围物质中放射性核素(U、Th和K)的α、β和r衰变产生的电离辐射所提供的,同时也有宇宙射线的少量贡献。本次测试中样品的U、Th、K由核工业地质研究所测试。样品埋藏层的含水率对样品所接收的剂量率也有影响。考虑到所采集的样品,含水率估算为10%±5%。

ESR测年结果及相关参数[37] 表2-2

实验室编号	U (ppm)	Th (ppm)	K (ppm)	含水率 (%)	等效剂量 (Gy)	千年剂量率 (Gy/ka)	年龄 (ka)
LSC04 (室温)	0.021	0.04	0.002	10±5	150.80±29.91	0.1854±0.0003	813.16±161.30
LSC04 (低温)-a	0.021	0.04	0.002	10±5	1862.76±505.65	0.1854±0.0003	10044.90±2726.81
LSC04 (低温)-b	0.021	0.04	0.002	10±5	1628.73±485.74	0.1854±0.0003	8782.89±2619.41
LSC04 (低温)-c	0.021	0.04	0.002	10±5	1862.76±505.65	0.1854±0.0003	11445.25±3207.60

注:LSC04(低温)样品a~c号样品为同一组数据,因为部分数据较分散,可能会影响结果。

由上述测试可知:琅勃拉邦缝合带属于继承性构造,自三叠纪末期拼合以来,后期再次活化。主要证据为通过石英ESR测年获得缝合带北部福格村隧道内节理带最新的活动时间位于中更新世(80万a±16万a),表明受到喜马拉雅造山运动的影响,与印度板块持续向欧亚板块俯冲造成东南部次级块体逃逸变形。

2.5 琅勃拉邦缝合带区域宏观应力场特征

近年来,许多学者针对全球不同构造背景区域开展了应力场测试和反演等,主要利用大地测量、震源机制解、原位测试等资料,获得了全球区域应力场分布图(World Stress Map)。结合琅勃拉邦缝合带部位,该地区总体资料稀缺,但仍能从大尺度范围识别该地区的应力场分布趋势。该图显示,有效的应力场数据主要分布于琅勃拉邦以西地区,以北地区仅有一个有效数值,以南和以东地区缺少数据。尽管数据稀缺,但其邻近地区显示的水平最大应力方位均为南北向,展现为近南北向的挤压特征。结合该区域断层北东向分布,代表断层现今运动应表现为左旋挤压剪切特征,这也与野外观测和GPS运动场数据相吻合。

同时,沙耶武里北侧一个低应力数据点位于琅勃拉邦缝合带沿线西南侧,该数据能进一步有效约束该缝合带区域变形特征。该数据由震源机制解获得(图2-17),地震震级为M5.4,显示为北东向左旋走滑型地震,进一步证实局部部位的现今构造应力场特征与区域大尺度地应力环境相一致。另外,于2021年12月19日在琅勃拉邦西南100km处发生了M5.5级地震,具备相似的震源机制解。

除了分析大尺度范围内的地应力环境,进一步搜集福格村隧道DZ-FGC-01孔地应力测试结果。测试孔位于中老铁路磨丁至万象段福格村隧道,坐标为N20°13′11.874″、E101°59′46.459″,孔深为570m,静水位约为30m。该孔岩性主要为砂岩、页岩及泥岩。岩芯呈长柱状,高角度节理发育,存在掉块现象。套管深度为252m,套管以下孔径为76mm。

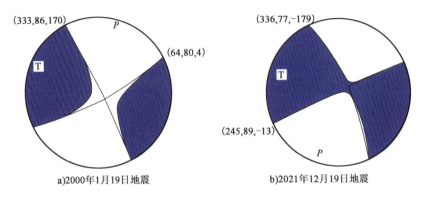

a) 2000年1月19日地震　　　　　b) 2021年12月19日地震

图 2-17　震源机制解

根据岩芯完整程度，该孔在测孔中下部，即 320～540m 深度域，成功采用水压致裂法进行测试，其中地应力测量 7 个点，应力方向测量 3 个点。主应力量值测试方案：根据钻孔岩芯完整度，在该钻孔的中部及下部成功进行水压致裂法地应力测量 7 个点，应力方向测量 2 个点。

主应力方向测试方案：根据曲线形态，选定了 385.82~386.62m、445.98~446.78m 和 531.48~532.28m，3 个测段进行印模测量。3 个测段的破裂形态均为近直立裂缝，计算求得破裂面的方向分别为 N8°W、N13°W 和 N6°W。测试结果反映了该孔附近最大水平主应力（S_H）的优势方向为 NNW（平均值 N9°W）。

根据测量所得数据，该孔测试深度域（324~533m）内，最大水平主应力 S_H 为 9.18~20.41MPa，最小水平主应力 S_h 为 6.69~13.01MPa，以岩石重度 2.65g/cm³ 估算的垂直应力为 8.44~13.81MPa（图 2-18）。

另外，GPS 数据揭示琅勃拉邦缝合带仅有一个站点，该站点表明的运动方向为西西南向（图 2-19），尽管该站点位于琅勃拉邦缝合带南边界处，也可暗示北边界位移场特征与其相似。而福格村隧道略微位于琅勃拉邦缝合带北边界以北处，测试的最大主应力方向为北北西向，这与 GPS 仅有的数据基本吻合。因此，可以推测琅勃拉邦缝合带的地应力环境均为最大主应力北北西向，从而约束了现今构造变形为左旋兼逆冲走滑特征，这也与前文所述的区域构造背景相一致。

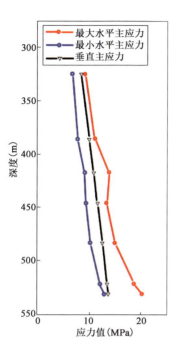

图2-18 福格村隧道DZ-FGC-01孔应力值随深度变化图

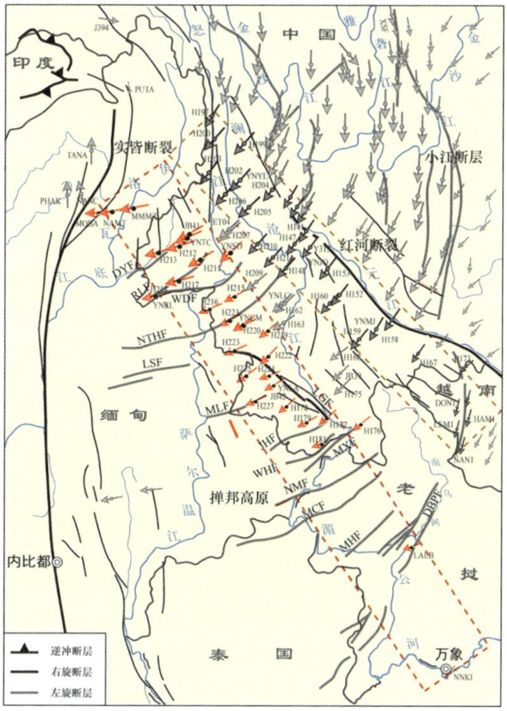

图2-19 东南亚地区GPS速度场

CHAPTER 3
| 第3章 |

隧道围岩地应力测试及反演分析

由于地质缝合带是在构造运动过程中不同板块边界间碰撞挤压形成的构造区域,因此,地应力高且分布极为复杂,对隧道工程建设影响极大。本章通过水压致裂和应力解除两种地应力测试方法测试地质缝合带区域隧道围岩地应力,分析琅勃拉邦缝合带地应力分布规律,进而基于隧道区域地形建立三维地质分析模型,结合多元线性回归方法进行地应力反演分析,得到穿越琅勃拉邦缝合带隧道的地应力主要特征,为揭示琅勃拉邦缝合带隧道大变形机理奠定基础。

3.1 地应力影响因素分析

地壳应力目前普遍认为是地球动力运动以及其他物理化学变化所导致的,其中构造应力场主要由大陆板块边界挤压作用和地幔热对流引起的水平切向应力引起,重力应力场构成则是认为由地心引力引起。除此之外,岩浆侵入、地温梯度不均、地表侵蚀作用等引起局部应力变化,最终形成三向不等压的非稳定应力场。缝合带属于板块碰撞衔接区域,断层破碎发育,地形高低起伏,区域地应力主要影响因素应与地质构造和地形分布密切相关,因此本节重点介绍各因素对地应力的影响规律。

(1)地质构造的影响

地质构造运动造就了地层岩体的非均质性特征,当经过这些非均质结构体、剪切带、不整合面时,地应力大小和方向将发生改变。Hudson研究认为,结构面和岩体强度对地应力影响存在如图3-1所示的三种形式:①结构面张开,随着靠近结构面,最大主应力方向逐渐平行于结构面;②结构面与围岩性质相近时,主应力不发生偏转;③结构面为刚性材料时,最大主应力方向与结构面垂直。活动断裂带和褶皱作为缝合带最主要的地质构造,往往存在不同大小、方位的结构面交织影响,岩体强度不均,造成局部应力场和区域应力场的差异性,应力分布的复杂特征。

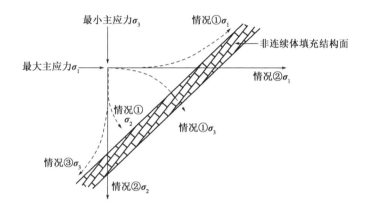

图3-1　结构面对地应力方向的影响

活动断裂带被认为是应力集中程度较高的构造区域,且在持续的运动过程也会造成邻近区域的应力重分布。典型案例圣安德烈斯断裂带的大量地应力测试结果证实,最大主应力方向在邻近断层与远离断层的位置发生显著改变。苏生瑞通过研究单一活动断裂带和复合活动断裂带对地应力的影响发现,活动断裂带影响范围内主应力方向变化从几度到几十度不等,而主应力量值的复杂性是由断层几何形态差异导致,多条活动断裂带的复合部位应力集中更明显。沈海超等通过数值模拟和现场测试得出邻近断层的地应力偏转角度与断层构造参数和岩体性质密切相关,且呈渐变过程。翁剑桥等结合正断层的数值模型对断层扰动带宽度和影响因素进行分析,得出应力扰动带与断层宽度和长度呈正相关,且断层破碎程度越高应力扰动带范围也越宽。

褶皱构造对地应力表现为褶皱类型和部位不同的影响,向斜的地应力普遍小于背斜地应力,平缓的部位应力值则趋于中间状态。由于褶皱带内软弱岩层和硬质岩层交互存在,即使地表水平,相同深度的地应力场也可能呈现不均匀分布。

相关研究表明,地质运动作用下不同构造形式的断层破碎带和褶皱带将切割影响地应力的分布与传递。对于琅勃拉邦缝合带而言,局部区域受多条活动断层和褶皱带影响,相互间应力扰动叠加后应力集中必将造成极度的应力分布不均和主方向偏转,远离断层和褶皱后与区域主应力方向将趋于一致。

(2)地形、地貌和剥蚀作用的影响

地表在承受剥蚀、沉积、风化等外动力地质作用时地貌形态会发生改变,促使地壳达到新的平衡状态,此时的浅层地应力大小和方向也会随之受到影响。例如斜坡范围主应力方向发生偏转并形成应力分异,河谷范围存在应力松弛和应力增高,长条形山脊的大主应力方向与山脊走向基本一致,中间主应力方向与山坡平行。地形地貌主要影响地应力场的大小和分布规律。已有研究表明:在实际工程中,两个完全不同的地貌单元,即使是处在相同的地形条件下,其地应力状态也会存在很大差异,比如典型的剥蚀平原和沉积平原,因为剥蚀地区的岩体地应力受剥蚀卸荷作用的影响极大,导致岩体中应力值偏高且分布无规律,相比之下,沉积作用可以改变岩体的地应力状态,因此沉积岩中应力变化规律相对恒定,二者的地应力分布特征形成了鲜明对比。所以在地形地貌对地应力分布的影响中,地貌单元产生的影响占据主导地位。一般地,地形对地应力场的影响范围只限在地表附近,越接近地表影响越明显;随着深度的增加,影响程度逐渐减弱。

地形对地应力的影响主要集中在浅层范围,且不同地质历史和构造运动幅度的影响,不同地区地形的影响范围会产生差异,而随着埋深的增加影响效果逐渐减弱,因此浅层地表中的侧压力普遍大于深层。对岩石剥蚀作用而言,由于岩石存在初始应力,存在一定的大小和方向,当发生剥蚀后,原有的应力方向基本保持不变,但其应力大小发生变化,其中水平分量变化较小,而垂直分量变化较大。在自然界形成的过程中,各种介质在运动的过程中,使外露在地表的岩石受到破坏,并将其破坏的物质与原来岩石相分离的过程称之为剥蚀作用,通常,地壳上升的部分由于自然天气等因素会产生地表剥蚀。由于岩体内颗粒结构的变化和应力松弛发展缓慢等原因,导致岩体内仍然存在着比自重应力还要大得多的水平应力值。

(3)岩石力学性质的影响

地应力的形成实际上是岩石能量的储存和释放的结果,岩石的能量不可能无限制的储存,在这过程中受到岩石自身强度的制约作用,因而从侧面反映出岩石的力学性质对地应力的影响。岩性及其强度可能会显著影响地应力分布和平均水平地应力与垂直主应力比值。岩浆岩的平均水平地应力与垂直地应力比值在地表深度500m以内大于沉积岩和变质岩的两方地应力比值,随着深度增加则小于沉积岩和变质岩且降低速率较大。沉积岩平均水平地应力与垂直地应力比值回归曲线介于岩浆岩与变质岩之间;深度大于2000m后,比值在1.0附近波动。变质岩构造复杂,平均水平地应力与垂直地应力的比值在500m以内较分散,随深度增加比值趋向于1.0。岩石力学性质对地应力影响较为明显,从能量积累角度来看,岩体地应力是能量积累与释放的结果,岩体应力上限受到岩体强度限制;弹性模量较高岩体内部,大多存在较高地应力。在同一区域内,受到近南北向外围应力场作用的正长岩与玄武岩保持变形协调,弹性模量较高的玄武岩在相同变形条件下储备较多弹性应变能,表现出较高应力值。有学者通过调查统计分析发现:当岩体的强度为50GPa时,岩体地应力为10~30MPa;而岩体强度小于10GPa时,岩体地应力一般小于10MPa。由此反映出岩石的力学性质对地应力存在一定影响。统计分析还发现,弹性模量越大,其地应力越大。风化作用使得原本相对完整的岩体分裂为破碎体,降低岩石强度和结构面强度。例如,含有蒙脱石的岩体,风化脱水再遇水则崩解为黏土或碎片。

(4)地下水的影响

岩体中包含有节理、裂隙等不连续层面,这些结构层面中又往往含有水,地下水的存在使岩石孔隙中产生孔隙水压力,这些孔隙水压力与岩石骨架的应力共同组成岩体的地应力。尤其是深层岩体中,水对地应力的影响更大。地下水作为影响地应力的一个活跃因素,其影响效果主要是通过对岩体性质的影响间接实现的。地下水主要通过物理、化学和力学三个方面与岩体产生相互作用。尽管地下水对岩体性质的影响方式比较复杂,但最终结果殊途同归,对岩体产生的作用大多是不利的。地下水侵入岩石内部时,会造成一系列的影响。水会在岩石裂隙中产生附加水压,附加水压易造成岩体力学参数的劣化;同时水还会使岩石内部产生膨胀应力,进而产生更多裂缝,加剧降低岩石的强度。岩石含水率愈高,越不具备储存高地应力的能力。岩石的透水性越小,地应力水平越高。坚硬干燥的岩石储能效果好,为地应力的积聚创造了优异的条件,因此,处于高地应力区的岩体往往含水率比较低,渗透性相对较小。因为地应力的组成包括孔隙水压力和岩体骨架应力,所以当骨架应力一定时,水压力越高、地应力越大,围岩的稳定性就越差。因此,水对地应力的影响较为明显。

(5)温度的影响

岩体温度对地应力的影响主要表现在两个方面:地温梯度和岩体局部温度。各地区地温梯度 α 不相同,一般 $\alpha=3℃/100m$,体胀系数 $\beta=10^{-5}$,若取弹性模量 $E=10GPa$,岩体温度应力 $\sigma_t=H\alpha\beta E=0.003HPa/m$。可见,岩体温度应力为压应力,且随深度增加而增加;岩体温度应力场一般是静水压力场,三个主轴是任意垂直三轴,可以与重力应力场进行代数叠加,即有 $\sigma_X^T = \sigma_Y^T = \sigma_Z^T = \sigma^T$。岩体受局部温度影响,受热不均,会产生收缩或膨胀,在岩体内部形成裂隙,并在岩体内部及其周围保留部分残余热应力。低温梯度的变化以及岩体局部温度的变化均会改变初始地应力状态。研究表明,岩石埋深越大其温度越高,埋深每增加100m其温度增加3℃。温度应力为压应力,温度升高,其应力增大,因此,地温梯度的变化将会引起地应力的变化。由于岩体局部温度发生变化,且温度分布不均,将导致岩体内部结构发生膨胀和收缩,该过程中将产生应力,最终反映为地应力的改变。

3.2 地应力测试方法及特点

地应力是存在于地层中未受工程扰动的天然应力,决定于历次构造作用、地壳升降、岩浆活动以及岩体物理力学性质等。现有的地应力测试方法诸多(图3-2),下面对主流的测试方法进行介绍。

(1)应力恢复法

应力恢复法是较早的测量地应力的方法(图3-3)。实质是将已解除了应力的岩石,用平面千斤顶使其恢复到初始应力状态。该方法能直接测得应力,避免使用岩石弹性模量换算所带来的误差,而且测试方便。但由于在岩壁上开槽,深度受到限制,测量深度小,测出的是围岩的二次应力,且只能测已知主应力方向的应力大小。

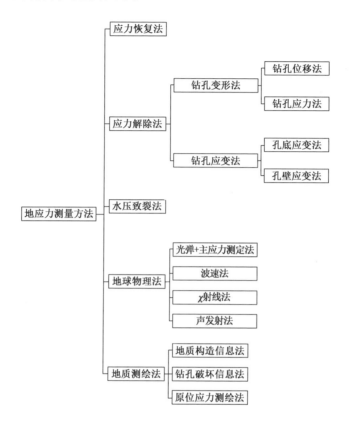

图 3-2　地应力测试方法

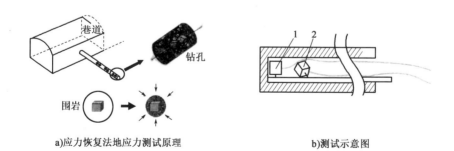

a)应力恢复法地应力测试原理　　　　b)测试示意图

图 3-3　应力恢复法地应力测试
1-三向压力传感器 A;2-三向压力传感器 B

（2）应力解除法

应力解除法又称套孔应力解除法，它是目前应用最广的应力测量方法之一，地应力测试的常用装置如图3-4所示。这一方法是在岩石中先钻一个测量孔，将测量传感器安装在测孔中并观测读数，然后在测量孔外同心套钻钻取岩芯，使岩芯与围岩脱离。岩芯上的应力因被解除而产生弹性恢复。根据应力解除前后仪器所测得的差值，计算出应力值的大小和方向。目前世界各国用于应力解除的测量传感器近百种，但从测量原理上基本可分为钻孔变形法和钻孔应变法两大类。其中，空心包体应力解除过程如图3-5所示。

a)CSIRO型三轴空心包体

b)完整的测试装置

图3-4　应力解除法地应力测试的常用装置

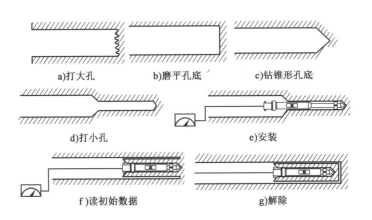

图3-5　空心包体应力解除过程示意图

总的来说,应力解除法使用方便,费用较低,可实现单孔三维应力测量,这是它的显著优点。但应力解除法容易受岩石晶粒尺寸及微裂隙的影响,应变计读数的漂移量太大,应变计的粘贴和防潮技术也比较复杂,尤其是在有水钻孔中测量更为困难。

(3)水压致裂法

水压致裂法测量钻孔中的应力,是利用一对可膨胀的橡胶封隔器,在选定的测量深度封隔一段裸露的岩孔,然后通过泵入流体对这段钻孔增压,压力持续增高直至钻孔围岩产生破裂,继续加压使破裂扩展。压裂过程中记录压力、流量随时间的变化,根据压力时间曲线即可求出主应力的大小。主应力方位可根据印模确定的破裂方位而定。水压致裂法不需要套芯,也不需要精密复杂的原位仪器,操作方便,无须知道岩石的弹性参量。

用水压致裂法来测量地应力所使用的设备如图3-6所示,首先是用来封隔压裂段的上下封隔器。而封隔器的上面便是推拉阀,通过它来控制加压液体流入封隔器或者压裂段;其次便是地面上的加压、采集设备,加压设备主要是由高压水泵和高压水管组成的循环系统以及控制进回水的控制箱;最后是数据采集系统,包括压力传感器、流量传感器、采集仪及能够现场读取的压力表。

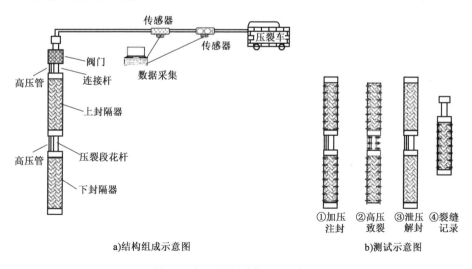

图3-6 水压致裂法单管测试示意图

(4)地球物理法

地球物理法包括光弹性应力测定法、波速法、X射线法、声发射法等。

①光弹性应力测定法:是用光弹性学原理测定岩体表面或在钻孔中的应力变化,这种方法的灵敏度较低。

②波速法:是利用超声波或地震波在岩石中的传播速度的变化来测量应力,岩石受到应力作用时会影响到波的传播速度。但是,波速法测定应力在理论上存在问题,波速与应力张量之间不存在明确的关系,这种方法目前应用还不广泛。

③X射线法:测定岩石的应力是测量接近抛光的定向石英晶片样品原子间的间距d,把所得的原子间距d与无应变的石英原子间距相比较就可以计算出应力。这种方法的明显困难是如何将其用于测量岩体内部的应力,而不是测量岩石表面的应力。

④声发射法:近年来,有的学者研究了利用声发射方法研究岩石的应力历史确定岩石中的应力。凯瑟(Kaiser)在1957年发现,脆性材料在单调增加的应力作用下,当应力达到已受过的最大应力时声发射活动性开始显著增加,利用凯瑟效应可以估计材料曾经受过的最大应力。声发射试验图如图3-7所示,利用岩石材料的Kaiser效应,使用MTS815材料试验机和PCI-2声发射测试系统对加工好的地应力测试岩样进行单轴压缩的声发射试验。

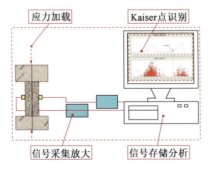

a)原理示意图

b)实物图

图3-7 声发射法测试原理

(5)地质测绘法

①地质构造信息法

现在的地应力状态与现存的地质构造有密切关系,通过观察这些构造,可以获取主应力方向,而且只有最新的地质构造才能提供比较可靠的地应力信息。它可以与现场原岩应力实测结果相比较,证实其可靠性。主应力方向可由大规模的断层、褶曲走向判断。在小范围内,可根据节理、裂隙的方向判断。

②钻孔破坏信息法

大量实践表明,钻孔的破坏主要由集中在孔壁的压剪裂纹形成,其方向垂直于最小主应力。目前测量钻孔破坏的仪器主要是四臂测斜仪,此外也可用六臂测斜仪或钻孔电视等仪器。由于钻孔费用极高,所以这种方法只能用于为其他目的而打的钻孔中。同时,此法只能提供地应力的方向,而不能确定其大小。

③原位应力测绘法

当主应力方向近似水平和垂直时,裂纹走向将垂直于最小水平主应力的方向。当隧道与最大水平主应力呈一定角度时,在掌子面一侧将产生严重的应力集中现象,隧道一侧出现"槽沟破坏"。当与最大水平主应力方向平行时,受力状况最好。

总体来看,虽然每种地应力测试技术均有其应用场景和局限性,但国际岩石力学学会试验方法委员会主推的地应力测试方法中,依次为套孔应力解除法、水压致裂法和地球物理法中的声发射法。

以下对主推的测试方法进行详细介绍。

3.3 空心包体应力解除法

3.3.1 测试原理

应力解除法通过测试钻孔内岩体应变推算测点地应力大小与方向,用于测量隧道、地下硐室等开挖体地应力状态更具优势。图3-8所示为套孔应力解除法应力分量示意图。岩体受地应力 σ_H、σ_h、σ_v 作用时,能将其应力状态分解为 σ_x、σ_y、σ_z、τ_{xy}、τ_{xz}、τ_{yz} 6个应力分量,并与测孔孔壁圆柱坐标应力分量

$\sigma_\theta, \sigma_r, \sigma_{z'}, \tau_{\theta r}, \tau_{z'\theta}, \tau_{rz'}$ 建立关系表达式,如式(3-1)~式(3-6)所示。

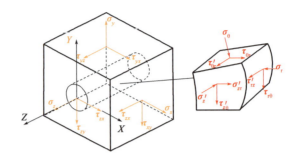

图 3-8 测孔应力示意图

$$\sigma_r = \frac{\sigma_x + \sigma_y}{2}\left(1 - \frac{a^2}{r^2}\right) + \frac{\sigma_x - \sigma_y}{2}\left(1 + 3\frac{a^4}{r^4} - 4\frac{a^2}{r^2}\right)\cos 2\theta +$$
$$\tau_{xy}\left(1 + 3\frac{a^4}{r^4} - 4\frac{a^2}{r^2}\right)\sin 2\theta \tag{3-1}$$

$$\sigma_\theta = \frac{\sigma_x + \sigma_y}{2}\left(1 + \frac{a^2}{r^2}\right) - \frac{\sigma_x - \sigma_y}{2}\left(1 + 3\frac{a^4}{r^4}\right)\cos 2\theta - \tau_{xy}\left(1 + 3\frac{a^4}{r^4}\right)\sin 2\theta \tag{3-2}$$

$$\sigma_{z'} = -2\mu(\sigma_x - \sigma_y)\frac{a^2}{r^2}\cos 2\theta - 4\mu\tau_{xy}\frac{a^2}{r^2}\sin 2\theta + \sigma_z \tag{3-3}$$

$$\tau_{\theta r} = \frac{\sigma_x - \sigma_y}{2}\left(1 - 3\frac{a^4}{r^4} + 2\frac{a^2}{r^2}\right)\sin 2\theta + \tau_{xy}\left(1 - 3\frac{a^4}{r^4} + 2\frac{a^2}{r^2}\right)\cos 2\theta \tag{3-4}$$

$$\tau_{\theta z'} = (\tau_{yz}\cos\theta - \tau_{zx}\sin\theta) \tag{3-5}$$

$$\tau_{rz'} = (\tau_{zx}\cos\theta + \tau_{yz}\sin\theta) \tag{3-6}$$

式中:a——钻孔半径;

r——测点距钻孔轴线距离;

θ——r 与 X 轴间夹角,当位于孔壁时 $r=a$,代入得 σ_r、$\tau_{\theta r}$、$\tau_{rz'}$ 为 0。

空心包体应变计的每组应变片测试包含孔壁 ε_θ、$\varepsilon_{z'}$、$\varepsilon_{45°}$、$\varepsilon_{135°}$ 四个方向的应变值,根据弹性力学的物理方程,可得应力应变关系表达式如下:

$$\varepsilon_\theta = \frac{1}{E}[\sigma_\theta - \mu(\sigma_r + \sigma_{z'})] \tag{3-7}$$

$$\varepsilon_{z'} = \frac{1}{E}[\sigma_{z'} - \mu(\sigma_r + \sigma_\theta)] \tag{3-8}$$

$$\gamma_{\theta z'} = 2\varepsilon_{45°} - (\varepsilon_\theta + \varepsilon_{z'}) = \frac{2(1+\mu)}{E}\tau_{\theta z'} \tag{3-9}$$

式中：E——岩石弹性模量；

μ——岩石泊松比。

将式(3-7)~式(3-9)中应力用表达式(3-1)~式(3-6)表示，即可得原岩应力与每组实测应变值的关系表达式：

$$\varepsilon_\theta = \frac{1}{E}\left\{(\sigma_x + \sigma_y) + 2(1-\mu^2)[(\sigma_y - \sigma_x)\cos 2\theta - 2\tau_{xy}\sin 2\theta] - \mu\sigma_z\right\} \tag{3-10}$$

$$\varepsilon_{z'} = \frac{1}{E}[\sigma_z - \mu(\sigma_x + \sigma_y)] \tag{3-11}$$

$$\gamma_{\theta z'} = 2\varepsilon_{45°} - \varepsilon_\theta - \varepsilon_{z'} = \frac{4(1+\mu)}{E}(\tau_{yz}\cos\theta - \tau_{zx}\sin\theta) \tag{3-12}$$

$$\gamma_{\theta z'} = \varepsilon_\theta + \varepsilon_{z'} - 2\varepsilon_{135°} = \frac{4(1+\mu)}{E}(\tau_{yz}\cos\theta - \tau_{zx}\sin\theta) \tag{3-13}$$

套孔应力解除采用空心包体应变计，共计3组应变片，可得到12个方程，其中至少6个独立方程，据此能够解得地应力场的6个应力分量，主应力与应力分量应满足式(3-14)。

$$\begin{cases}(\sigma_x - \sigma_i)l_i + \tau_{xy}m_i + \tau_{zx}n_i = 0 \\ \tau_{xy}l_i + (\sigma_y - \sigma_i)m_i + \tau_{yz}n_i = 0 \\ \tau_{zx}l_i + \tau_{yz}m_i + (\sigma_z - \sigma_i)n_i = 0\end{cases} \tag{3-14}$$

$$l_i^2 + m_i^2 + n_i^2 = 1 \tag{3-15}$$

式中：σ_i——任一方向主应力；

$l_i、m_i、n_i$——主应力σ_i与坐标轴方向的余弦。

由于$l_i、m_i、n_i$不可能同时为0，因此若式(3-14)存在非零解，其系数行列式必须值为0，即可得计算主应力的特征方程，即式(3-16)。

$$\sigma_i^3 - I_1\sigma_i^2 + I_2\sigma_i - I_3 = 0 \tag{3-16}$$

式中：$I_1、I_2、I_3$——应力不变量。

根据盛金公式，即可求得三个主应力的大小，将主应力大小分别代入方程组(3-14),即可得到三个主应力的方向余弦计算公式(3-17)、式(3-18)。

$$\begin{cases} l_i = \dfrac{r_i}{\sqrt{r_i^2 + s_i^2 + t_i^2}} \\ m_i = \dfrac{s_i}{\sqrt{r_i^2 + s_i^2 + t_i^2}} \\ n_i = \dfrac{t_i}{\sqrt{r_i^2 + s_i^2 + t_i^2}} \end{cases} \quad (3\text{-}17)$$

$$\begin{cases} r_i = \tau_{xy}\tau_{yz} - (\sigma_y - \sigma_i)\tau_{zx} \\ s_i = \tau_{xy}\tau_{zx} - (\sigma_x - \sigma_i)\tau_{yz} \\ t_i = (\sigma_x - \sigma_i)(\sigma_y - \sigma_i) - \tau_{xy}^2 \end{cases} \quad (3\text{-}18)$$

3.3.2 测试流程

应力解除法采用中国地质科学院地质力学研究所自主研发改造的 KX-81 型空心包体应变计,由装填树脂黏结剂内腔和挤压环氧树脂胶的柱塞组成,长度 290mm,直径 36mm,前后分别设置橡胶密封圈,以防止树脂胶液外泄,环氧树脂筒表面内嵌入 3 组电阻应变花,应变花间距相隔 120°,每组应变花由四个不同方向应变片组成(0°平行环氧树脂筒轴线方向,90°垂直环氧树脂筒轴线方向,±45°斜交环氧树脂筒轴线),结构组成如图 3-9 所示。最大量程 ±20000με。

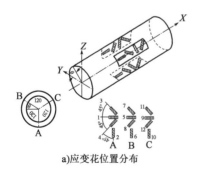
a) 应变花位置分布

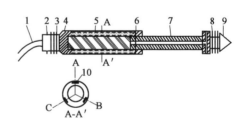
b) 结构组成示意

图 3-9

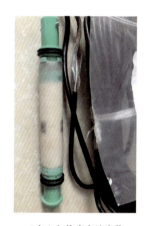

c)空心包体应变计实物

图3-9　KX-81型空心包体应变计

1-电缆;2-定向销;3-密封圈;4-环氧树脂筒;5-黏结剂;6-固定销;7-柱塞;8-导向杆;9-导向头;10-应变花

测试步骤:大孔成孔→钻孔取芯观察→小孔成孔→洗孔及设备调试→空心包体应变计安装→岩芯应力解除→围压率定测试。具体测试流程如下:

(1)大孔成孔。行驶钻机至待测点,采用ϕ130mm成孔钻头斜向上倾一定角度进行钻孔,钻孔过程保持匀速钻进,钻进至距离待测点50cm范围时停止钻进成孔,进行第二步操作。

(2)钻孔取芯观察。将ϕ130mm实心的成孔钻头更换为ϕ130mm空心取芯钻头。重新将钻头送入孔内进行取芯,取芯长度达到50cm后取出,观察岩芯破碎程度。岩芯完整性较好,则进行下一步操作,岩性完整性较差,则重新选取测试点,重复第一步工作。

(3)小孔成孔。采用ϕ130mm钻头将孔底磨平,更换钻头为ϕ130mm锥形钻,在钻孔中心位置形成"导向口",更换ϕ36~36.5mm的成孔钻头,使ϕ130mm大孔中心位置形成长度30~50cm的ϕ36~36.5mm套孔。

(4)洗孔及设备调试。安装前对小孔进行清洗,将医用纱布或白色毛巾缠绕在擦孔器,用挥发性液体(如丙酮、酒精)浸湿后反复擦洗小孔,直至无明显岩屑,保证黏结剂将岩壁与包体黏结牢固。孔内擦洗完成后将空心包体应力计的3组应变花分别接入智能数字应变仪进行检测,为便于数据整理分析,应将应变片初始数据归零,同时检查应变片工作状态是否良好,确认无误后进行下一步操作。

(5)空心包体应力计安装。用砂纸将空心包体应力计表面打磨洁净,根据环氧树脂70g、固化剂17.5g的比例配置黏结剂;将圆筒内腔装满黏结剂,然后将柱塞插入内腔约2cm处,用铝丝或牙签穿过固定销小孔将其固定,调整顶端应变花位置,记录其与定向销子的母线之间夹角;通过安装推送杆将应力计送至钻孔中既定位置,用力推动安装杆,可使固定销内卡丝切断,继续推进可使黏结剂经柱塞小孔流出,进入应力计和小孔孔壁间的间隙,使空心包体应力计与钻孔孔壁黏结,推送过程通过定向仪记录下推送杆的方位角和倾角。该步骤应在5~15min完成。

(6)岩芯应力解除。待孔壁与空心包体应力计黏结24h后进行岩芯解除工作。首先将空心包体应力计测线穿过空心钻杆与智能数字应变仪连接,待读数稳定后读取初始读数;随后通过ϕ130mm空心钻头同心钻进,进行应力解除,并同时监测解除过程中的应变变化情况,随着应力解除槽的加深,岩芯逐渐与外界应力场相隔离,岩芯发生弹性恢复,应变值逐步变化,直至仪器读数不再变化时,停止钻进,取出岩芯,计算应力解除前后应变差值即为应力解除数值(图3-10)。

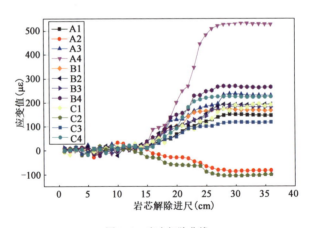

图3-10 应力解除曲线

(7)岩芯围压率定

取出带有测量探头的完整岩芯后,在现场通过围压率定仪进行率定试验,测定岩芯弹性模量和泊松比。首先将岩芯放进围压率定机中,然后在岩芯上施加围压,记录围压与仪器应变值变化的关系曲线,绘制率定曲线(图3-11),根据应力应变关系计算岩芯弹性模量E和泊松比μ,如式(3-20)、式(3-21)所示。此曲线可判断孔中各探头是否处于正常工作状态,有利于综合判定原始资料的可靠性。从围压率定结果可以求出岩石的弹性模量和泊松比。

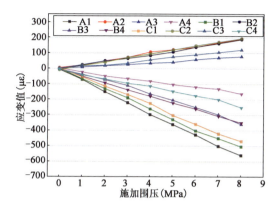

图 3-11 围压率定曲线

$$E = K_1 \frac{2\dfrac{P_0}{\varepsilon_t}}{1 - \left(\dfrac{d}{D}\right)^2} \tag{3-19}$$

$$\mu = \frac{\varepsilon_x}{\varepsilon_t} \tag{3-20}$$

式中:d——岩芯内孔直径;

D——岩芯外径;

P_0——围压;

ε_t——环向应变;

ε_x——轴向应变;

K_1——修正系数。

现场实施如图 3-12 所示。空心包体应变计与套孔岩壁黏结后静置 24h,待完全黏结后进行应力解除。应力解除过程中数据采集频率每分钟一次,同时记录钻杆每次钻进 1cm 的时间点。

图 3-12　现场应力解除地应力测试

3.4　水压致裂法

3.4.1　测试原理

水压致裂法测试深孔地应力具有明显的优势,能够通过单个测孔获得多点地应力大小,但钻孔方向为某主应力方向的假设与实际情况存在偏差。

水压致裂法测试是以弹性力学为基础,三种假设为前提:①岩石为线弹性和各向同性的;②岩石是完整的,压裂液体对岩石来说是非渗透的;③岩层竖向主应力方向和钻孔轴向平行。通过反复注水加压获得测点地应力量值。如图3-13所示为地应力测点平面应力模型(图中σ_H为最大水平主应力,σ_h为最小水平主应力)。

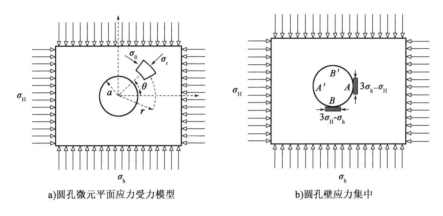

a)圆孔微元平面应力受力模型　　　b)圆孔壁应力集中

图3-13　水压致裂法地应力测试力学模型

将图3-8中微元M的应力状态代入圆孔孔壁,可得圆孔孔壁任意一点的应力状态如下式。

$$\begin{cases} \sigma_r = 0 \\ \sigma_\theta = (\sigma_H + \sigma_h) - (2\sigma_H - \sigma_h)\cos2\theta \\ \tau_{r\theta} = 0 \end{cases} \quad (3\text{-}21)$$

式中:σ_r、σ_θ——孔壁径向应力和切向应力。

根据式(3-21)可得圆孔孔壁A、A'、B、B'四个点的应力表达式(3-23)。基于该表达式,代入多次注水压力即可获得测点的地应力值。

$$\begin{cases} \sigma_A = \sigma_{A'} = 3\sigma_h - \sigma_H \\ \sigma_B = \sigma_{B'} = 3\sigma_H - \sigma_h \end{cases} \quad (3\text{-}22)$$

测试过程首次对分隔段注水加压至临界破裂压力P_b,若测点临界破裂水压大于岩石极限抗拉强度T_{hf}时,将沿最小切向应力位置A点和对称点A'位置发生张性破裂,并沿垂直最小主应力方向扩展。若考虑岩体内孔隙水压力P_0,应力关系可表示为式(3-23)。

$$P_b = 3\sigma_h - \sigma_H + T_{hf} - P_0 \quad (3\text{-}23)$$

孔壁破裂后继续注水加压,裂缝会向深层进一步扩展。保证压裂回路密闭并停止注水,裂缝将在地应力作用下发生闭合。此时,裂缝临界闭合状态时的平衡压力即为瞬时闭合压力 P_s,等于测孔最小水平主应力,即:

$$\sigma_h = P_s \quad (3\text{-}24)$$

对测试分隔段再次注水加压后裂缝重新张开,由于此时岩石已发生破裂,抗拉强度 T_{hf} 为 0,根据裂缝临界破裂压力、重张压力和瞬时闭合压力三者关系,代入公式(3-3)即可得最大水平主应力算式(3-26)。

$$\sigma_H = 3P_s - P_r - P_0 \quad (3\text{-}25)$$

式中:P_r——裂缝重张压力。

根据前述假设③,垂直主应力 σ_v 等于覆土自重,至此便可得到水压致裂测孔分隔段的地应力大小。

3.4.2 测试流程

(1)选取测试孔段

测试孔段的选取主要是根据钻孔完整程度,选择钻孔比较完整的孔段进行测量。为了避开开挖所产生的支承压力的影响,压裂段的深度根据理论计算,一般情况下要大于跨度的 2.5~5 倍。

(2)注水管泄漏试验

正式压裂以前,对所有的注水管进行高压下的泄漏试验。对有轻微泄漏的注水管及接头进行防漏处理或剔除,以保证试验的可靠性。

(3)压裂

待相关的准备工作结束,各种仪器、设备运转正常的情况下,将封隔器下到某一预选的孔段,用手动泵给封隔器注压,并保持在某一压力下(压力的高低视各方面条件来定),然后接通高压油泵,向压裂段注压,直到岩石破裂后关泵停止加压,待压力稳定后,使压裂管道的压力与大气接通,这样第一个回次的试验就结束。

(4)重张试验

待压裂管道内的压力完全回零后,即可开始第二个回次的试验,直到第一次产生的破裂缝重新张开,其实时曲线表现为偏离线性关系,然后关泵,再续记录一段压力随时间的衰减曲线后,将压裂管道与大气接通,使压力回零,一般情况下,重张试验需重复 3~4 次。

(5)印模

印模器装入钻孔前,应排净印模器内的空气,为电子指南针定时,用注水管把印模器送到压裂段位置。用手动泵给印模器加压,压力稍大于岩石的重张压力值,印模的保压时间一般在一个小时左右,让印模胶筒橡胶有充分流变时间。

(6)确定裂纹方向

用一透明薄膜,将印模胶筒上的基线和裂纹迹线描在薄膜上,以测取裂纹与基线的夹角,并及时标注上下端。根据电子罗盘北向与基线夹角和基线与裂纹之间的夹角,便可确定裂纹的方位角。

3.5 中老铁路代表性隧道地应力测试结果及分析

缝合带内地应力特征除了受地质构造和地形影响外,还包含地层岩性、人类工程活动等多重因素的共同作用。由于每种因素的影响程度不同,且各类影响因素并非独立存在,因此为揭示琅勃拉邦缝合带地应力特征,重点采用现场地应力测试方法进行研究。

现场地应力测试共计 6 处,其中水压致裂法地应力测孔 1 处,位于琅勃拉邦北部福格村隧道,套孔应力解除法地应力测孔 5 处,分别位于琅勃拉邦北部会富莱隧道、琅勃拉邦中南部相嫩三号隧道、琅勃拉邦南部达隆一号隧道、达隆二号隧道、沙嫩山一号隧道。测孔基本信息见表 3-1,测点分布如图 3-14 所示。

中老铁路地应力测孔基本信息　　　　表 3-1

测试方法	测孔编号	里程	测孔深度(m)	距地表深度(m)	测孔岩性
水压致裂法	SY-1	D2K123+210	570	320~532	砂岩、页岩及泥岩
套孔应力解除	JC-1	D2K131+536	12	286	灰岩夹板岩
	JC-2	DK182+665	12	136	板岩夹炭质板岩
	JC-3	DK202+378	13	265	板岩夹方解石条带
	JC-4	DK205+435	11	173	板岩
	JC-5	DK209+014	10	196	板岩夹炭质板岩

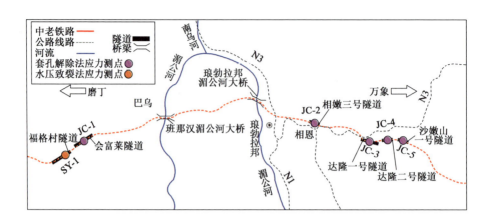

图 3-14 地应力测孔分布示意图

3.5.1 水压致裂法 SY-1 测点测试结果及分析

现场水压致裂测孔孔深为 570m,静水位约 30m。该孔岩性主要为砂岩、页岩及泥岩。岩芯呈长柱状,高角度节理发育,存在掉块现象。套管深度为 252m,套管以下孔径为 76mm。根据岩芯完整程度,该孔在测孔中下部,即 320~540m 深度,成功进行水压致裂法原地应力测量,共测量 7 个点,其中应力方向测量 3 个点,测试结果见表 3-2。

水压致裂原地应力测量结果　　表 3-2

序号	测段深度 (m)	压裂参数(MPa)					主应力值(MPa)			破裂方位
		P_b	P_r	P_s	P_0	T	S_H	S_h	S_V	
1	324.65~325.45	9.69	7.99	6.69	2.89	1.70	9.18	6.69	8.44	—
2	385.82~386.62	13.28	8.78	7.78	3.49	4.50	11.08	7.78	10.03	N8°W
3	417.48~418.28	14.50	9.60	9.10	3.80	4.90	13.89	9.10	10.85	—
4	445.98~446.78	15.17	10.57	9.37	4.08	4.60	13.47	9.37	11.59	N13°W
5	483.98~484.78	15.75	11.25	10.25	4.45	4.50	15.04	10.25	12.58	—

续上表

序号	测段深度(m)	压裂参数(MPa)					主应力值(MPa)			破裂方位
		P_b	P_r	P_s	P_0	T	S_H	S_h	S_V	
6	521.98~522.78	18.22	12.72	12.12	4.83	5.50	18.81	12.12	13.57	—
7	531.48~532.28	20.81	13.71	13.01	4.92	7.10	20.41	13.01	13.81	N6°W

注:P_b-岩石原位破裂压力;P_r-破裂重张压力;P_s-瞬时闭合压力;P_0-试段深度上的孔隙压力;T-岩石抗拉强度;S_H-最大水平主应力;S_h-最小水平主应力;S_V-用上覆岩层(密度2650kg/m³)重量估算的垂直应力。

(1)主应力方向

为确定该孔的主应力方向,根据曲线形态,选定了385.82~386.62m、445.98~446.78m和531.48~532.28m共3个测段进行印模测量,测试结果如图3-15所示。3个测段的破裂形态均为近直立裂缝,计算求得破裂面的方向分别为N8°W、N13°W和N6°W。测试结果反映了该孔附近最大水平主应力(S_H)的优势方向为NNW(平均值N9°W)。

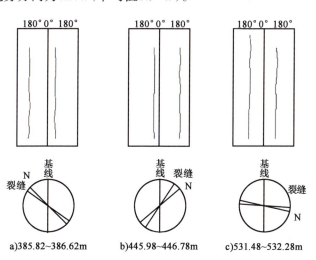

a)385.82~386.62m　　b)445.98~446.78m　　c)531.48~532.28m

图3-15　孔印模结果

(2)主应力特征

主应力量值:根据测量所得数据(图3-16),该孔测试深度(324~533m)

内,最大水平主应力 $S_H = -8.21 + 0.051D$(D 为钻孔深度)为 9.18~20.41MPa,最小水平主应力 $S_h = -8.21 + 0.051D$ 为 6.69~13.01MPa,以岩石重度 26.5N/cm³ 估算的垂直应力为 8.44~13.81MPa。

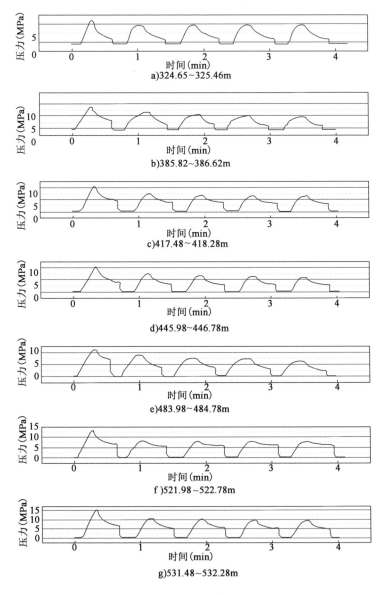

图 3-16 水压致裂压力时间记录曲线

主应力与深度的关系:从应力与深度的关系看,呈现为应力随深度增加而增大。主应力随深度变化的线性回归方程(深度:324~533m):

$$S_H = -8.21 + 0.051D \quad (r = 0.962) \quad (3-26)$$

$$S_h = -3.28 + 0.029D \quad (r = 0.976) \quad (3-27)$$

式中:D——钻孔深度(m);

S_H、S_h——最大、最小水平主应力(MPa)。

三项主应力的关系:按照水压致裂应力测量的基本理论,垂直主应力S_V可以按其上覆岩层的重力进行估算。根据岩石的平均重度取26.5kN/m³,垂直应力S_V为中间主应力,即$S_H > S_h > S_V$,反映了该测点附近区域以构造应力的作用为主。

水平主应力方向:该孔附近的最大水平主应力优势方向北北西向(即N6°W~N13°W),优势方向为N9°W。

岩石原地抗张强度:由于水压致裂法可以在同一测段上连续进行多次测量,大量的实测结果表明,初次的破裂循环与其后的重张循环有显著差别,一般情况下,破裂压力(P_b)大于重张压力(P_r)。初次的破裂循环不仅要克服岩石所承受的压应力,而且还要克服岩石本身的抗张强度(T)。而在破裂后的重张循环中,由于破裂面已经形成,要使之重新张开,只需克服作用在破裂面上的地应力,那么,二者之差就是岩石原地抗张强度,即$T = P_b - P_r$。

受测段整体岩芯完整性影响,水压致裂测量过程中得到的测段岩石原地抗拉强度值或有高低,一般在4.5~7MPa。

图3-17、图3-18所示为测段裂缝走势及方位角,破裂形态均为近直立裂缝,破裂面方向分别为N8°W、N13°W和N6°W,表明地应力方向随深度增加并未发生较大偏转,综合推断主应力优势方向N9°W。隧道线路轴线走向约为N55°E,与地应力的最大主应力优势方向夹角约64°,为大角度相交。

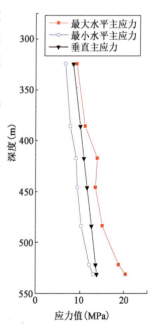

图3-17 应力值随深度变化图

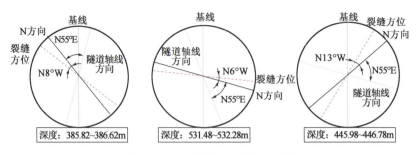

图 3-18 地应力测孔破裂形态及方位图

3.5.2 空心包体应力解除法 JC-1 测点测试结果及分析

采用空心包体应力解除法在会富莱隧道进行地应力测试,测孔选择岩性相对较好地段,位于会富莱隧道新增斜井小里程方向,里程桩号 D2K131+536,埋深约为 286m,施工揭示围岩以灰岩为主,岩体完整性相对较好,具备试验测试条件。隧道轴线方位角 136°34′01″,测孔与隧道轴线近 90°相交,方位角约 45°25′53″,测孔深度 12m,上倾 4°左右。图 3-19 所示为地应力测孔与隧道平面位置关系示意图,现场测试情况如图 3-20 所示。

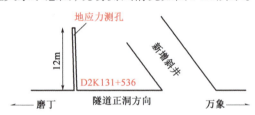

图 3-19 地应力测孔与隧道平面位置关系示意图

a) 测孔成孔

b) 小孔成孔

图 3-20

c)洗孔清渣

d)推送空心包体

e)数据采集

f)取出岩芯

图3-20 现场测试

空心包体应变计安装24h后进行应力解除,数据采集频率间隔设置为每分钟采集一次,由于钻芯应力解除时间较长,测试期间记录钻杆每钻进1cm的时间间隔。通过数据筛选处理,绘制岩芯应力解除过程中每组应变片应变值随钻孔深度的变化曲线,全过程空心包体应变计工作正常。采集应力解除时的应变值后,需对岩芯进行围压率定试验,用于计算岩芯的弹性模量和泊松比。

采用空心包体式钻孔三向应变计地应力测量完成后,对内含应变计的中空岩芯进行围压加载试验,设岩芯的外半径为a,内半径为a_1,应变计的内半径为a_0,岩石圈的弹性模量为E,泊松比为μ,环氧树脂层的弹性模量为E_1,泊松比为μ_1,围压加载试验示意图如图3-21所示。

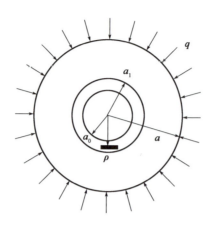

图 3-21 围压加载试验示意图

得到围压加载试验的弹性模量 E 的表达式如下。

$$E = \frac{2\frac{1}{a_1^2}\left[\left(\frac{1}{a_0^2}+\frac{1}{\rho^2}\right)-\mu_1\left(\frac{1}{a_0^2}-\frac{1}{\rho^2}\right)\right]q}{\varepsilon_\theta^1(n_1-\mu_1 n_2)m_2} - \frac{E_1(m_1+\mu m_2)n_2}{(n_1-\mu_1 n_2)m_2} \quad (3-28)$$

岩石泊松比 μ 可用其他方法测量或参考同类岩石的数据，E 与 μ 是线性关系，随 μ 变化的增量为 $E_1 n_2/(n_1-\mu_1 n_2)$，经计算，岩石泊松比 μ 取用值的误差引起计算的弹性模量 E 的误差较小，在工程上是可以接受的。

围压率定试验结果显示，岩芯弹性模量 33.69GPa，泊松比 0.368。根据测试结果绘制应力解除曲线和围压率定曲线，如图 3-22 所示。

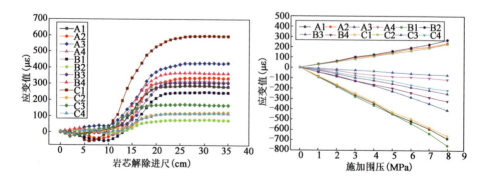

图 3-22 空心包体应力解除法地应力测试结果

基于上述数据,采用由中国地质科学院地质力学研究所开发的空心包体应变计测试计算系统进行数据处理,换算初始地应力的六个应力分量,最终得到测区最大、中间、最小主应力的大小、方向和倾角。表3-3列出本次空心包体应力解除法测得的原始地应力状态。

空心包体应力解除法地应力测试结果一　　　　　　表3-3

里程桩号	最大水平主应力 σ_1			最小水平主应力 σ_2			垂直主应力 σ_3		
	量值(MPa)	方位角(°)	倾角(°)	量值(MPa)	方位角(°)	倾角(°)	量值(MPa)	方位角(°)	倾角(°)
D2K131+536	12.44	−136.9	3.56	9.11	−46.1	13.61	7.91	118.7	75.91

地应力测试结果显示,隧址区应力场整体特征表现为水平方向主应力大于垂直方向主应力,表现为 $\sigma_H > \sigma_h > \sigma_V$,根据岩石估算测点垂直方向应力结果与应力解除法近垂直方向主应力结果差异较小,表明该方法基本能够说明区域原始地应力构造情况。根据测区水平方向主应力与垂直方向主应力比值计算结果,最大侧压力系数1.57,最小侧压力系数1.15。根据水平主应力方位角测试结果,最大主应力与隧道轴线近垂直方向,说明隧址区水平构造应力影响显著。

通过采用空心包体应力解除法,所得5座隧道地应力测试结果见表3-4。测区岩石平均重度约26.5kN/m³,估算测点垂直向自重叠加应力与应力解除测得的近垂直方向主应力结果相近,测试结果数据正确,且基本能够表明区域原始地应力构造情况。此外,每个测点近水平向应力平均倾角约5.5°,最大倾角13.6°,近垂直向应力平均倾角81.2°,接近垂直,表明区域地应力是呈近似水平和垂直分布。测点地应力特征均表现为近水平向主应力大于近垂直向主应力,表现为 $\sigma_H > \sigma_h > \sigma_V$,最大侧压力系数介于1.5~1.8之间,说明水平构造应力显著,且应力分布特征有利于缝合带的逆冲断层活动。测区水平向最大主应力优势方位大致表现为NE向,与缝合带走向近平行,但不同隧道测点的应力方向存在一定角度偏转,偏转角介于4°~45°之间(图3-23)。磨万铁路线路整体走向约为NNW,与区域水平最大主应力方向以一定角度相交,当局部应力方向发生偏转时可能存在大角度相交。

空心包体应力解除法地应力测试结果二 表3-4

测孔里程	最大主应力 σ_1			中间主应力 σ_2			最小主应力 σ_3		
	应力值（MPa）	倾角（°）	方位角（°）	应力值（MPa）	倾角（°）	方位角（°）	应力值（MPa）	倾角（°）	方位角（°）
D2K131+536	12.44	3.6	-136.9	9.11	13.6	-46.1	-7.91	75.9	118.7
DK182+665	5.40	6.2	-92.4	4.11	1.2	-1.3	-3.55	83.7	99.0
DK202+378	12.87	9.7	-126.0	8.34	6.3	-34.9	-7.38	78.4	-92.4
DK205+435	8.06	6.8	-133.1	5.77	1.2	-42.9	-4.85	83.2	-123.4
DK209+014	9.14	3.9	-132.7	7.67	2.7	-42.5	-5.36	-85.2	-98.0

注：主应力方位角是主应力投影在水平面内方向，以正北为0°，顺时针为正，逆时针为负；倾角以正值表示水平向仰角，负值表示水平向俯角。

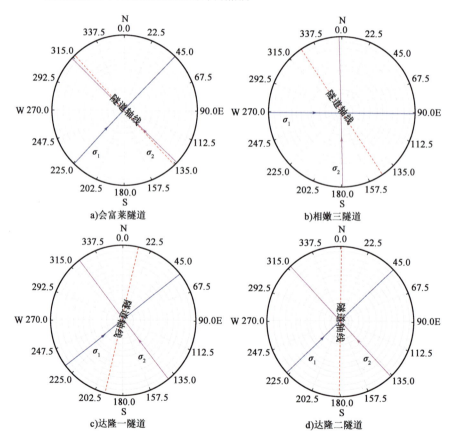

图 3-23

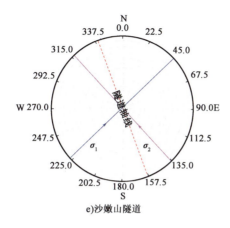

e) 沙嫩山隧道

图 3-23 水平主应力与隧线方位关系

综合两种地应力测试结果可知,缝合带覆盖范围地应力特征与区域构造密切相关,受走滑断层和逆冲断层活动作用影响,不同区域表现出显著的地应力特征差异和角度转变。此外,结合水平主应力与隧道中线方位关系可以发现,最大和中间主应力均与隧道轴线相交,隧道围岩受到明显的水平挤压作用,揭示了围岩发生水平收敛变形的根本原因。分析隧道的地应力测点及应力方向与主要构造关系可知:所测地应力方向受缝合带区域构造环境控制,具有明显的统一优势方向,优势方向为N56°E;但应力场相对不均匀,应力值偏差较大,可能与沟壑纵深、高低起伏的地势有关。

3.6 隧道宏观地应力场反演分析

地应力场反演分析是基于统计学和数值分析等理论方法,建立以点绘面的地应力分析模型,实现用实测点地应力值推导研究区域范围宏观地应力规律的一种分析方法。侧压力系数法或神经网络法结合地层剥蚀原理能够精确揭示研究区域的地应力形式,但地层剥蚀原理需收集大量地层演变期间的地表形态及地层厚度等相关地质资料,且单纯采用分步开挖模拟地质复杂构造运动过程中的应力重分布并不充分。多元线性回归拟合方法则仅需建立研究区域的三维地质概化模型,依据不同因素,结合实测点地应力值构建多元线性回归方程,拟合得出研究区域初始地应力场,目前地应力反演分析应用较为广泛。

3.6.1 多元线性回归反演分析原理

多元线性回归地应力反演以初始地应力的回归计算值 $\hat{\sigma}_{kj}$ 作为因变量，将模型不同因素作用下应力场的观测点地应力值 σ_{kj}^i 作为自变量，建立自变量与因变量间的相关线性关系，通过最优拟合求解回归系数得出初始地应力回归方程，回归方程如式(3-30)所示。初始地应力场是由多重因素长时间耦合作用影响下形成，包含板块运动、地形、地质、地温、地下水、岩性等。为简化且精确建立分析模型，自变量 σ_k^i 应考虑主导影响，本文将岩体自重和构造应力作为主要影响因素进行分析。

$$\hat{\sigma}_{kj} = b_1 + b_2 \sigma_{kj}^1 + b_3 \sigma_{kj}^2 + \cdots + b_{n+1} \sigma_{kj}^{n+1} = b_1 + \sum_{i=2}^{n+1} b_i \sigma_{kj}^i \qquad (3\text{-}29)$$

$$\sigma_{kj} = \hat{\sigma}_{kj} + e_{kj} \qquad (3\text{-}30)$$

式中：b_i——相应自变量的回归系数；

b_1——常数自由项。

实测点地应力 σ_k 与回归计算值 $\hat{\sigma}_k$ 存在误差 e_k，满足式(3-31)，e_k 服从正态分布。为使回归计算值 $\hat{\sigma}_k$ 能够最大程度接近实测值 σ_k，需通过最小二乘法原理，使实测值与回归计算值残差平方和最小，便能得到线性回归方程最优解。假设实测点数量为 m，一点应力状态由6个应力分量表示，综合可得总变差平方和、回归平方和、残差平方和计算公式如下：

$$S_T = \sum_k^m \sum_j^6 (\sigma_{kj} - \bar{\sigma})^2 \qquad (3\text{-}31)$$

$$S_R = \sum_k^m \sum_j^6 (\hat{\sigma}_{kj} - \bar{\sigma})^2 \qquad (3\text{-}32)$$

$$S_e = \sum_k^m \sum_j^6 \left[\sigma_{kj} - \left(b_1 + \sum_{i=2}^{n+1} b_i \sigma_{kj}^i \right) \right]^2 \qquad (3\text{-}33)$$

根据极值定理，令 b_i 偏导数为0，便可得到如下回归系数 b_i 的正规方程组。

$$\begin{bmatrix} 6m & \sum_{k=1}^{m}\sum_{j=1}^{6}\sigma_{kj}^{1} & \sum_{k=1}^{m}\sum_{j=1}^{6}\sigma_{kj}^{2} & \cdots & \sum_{k=1}^{m}\sum_{j=1}^{6}\sigma_{kj}^{n} \\ & \sum_{k=1}^{m}\sum_{j=1}^{6}(\sigma_{kj}^{1})^{2} & \sum_{k=1}^{m}\sum_{j=1}^{6}\sigma_{kj}^{1}\sigma_{kj}^{2} & \cdots & \sum_{k=1}^{m}\sum_{j=1}^{6}\sigma_{kj}^{1}\sigma_{kj}^{n} \\ & \text{sym} & \sum_{k=1}^{m}\sum_{j=1}^{6}(\sigma_{kj}^{2})^{2} & \cdots & \sum_{k=1}^{m}\sum_{j=1}^{6}\sigma_{kj}^{2}\sigma_{kj}^{n} \\ & & & \vdots & \vdots \\ & & & & \sum_{k=1}^{m}\sum_{j=1}^{6}(\sigma_{kj}^{n})^{2} \end{bmatrix} \begin{bmatrix} b_{1} \\ b_{2} \\ b_{3} \\ \vdots \\ b_{n+1} \end{bmatrix} = \begin{bmatrix} \sum_{k=1}^{m}\sum_{j=1}^{6}\sigma_{kj} \\ \sum_{k=1}^{m}\sum_{j=1}^{6}\sigma_{kj}^{1}\sigma_{kj} \\ \sum_{k=1}^{m}\sum_{j=1}^{6}\sigma_{kj}^{2}\sigma_{kj} \\ \vdots \\ \sum_{k=1}^{m}\sum_{j=1}^{6}\sigma_{kj}^{n}\sigma_{kj} \end{bmatrix}$$

(3-34)

亦可表示为矩阵形式如下：

$$Ab = B \quad (3\text{-}35)$$

其中：

$$A = X^{\mathrm{T}}X \quad (3\text{-}36)$$

$$X = \begin{bmatrix} 1 & \sigma_{11}^{1} & \sigma_{11}^{2} & \cdots & \sigma_{11}^{n} \\ \vdots & \vdots & \vdots & \cdots & \vdots \\ 1 & \sigma_{16}^{1} & \sigma_{16}^{2} & \cdots & \sigma_{16}^{n} \\ 1 & \sigma_{21}^{1} & \sigma_{21}^{2} & \cdots & \sigma_{21}^{n} \\ \vdots & \vdots & \vdots & \cdots & \vdots \\ 1 & \sigma_{m6}^{1} & \sigma_{m6}^{2} & \cdots & \sigma_{m6}^{n} \end{bmatrix} \quad (3\text{-}37)$$

$$b = \begin{bmatrix} b_{1} & b_{2} & b_{3} & \cdots & b_{n+1} \end{bmatrix} \quad (3\text{-}38)$$

$$B = \begin{bmatrix} 1 & \cdots & 1 & 1 & \cdots & 1 \\ \sigma_{11}^{1} & \cdots & \sigma_{16}^{1} & \sigma_{21}^{1} & \cdots & \sigma_{m6}^{1} \\ \sigma_{11}^{2} & \cdots & \sigma_{16}^{2} & \sigma_{21}^{2} & \cdots & \sigma_{m6}^{2} \\ \vdots & \cdots & \vdots & \vdots & \cdots & \vdots \\ \sigma_{11}^{n} & \cdots & \sigma_{16}^{n} & \sigma_{21}^{n} & \cdots & \sigma_{m6}^{n} \end{bmatrix} \begin{bmatrix} \sigma_{11} \\ \sigma_{12} \\ \sigma_{13} \\ \vdots \\ \sigma_{m6} \end{bmatrix} = X^{\mathrm{T}}Y \quad (3\text{-}39)$$

若上述矩阵 A 存在逆矩阵 A^{-1}，可得回归系数 b_i 的求解矩阵表达式如下：

$$b = A^{-1}B = [X^{\mathrm{T}}X]^{-1}X^{\mathrm{T}}Y \quad (3\text{-}40)$$

拟合得到线性回归方程后,应先对回归方程整体的线性情况进行显著性检验,再对各自变量因素回归系数分别进行显著性检验,根据检验结果分析回归方程的线性拟合效果。

回归方程整体线性情况的可根据评价拟合优度的复相关系数 R 进行检验分析,R 值介于 $0\sim 1$,越接近 1 线性回归效果越好。另可构建 F 分布统计量,进行检验分析。

复相关系数:

$$R = \sqrt{\frac{S_R}{S_T}} \quad (3-41)$$

构建 F 分布检验:

$$F = \frac{\frac{S_R}{n}}{\frac{S_E}{6m-n-1}} \sim F(n, 6m-n-1) \quad (3-42)$$

式中:S_T——回归方程的总偏差平方和;

S_R——回归方程的回归平方和;

S_E——回归方程的残差平方和。

对各自变量因素回归系数的显著性检验可根据偏相关系数 V 进行检验分析,V 值越小,表明相关性越差。另可采用构建 t 分布统计量,进行 t 检验分析。

偏相关系数:

$$V_{yi} = \sqrt{\frac{S_E(x_i) - S_E}{S_E(x_i)}} \quad (3-43)$$

构建 t 分布检验:

$$t_i = \frac{b_i}{\sqrt{c_{ii}S_E}} \sqrt{6m-n-1} \sim t(6m-n-1) \quad (3-44)$$

式中:V_{yi}——第 i 项自变量的偏相关系数;

t_i——第 i 项自变量的 t 分布检验结果;

$S_E(x_i)$——剔除第 i 项自变量后回归方程的计算残差平方和;

c_{ii}——A^{-1}矩阵的对角线元素。

综合上述公式可得满足线性相关的初始地应力场多元线性回归方程。

3.6.2 三维地质模型建立

地应力反演过程中,样本实测有效数据的多少将直接影响地应力反演结果的可靠程度,数据量越大,模型反演结果可靠性越高。本节通过构建覆盖会富莱隧道应力解除地应力实测点和福格村隧道水压致裂实测地应力实测点的三维地质模型,进一步分析会富莱隧道轴线范围的初始地应力分布规律。

(1)依托隧道概况

会富莱隧道全长6969m,最大埋深645m,隧区位于琅勃拉邦缝合带北缘,构造剥蚀、溶蚀中高山地貌显著,自然横坡15°~45°不等,地表相对高差达800m,地形起伏较大。隧道穿越地层岩性主要包括石炭纪中统板岩、凝灰质砂岩夹凝灰岩、板岩、炭质板岩,断层破碎带的断层角砾等,岩体呈深灰、灰黑色变余致密结构,薄层板状构造或软泥质构造赋存,遇水极易软化,岩层挤压扭曲严重,岩体软弱破碎,节理裂隙发育。

因受断裂构造影响发育有普巴道山断层、会富莱1号断层、会富莱2号断层、班会海断裂及夫发南大山复向斜。普巴道山断层为区域构造压扭性断层,宽度大于300m,会富莱1号断层和会富莱2号断层均属其分支,与隧道线路近正交,上下盘岩性多为二叠纪灰岩白云质灰岩和石炭纪板岩夹炭质板岩,隧道地质剖面图如图3-24所示。

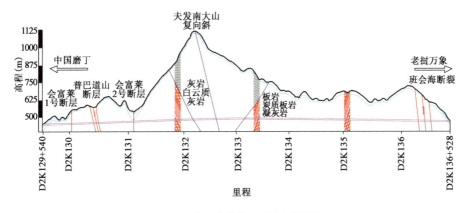

图3-24 会富莱隧道地质剖面示意图

(2)三维地质模型的建立

模型几何尺寸应在覆盖隧道影响区域并包含地应力实测点的基础上适当增大边界范围,以降低边界效应对研究区域计算精度的影响。因此,模型纵向范围选择线路里程 D2K122+000～D2K137+000,其中 D2K122+000～D2K128+945 里程为福格村隧道,轴线走向大致 N30°W,D2K129+540～D2K136+528 里程为会富莱隧道,轴线走向大致 N50°W。综合两座隧道轴线走向和地形资料图,取模型 x 轴方向为 N46°W,里程增大方向为正方向;y 轴方向以 N44°E 指向为正方向;z 轴方向与重力方向平行,方向相反,整体坐标系符合笛卡尔坐标系右手法则。模型 x 轴方向总长 14418m,y 轴方向总长 3867m,z 轴方向最大高程约 1600m。

模型建立与应力场分析采用 FLAC 3D 连续介质有限差分力学分析软件,通过等高线地形图生成的地表模型基本能够反映真实隧址区内地形地貌特征。模型网格划分总计单元 2219656 个,节点 386480 个,其中地应力实测范围和隧道轴线范围的网格高精度划分,三维地质模型如图 3-25 所示。模型地层根据不同岩性分段划分,福格村隧道范围岩层以砂岩和泥质粉砂岩为主,会富莱隧道范围岩层以炭质板岩和板岩为主,断层破碎带包括会富莱隧道的普巴道山断层和班会海断裂带。岩层物理力学参数根据相关工程地质勘查资料及岩石力学试验结果确定,详见表 3-5。

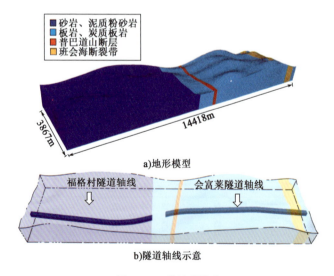

图 3-25 三维地质模型

模型岩体力学参数　　　　　　　　　　　表3-5

隧道名称	岩层类型	重度(kN/m³)	弹性模量(GPa)	泊松比
福格村隧道	砂岩、泥质粉砂岩	23	10	0.34
会富莱隧道	板岩、炭质板岩	26	8	0.37
	普巴山断层	24	3	0.43
	班会海断裂带	25	5	0.42

3.6.3 模拟应力状态与边界条件

构建模型不同自变量因素的计算工况时,需通过施加位移条件或应力条件模拟地层自重应力和不同构造应力作用的应力状态。本次模拟选取5种不同应力场作为自变量进行计算分析,如图3-26所示。

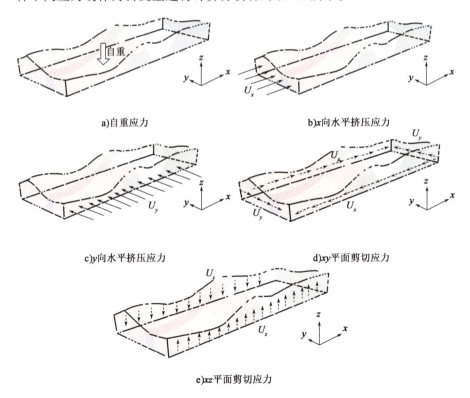

a) 自重应力　　　　　　　　b) x 向水平挤压应力

c) y 向水平挤压应力　　　　　d) xy 平面剪切应力

e) xz 平面剪切应力

图3-26　模型不同应力边界说明

（1）施加自重应力模拟自重应力场；

（2）yz平面施加平行x向的水平位移1cm，模拟x向水平挤压应力；

（3）xz平面施加平行y向的水平位移1cm，模拟y向水平挤压应力；

（4）xz平面施加平行x向，大小相等，方向相反的水平位移1cm；

（5）yz平面施加平行y向，大小相等，方向相反的水平位移1cm，模拟水平面剪切构造应力；

（6）前后xz平面边界施加平行z向、大小相等、方向相反的竖向位移10cm，模拟xz平面的竖向剪切构造应力。

根据实测地应力值对会富莱隧道地应力进行多元线性回归分析时，需对实际测点应力值进行坐标变换，以得出三维地质模型坐标系下的不同应力分量的实测值，不同坐标系方向余弦见表3-6，换算方法见式(3-45)。

不同坐标系方向余弦　　　　表3-6

坐标轴	σ_1	σ_2	σ_3
$x_模$	l_1	m_1	n_1
$y_模$	l_2	m_2	n_2
$z_模$	l_3	m_3	n_3

$$\begin{pmatrix} \sigma_{x模} \\ \sigma_{y模} \\ \sigma_{z模} \\ \tau_{xy模} \\ \tau_{yz模} \\ \tau_{xz模} \end{pmatrix} = \begin{pmatrix} l_1^2 & m_1^2 & n_1^2 & 2l_1 m_1 & 2m_1 n_1 & 2l_1 n_1 \\ l_2^2 & m_2^2 & n_2^2 & 2l_2 m_2 & 2m_2 n_2 & 2l_2 n_2 \\ l_3^2 & m_3^2 & n_3^2 & 2l_3 m_3 & 2m_3 n_3 & 2l_3 n_3 \\ l_1 l_2 & m_1 m_2 & n_1 n_2 & (l_1 m_2 + l_2 m_1) & (m_1 n_2 + m_2 n_1) & (l_2 n_1 + l_1 n_2) \\ l_2 l_3 & m_2 m_3 & n_2 n_3 & (l_2 m_3 + l_3 m_2) & (m_2 n_3 + m_3 n_2) & (l_3 n_2 + l_2 n_3) \\ l_3 l_1 & m_3 m_1 & n_3 n_1 & (l_3 m_1 + l_1 m_3) & (m_3 n_1 + m_1 n_3) & (l_3 n_1 + l_1 n_3) \end{pmatrix} \begin{pmatrix} \sigma_1 \\ \sigma_2 \\ \sigma_3 \\ 0 \\ 0 \\ 0 \end{pmatrix}$$

(3-45)

根据地应力实测值，通过坐标变换得出三维地质模型坐标系下各方向应力实测值见表3-7。

三维地质模型坐标系下实测点应力分量　　　　表3-7

测点编号	测试方法	测点深度(m)	σ_x(MPa)	σ_y(MPa)	σ_z(MPa)	τ_{xy}(MPa)	τ_{yz}(MPa)	τ_{xz}(MPa)
1	应力解除	286	8.1814	12.3464	-6.8878	-0.0463	-0.2201	0.3099

续上表

测点编号	测试方法	测点深度（m）	σ_x（MPa）	σ_y（MPa）	σ_z（MPa）	τ_{xy}（MPa）	τ_{yz}（MPa）	τ_{xz}（MPa）
2	水压致裂	325	8.2362	7.6338	−8.4400	−1.2080	—	—
3		386	9.8292	9.0308	−10.030	−1.6010	—	—
4		418	12.0744	10.9156	−10.850	−2.3239	—	—
5		446	14.3229	10.5862	−11.590	−0.4999	—	—
6		484	15.8825	11.6709	−12.580	−0.6861	—	—
7		522	19.5018	14.1045	−13.570	−1.2800	—	—
8		532	17.3525	16.0675	−13.810	−3.6438	—	—

3.6.4 初始地应力场反演回归结果分析

基于三维地质模型的5种应力状态的模拟计算结果，以模型坐标系下的实测点应力分量作为回归目标值进行多元线性回归分析，得出回归系数 b_0=−0.12、b_1=1.56、b_2=−399.51、b_3=−42.36、b_4=12.46、b_5=34.22，三维模型的初始应力回归方程见式(3-46)。

$$\sigma_m = 1.56\sigma_g - 399.51\sigma_{t1} - 42.36\sigma_{t2} + 12.46\sigma_{t3} + 34.22\sigma_{t4} - 0.12$$

(3-46)

式中：σ_m——模型初始应力场的多元线性回归计算值；

σ_g——模型自重应力场的应力值；

σ_{t1}——模型 x 向水平挤压应力场的应力值；

σ_{t2}——模型 y 向水平挤压应力场的应力值；

σ_{t3}——模型水平面剪切应力场的应力值；

σ_{t4}——模型竖向剪切应力场的应力值。

计算结果显示，多元线性回归方程的残差平方和 S_E=241.06，回归平方和 S_R=3218.11，复相关系数 R=0.93，所得回归方程的整体拟合优度较好。根据 F 检验方法的计算结果得出 F=112.14，明显大于显著水平0.05时 $F(5,41)$=2.45，说明回归方程的整体线性回归效果显著。进一步分析回归方程的各回归系数显著性，偏相关系数分别为：V_{b1}=0.96，V_{b2}=0.98，V_{b3}=0.92，V_{b4}=

0.50，V_{b5}=0.92。t 分布检验结果绝对值分别为：t_{b1}=6.36，t_{b2}=5.28，t_{b3}=9.19，t_{b4}=2.35，t_{b5}=2.65。各项回归系数的偏相关系数均较大，且 t 分布检验结果明显大于显著水平 0.05 时，$t(41)$=2.02，表明各项自变量对回归计算值的影响显著，但相对其他自变量而言，xy 水平面剪切构造应力的相关性较小。根据回归方程和三维地质模型应力场平衡计算，可以得出测点位置实测结果与模型回归结果的对比关系，见表 3-8。

测点应力实测值与回归值对比关系表　　　表 3-8

测点编号	项目类别	σ_x（MPa）	σ_y（MPa）	σ_z（MPa）	τ_{xy}（MPa）	τ_{xz}（MPa）	τ_{yz}（MPa）
1	实测值	8.18	12.35	-6.88	-0.04	-0.22	0.309
	回归值	11.30	11.45	-7.70	-0.08	0.41	-2.128
	绝对误差	3.12	0.89	0.814	0.038	0.63	2.438
2	实测值	8.24	7.63	-8.44	-1.20	0.00	0.00
	回归值	11.19	9.16	-8.91	-0.01	1.52	-3.08
	绝对误差	2.96	1.53	0.47	1.19	1.52	3.08
3	实测值	9.83	9.03	-10.03	-1.60	0.00	0.00
	回归值	12.44	10.08	-10.01	-0.17	1.76	-3.05
	绝对误差	2.61	1.05	0.01	1.43	1.76	3.05
4	实测值	12.07	10.92	-10.85	-2.32	0.00	0.00
	回归值	12.75	10.69	-10.88	-0.38	1.85	-2.90
	绝对误差	0.68	0.22	0.03	1.94	1.85	-2.90
5	实测值	14.32	10.58	-11.59	-0.49	0.00	0.00
	回归值	13.38	11.15	-11.38	-0.47	2.15	-2.96
	绝对误差	0.94	0.56	0.20	0.02	2.15	2.96
6	实测值	15.88	11.67	-12.58	-0.68	0.00	0.00
	回归值	14.00	11.54	-12.01	-0.75	2.51	-2.87
	绝对误差	1.88	0.12	0.56	0.06	2.51	2.87

续上表

测点编号	项目类别	σ_x（MPa）	σ_y（MPa）	σ_z（MPa）	τ_{xy}（MPa）	τ_{xz}（MPa）	τ_{yz}（MPa）
7	实测值	19.50	14.10	-13.57	-1.28	0.00	0.00
	回归值	14.42	11.87	-12.50	-0.91	2.86	-2.68
	绝对误差	5.07	2.23	1.06	0.36	2.86	-2.68
8	实测值	17.35	16.06	-13.81	-3.64	0.00	0.00
	回归值	14.64	12.11	-12.46	-0.94	2.94	-2.64
	绝对误差	2.70	3.95	1.34	2.69	2.94	2.64

由表可以看出,地应力观测点的实测值与回归值较接近,绝对误差平均值约1.74MPa,由于水压致裂法的假定垂直应力方向与地平面垂直,测试结果中的 xz 方向和 yz 方向切应力为零,会与回归值产生较大误差。但总体而言,推断回归方程能够比较真实地反映区域实际地应力大小,且观测点的模型反演应力方向与实测结果也较为相似。将三维地质模型中不同应力状态的各应力分量和多元线性回归方程结合,叠加计算能够得出会富莱隧道纵剖面不同深度的地应力云图如图3-27所示。

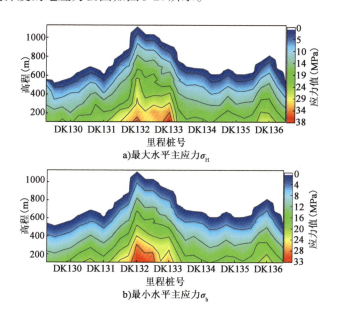

a) 最大水平主应力 σ_H

b) 最小水平主应力 σ_h

图 3-27

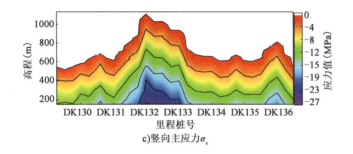

c)竖向主应力σ_v

图 3-27 会富莱隧区纵剖面主应力云图

可以看出,隧址区地应力场特征与地形地貌分布密切相关,高地起伏较大时,应力等值线密度增大,应力变化梯度增大,与实际地应力场分布规律基本相符。应力特征总体表现为$\sigma_H > \sigma_h > \sigma_V$,说明区域水平应力场为主导。通过进一步提取应力值,能够获得会富莱隧道轴线范围主应力随里程变化的曲线如图3-28所示。

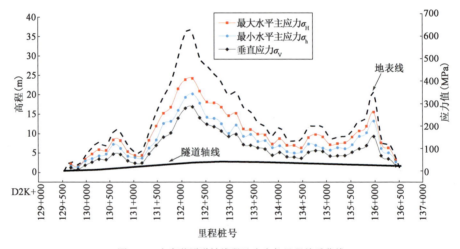

图 3-28 会富莱隧道轴线段地应力与里程关系曲线

隧道全段地应力特征均表现为水平构造应力场显著,以水平向挤压应力作用为主,而水平向大主应力与小主应力的应力差值较大,表明隧道同时受剪切应力影响。隧道埋深100～300m长度占全线总长的51%,水平向大主应力范围基本在4.7～11.2MPa之间,埋深最大处的水平向大主应力能够达到24.2MPa。随隧道埋深增加,水平向主应力也随之增大,但增幅减缓,水平向小主应力随着埋深增大,与垂直向主应力逐渐接近。

表3-9所示为三维地质模型模拟的水平向大主应力σ_H与隧道轴线夹角及侧压力系数的计算结果。

水平向大主应力与隧道轴线夹角及侧压力系数　　　　表3-9

里程段	应力方向与隧道轴线夹角(°)	侧压力系数	里程段	应力方向与隧道轴线夹角(°)	侧压力系数
D2K129+540 ~ D2K130+125	61.09	1.83	D2K133+125 ~ D2K133+725	46.94	1.58
D2K130+125 ~ D2K130+725	73.65	1.76	D2K133+725 ~ D2K134+325	57.12	1.69
D2K130+725 ~ D2K131+325	70.01	1.80	D2K134+325 ~ D2K134+925	63.75	1.74
D2K131+325 ~ D2K131+925	68.37	1.67	D2K134+925 ~ D2K135+525	65.75	1.73
D2K131+925 ~ D2K132+525	58.74	1.47	D2K135+525 ~ D2K136+125	76.60	1.74
D2K132+525 ~ D2K133+125	53.39	1.53	D2K136+125 ~ D2K136+528	74.87	1.82

由表3-9可以看出,隧道穿越普巴山断层和班会海断层时水平向大主应力σ_H与隧道轴线夹角达到70°以上,断层破碎带范围外夹角为50°~60°,受局部断层影响,应力方向存在一定程度的偏转,变化范围10°~20°。隧道轴线范围侧压力系数随埋深增大呈减小趋势,穿越断层破碎带里程段的侧压力系数相比正常围岩里程段略高,水平向大主应力的侧压力系数基本介于1.5~1.8之间,水平向小主应力的侧压力系数均超过1.0。

总体而言,基于水压致裂和应力解除两种方法的地应力实测结果,采用多元线性回归方法对琅勃拉邦缝合带内会富莱隧道的初始应力场进行宏观反演分析,回归计算结果与实测结果拟合度较好,模型能够一定程度上表明隧址区地应力场的基本规律特征。

CHAPTER 4
| 第 4 章 |

琅勃拉邦缝合带软岩大变形隧道工程特性

地质缝合带在构造运动过程中，板块间发生剧烈的俯冲碰撞而导致岩体的沉陷堆积，形成大量残余板壳剥蚀下的沉积岩或变质岩。因受到构造应力作用影响，岩层挤压扭曲严重，岩体软弱破碎，节理裂隙发育，岩石强度难以测定，缝合带软岩隧道的大变形特征不清。因此，本章通过研究缝合带岩性的宏观特征，开展岩石点荷载强度及单轴抗压强度试验，建立琅勃拉邦缝合带炭质板岩的点荷载强度与常规单轴抗压强度转换关系，扩展岩石点荷载强度测试方法的适用性。通过现场监测隧道变形的情况，分析会富莱隧道、相嫩三号隧道、达隆一号隧道、达隆二号隧道、沙嫩山二号隧道等隧道的大变形特征。

4.1 缝合带岩性的宏观特征

4.1.1 缝合带火山岩年代学及演化过程

缝合带内的火山岩以二叠系为主，三叠系也发育少量的中酸性火山岩。二叠系的火山岩主要由玄武岩、安山岩、英安岩和粗面岩组成。其中，SiO_2 占比 48.11%~65.15%、MgO 占比 1.85%~5.67%、K_2O 与 Na_2O 占比 4.14%~9.93%。总碱二氧化硅（Total Alkali-Silica，TAS）岩石分类图显示（图4-1），该处火山岩主要为玄武岩、安山岩、英安岩和粗面岩。

在稀土元素（Rare Earth Elements，REE）球粒陨石标准配分图上，二叠系火山熔岩具有相似的REE配分模式,轻稀土相对重稀土轻微富集,呈现近似平行的"右倾型"分异(图4-2),无Eu负异常。在原始地幔标准化微量元素蛛网图中,该地区样品中高强元素Nb-Ta存在亏损,具有Sr和Pb的正异常。

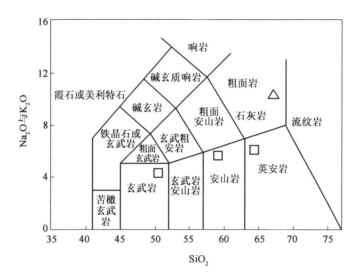

图4-1 二叠系(P)地层中火山岩TAS图解

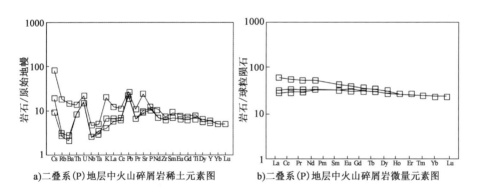

a) 二叠系(P)地层中火山碎屑岩稀土元素图   b) 二叠系(P)地层中火山碎屑岩微量元素图

图4-2 二叠系(P)地层中火山熔岩稀土及微量元素图

火山碎屑岩稀土和微量元素整体特征类似于火山熔岩(图4-3),但REE球粒陨石标准配分图上显示有轻微的Eu负异常。在原始地幔标准化微量元素蛛网图中,显示出明显的Rb、Ba正异常,Ti的负异常。

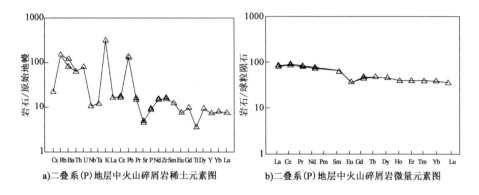

a) 二叠系(P)地层中火山碎屑岩稀土元素图   b) 二叠系(P)地层中火山碎屑岩微量元素图

图4-3　二叠系(P)地层中火山碎屑岩稀土和微量元素图

火山岩样品的Sr-Nd同位素组成见表4-1,Isr为0.7047~0.7051;εNd(t)值为+5.28~+6.38;TDM为0.93~1.55Ga,T2DM为0.55~0.64Ga,所有样品Sr-Nd同位素特征类似金沙江蛇绿岩样品、哀牢山雅轩桥和武素弧后盆地玄武岩。该区的火山岩样品具有近似平行的"右倾型"分异,εNd(t)值(+5.28~+6.38)比MORBs。该区样品富集商度不相容元素Th、U和Sr,同时亏损高场强元素Nb和Ta。这套岩浆岩总体具有岛弧火山岩的特点,形成于与俯冲有关的岛弧环境,是琅勃拉邦弧后盆地向印支板块俯冲过程中形成的。琅勃拉邦构造带向南可与难河缝合带相连,向北可与金沙江—哀牢山缝合带相连。

火山岩Sr-Nd同位素表　　　　　　　　　　　　　　表4-1

样品	Rb	Sr	$^{87}Rb/^{86}Sr$	$^{87}Sr/^{8}S$	$^{87}Sr/^{8}S$	S(ppm)	Nd(ppm)	$^{147}Sm/^{144}Nd$	$^{143}Nd/^{144}Nd$	εN	TDM	T2DM
19LW	11.0	50	0.064	0.704	0.056	3.0	14.0	0.1628	0.5128	5.2	0.93	0.64
19LW	1.9	20	0.027	0.705	0.056	3.0	9.4	0.1932	0.5129	6.0	1.55	0.58
19LW	1.6	18	0.025	0.705	0.056	2.0	9.1	0.1928	0.5129	6.3	1.41	0.55
19LW	30.0	56	0.154	0.704	0.056	3.0	23.0	0.1021	0.5127	4.1	0.60	0.67

注:1.ICP-MS测定全岩Rb、Sr、Sm、Nd含量,计算初始同位素比值t=230Ma。
　　2.球粒陨石均匀储层值(CHUR):147Sm/144Nd=0.1967,143Nd/144Nd=0.512638。

本次研究首次识别出该区一套三叠系地层,该套地层岩性主要由火山碎屑岩、火山熔岩、红色黏土岩、砂岩和灰岩组成,其中火山熔岩以英安岩为主(图4-4),三叠系(T)地层中火山岩TAS图解如图4-5所示。

a) 三叠系(T)英安岩露头　　　　　　b) 三叠系(T)英安岩中斑晶

图 4-4　琅勃拉邦缝合带三叠系(T)典型岩石野外特征

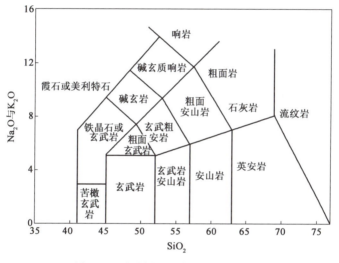

图 4-5　三叠系(T)地层中火山岩 TAS 图解

通过对该区英安岩样品的 25 颗锆石进行 U-Pb 定年测试得出，英安岩样品中的锆石特征类似，锆石均一，以无色、浅黄色为主，透明、自形、长柱状，长宽比为 2.0~4.0，粒径为 150~400μm，Th/U 比值偏低，但据有阴极发光韵律环带发育特征，判定为典型岩浆锆石(图 4-6)。25 个测点在 U-Pb 谐和图上落在一致曲线上或其附近，形成一个很好的年龄相关组(图 4-7)，其加权平均年龄为 229.3Ma±0.78Ma，代表火山岩喷发的年龄。锆石的 176Hf/177Hf 比值分布于 0.282872~0.282923，εHf(t) 值为 +8.59~+10.71，TDM2 变化范围为 578~714Ma。

图4-6 三叠系(T)英安岩锆石阴极发光及测点位置图

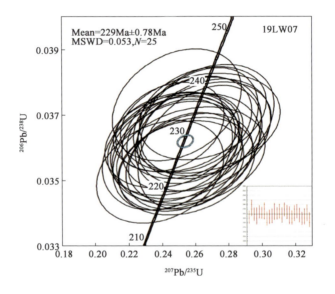

图4-7 三叠系(T)地层中英安岩锆石U-Pb年龄谐和图

三叠系英安岩样品的Isr为0.7041；εNd(t)值为+4.18；TDM为0.60Ga，T2DM为0.67Ga，样品Sr-Nd同位素显示源区有地幔物质加入的特征。在REE球粒陨石标准配分图上，显示出明显的轻重稀土分异特征，轻稀土相对重稀土富集，呈现典型的"右倾型"分异（图4-8），无Eu负异常。在原始地幔标准化微量元素蛛网图中，该地区样品亏损高场强元素Rb-Ba、Nb-Ta，具有Sr和Pb的正异常。整体特征应为俯冲弧后岩浆环境产物。

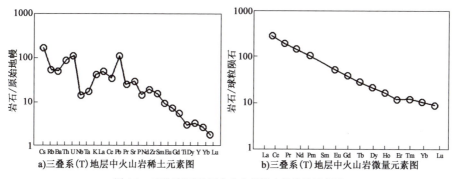

图4-8 三叠系(T)地层中火山岩稀土及微量元素图

所有样品的主微量元素分析结果列于表4-1。其中，SiO_2含量分别为48.11%、56.91%、62.08%和67.69%，MgO变化在1.29%~5.67%之间，K_2O+Na_2O变化在4.14%~6.58%之间。Mg为37%~46%。为了更好地对比研究，选取了琅勃拉邦周围地区的火山岩作为背景值，在TAS岩石分类图显示(图4-9)，该区域内石炭纪火山岩主要为基性的玄武岩，二叠纪至三叠纪的火山岩则以中基性玄武岩、玄武质安山岩为主，酸性火山岩都处于三叠纪。本次研究的火山岩样品分别为亚碱性的玄武岩、玄武质安山岩、安山岩和英安岩。此外，该区域内所有岩浆岩定年的结果列于表4-2。

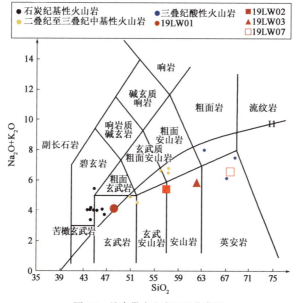

图4-9 缝合带火山岩TAS分类图

琅勃拉邦构造带岩浆岩年龄数据　　　　　　　　　　表4-2

位置	岩性	地质年代(Ma)	方法	参考文献
老挝西北部	辉绿岩	335.5 ± 3.3	LA-ICP-MS	Qian等,2016
老挝西北部	玄武岩	304.5 ± 3.9	LA-ICP-MS	Qian等,2016
琅勃拉邦东北部	石英闪长岩	260.5 ± 1.8	LA-ICP-MS	Guo等,2020
Pak Ou	辉长岩	257.6 ± 3.6	LA-ICP-MS	Qian等,2016
Pak Ou	玄武岩	256.6 ± 6.5	LA-ICP-MS	Qian等,2016
琅勃拉邦南部	辉长岩	241.9 ± 2.5	LA-ICP-MS	Qian等,2016
琅勃拉邦南部	巨斑晶辉长岩	238.0 ± 2.8	LA-ICP-MS	Qian等,2016
琅勃拉邦	英安岩	229.3 ± 0.78	LA-ICP-MS	本书
琅勃拉邦盆地	凝灰岩	224～216	LA-ICP-MS	Blanchards等,2013
琅勃拉邦盆地	火山碎屑岩	250～215	LA-ICP-MS	Rossignols等,2016

琅勃拉邦构造带的岩浆岩研究大致可分为两套。一套为石炭纪弧后盆地环境的产物：老挝西北部发现了335Ma±3.3Ma的辉绿岩和304.5Ma±3.9Ma的玄武岩。另一套是二叠纪以来岛弧环境的产物：琅勃拉邦市东北部30km处发现了260.5Ma±1.8Ma的石英闪长岩；PakOu地区发现了257.6Ma±3.6Ma的辉长岩和256.6Ma±6.5Ma的玄武岩；琅勃拉邦南部发现了241.9Ma±2.5Ma的辉长岩,238Ma±2.8Ma的巨斑晶辉长岩；对琅勃拉邦盆地进行了年代学研究，从其中的火山碎屑沉积中获得了224Ma、220Ma和216Ma锆石年龄；对该带内的火山碎屑岩进行了年代学研究，得到了250～215Ma的年龄。

中基性火山岩样品在球粒陨石标准化图解中与琅勃拉邦构造带二叠纪至三叠纪中基性火山岩都具有近似平行的"右倾型"分异；在微量元素蛛网图(图4-10)中,样品相对富集U、K和Sr,同时亏损Nb和Ta。因此,推测这三个火山岩样品成岩年代应该在260～240Ma。

琅勃拉邦地区19LW07英安岩样品的U-Pb谐和图上均落在一致曲线上或其附近,形成一个很好的年龄相关组,加权平均年龄分别为229.3Ma±0.78Ma,为晚三叠世,考虑到阴极发光和Th/U比值,该年龄可以代表该样品的形成年龄。此样品的年龄是琅勃拉邦构造带酸性火山熔岩首次得到的确切年龄,表明该地区的岩浆活动在晚三叠世依然活跃,推进了琅勃拉邦地区岩浆活动的研究。

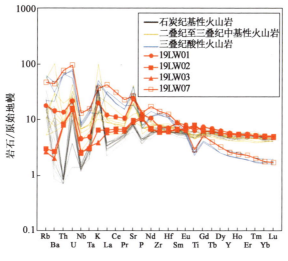

图4-10 缝合带火山岩微量元素蛛网图

中基性火山岩样品在球粒陨石标准化图解(图4-11)中具有近似平行的"右倾型"分异,在微量元素蛛网图中样品相对富集U、K和Sr,同时亏损Nb和Ta,特征类似琅勃拉邦构造带二叠纪至三叠纪中基性火山岩。19LW07英安岩样品在球粒陨石标准化图解中具有明显的"右倾型"分异,在微量元素蛛网图中,富集大离子亲石元素,具有Nb、Ta、Ti的负异常,与该构造带三叠纪酸性火山岩特征一致。

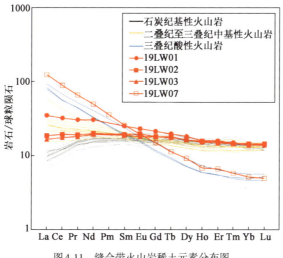

图4-11 缝合带火山岩稀土元素分布图

所有样品均表现出弧火山岩的特征。在87Sr/86Sr-143Nd/144Nd图解（图4-12）中显示本次研究的样品均落入OIB范围内，与该区域内火山岩类似，同样在εNd(t)-εHf(t)图解上样品也均落在OIB范围内，而在207Pb/204Pb-206Pb/204Pb图解中样品都落入MORB和EMII之间，而样品具有高的εNd(t)(+5.28~+6.38)值，说明其源区为亏损地幔。因此，这些样品的源区类似MORB源区，受到"俯冲物质"共同作用。

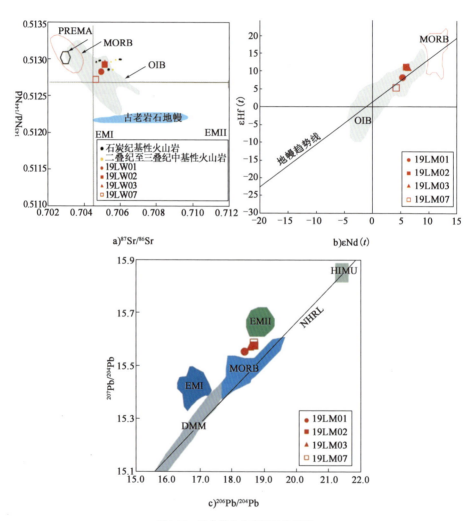

图4-12 缝合带火山岩源区分类图

Nb和Y元素主要受沉积物或俯冲熔体的影响,Ba元素在流体中的活动性非常强。在(Ta/La)N-(Hf/Sm)N图解(图4-13)中,样品均落在MORB和交代作用之间的区域,而在Nb/Y-Ba/Y和Th/Zr-Nb/Zr图解中,样品具有熔体富集的趋势,说明这些"俯冲物质"主要来源于俯冲熔体。这些数据说明,火山岩样品主要来自MORB类似的源区(地幔楔橄榄岩区),是受到俯冲板片熔体交代作用部分熔融的产物。

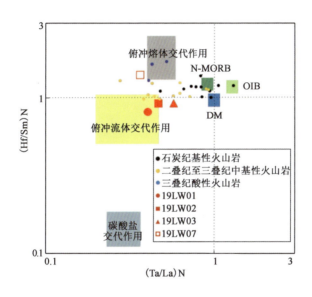

图4-13 缝合带火山岩成因分类图

在La/Nb-Nb/Th图解[图4-14a)]中,样品与二叠纪至三叠纪中基性火山岩、三叠纪酸性火山岩均落在弧火山岩区内,石炭纪基性火山岩落入MORB和弧火山岩之间。而在Ta/Yb-Th/Yb构造判别图解[图4-14b)]中,中基性火山岩与二叠纪至三叠纪中基性火山岩落入大洋岛弧区内,英安岩与三叠纪酸性火山岩落入陆缘弧区内,石炭纪基性火山岩落入MORB区内。综合以上数据可以表明,琅勃拉邦构造带内的火山岩呈明显的完整表述。

4.1.2 缝合带岩性组合特征

通过野外调查,结合区域地质资料(图4-15),厘清了本区的地层岩性特征。本区内宽约42km,即会富莱隧道出口(DK136+000)至相嫩车站(DK178+200)之间,表现为增生杂岩体和广泛含有石炭纪、二叠纪火山碎屑岩和残存的蛇绿岩套的特征。

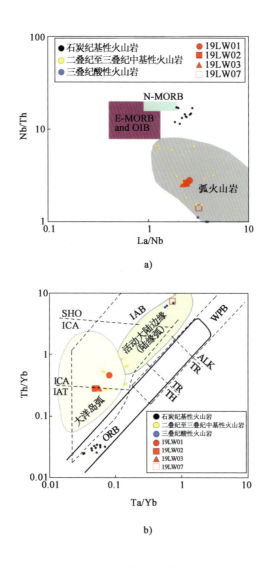

图4-14 缝合带火山岩构造背景图

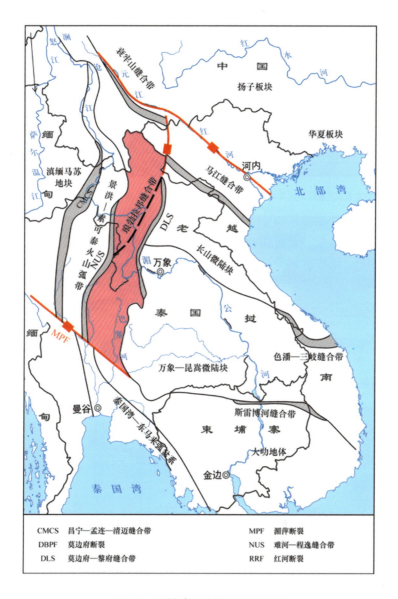

图4-15 琅勃拉邦缝合带区域地质简图

本区石炭系在缝合带内分布较广,形成原因复杂,岩性种类繁多且杂乱。石炭系(C)岩性为板岩、砂岩、玄武岩、片岩夹安山岩、灰岩、火山碎屑岩等(图4-16),靠近断裂带附近,岩石破碎。沿线主要分布规律如下。

a)石炭系(C)断层附近片理化灰岩

b)石炭系(C)灰岩表面片理化

c)石炭系(C)板岩(原岩火山碎屑岩)

d)石炭系(C)玄武岩以脉状产出

e)石炭系(C)薄层泥灰岩规则破裂

f)石炭系(C)火山碎屑岩球状风化

图4-16 琅勃拉邦缝合带石炭系(C)典型岩石野外特征

(1)C_1:主要分布于琅勃拉邦板块缝合带蓬山隧道出口至南侧边界附近。下部主要为深灰、灰黑色板岩夹少量灰色薄~中层粉砂岩、泥质粉砂岩,局部夹灰色薄~中层泥灰岩透镜体。上部为灰、深灰色钙质板岩、炭质板岩、中层状砂岩夹灰色薄层泥灰岩,局部见厚30~40m的灰绿色玄武岩、紫色安山玄武岩,凝灰岩或板岩夹灰岩与玄武岩、安山玄武岩互层穿插于砂板岩内。

(2)C_2:呈大面积条块状分布于湄公河两岸及湄公半岛。底部为灰色、深灰色钙质粉砂岩夹薄层透镜状泥质灰岩;下部为灰、深灰色中层状粉砂岩、薄层状钙质砂岩、灰绿色页岩、淡灰绿色绢云母千枚片岩;中部为暗紫色中厚层状火山碎屑岩(杂砂岩)与玄武质凝灰岩夹杂砂岩、英安岩、安山岩;上部为灰色中层状砂岩、板岩夹薄层状炭质板岩,灰绿色致密块状玄武岩(发育柱状节理)、暗紫色安山玄武岩、英安岩与凝灰岩。卡村一号隧道出口一带以灰岩夹板岩、砂岩为主。

本区二叠系(P)地层以灰岩、玄武岩夹凝灰岩、火山角砾岩等为主(图4-17),在琅勃拉邦附近一般灰岩地层多分布在山顶,形成陡崖地貌并组成向斜山(图4-18);在该构造带内识别出了一套放射虫硅质岩(图4-19),结合大规模出露的玄武岩等基性岩,确认了残存蛇绿岩套的存在。

a)二叠系(P)玄武岩风化层

b)二叠系(P)玄武岩风化岩球

c)二叠系(P)火山碎屑岩

d)二叠系(P)玄武岩夹层

图4-17 琅勃拉邦缝合带二叠系(P)典型岩石野外特征

a)二叠系(P)灰岩陡崖地貌　　　　　b)二叠系(P)中溶洞角砾岩

图 4-18　二叠系(P)灰岩陡崖地貌

a)二叠系(P)蛇绿岩套中硅质岩　　　b)二叠系(P)蛇绿岩套中玄武岩

图 4-19　二叠系(P)地层中蛇绿岩套中硅质岩及玄武岩

沿线二叠系上统和下统均有出露,主要分布于孟村二号隧道、蓬山隧道一带。

(1)$P_{2\beta}$:主要分布于蓬山隧道一带,为灰绿色致密块状玄武岩、拉班玄武岩、暗紫色安山玄武岩、安山质与玄武质凝灰岩(图 4-20)。

(2)P_1:下二叠统主要分布在孟村二号隧道、蓬山隧道一带,一般分布在山顶,形成陡崖地貌并组成向斜山。以底部灰色厚层块状细晶灰岩与下伏(C)呈平行不整合接触。自下而上由灰色厚层块状细晶灰岩、浅灰色厚层状白云质灰岩夹泥质灰岩纹层组成,偶见燧石条带及不规则团块嵌布于岩石表面。该套碳酸盐岩地层中的岩溶裂隙十分发育,含水性较强,在部分地段距当地侵蚀基准面 10～30m 高处,发育有大小不等的串珠状溶洞群,在其低洼地带常见有泉群出露,流量为 0.03～0.6L/s,岩石质坚性脆。

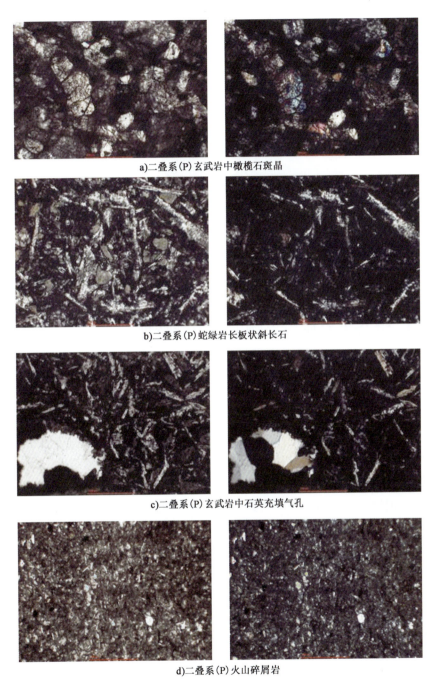

a) 二叠系(P)玄武岩中橄榄石斑晶

b) 二叠系(P)蛇绿岩长板状斜长石

c) 二叠系(P)玄武岩中石英充填气孔

d) 二叠系(P)火山碎屑岩

图4-20 二叠系(P)地层中火山碎屑岩及玄武岩微观特征

两个区域性的大断裂班会海断裂(DK136+510)和班献伦断裂(DK178+400)之间的岩性组成及比例如图4-21所示。该缝合带岩性以板岩、砂岩、玄武岩为主,局部区段发育灰岩及泥灰岩。

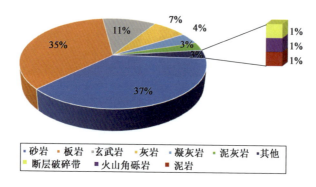

图4-21 缝合带内岩性比例图

4.2 缝合带炭质板岩物理及力学特性

由琅勃拉邦缝合带构造演化可以看出,老挝国土是由多个微陆块经过长期演化汇聚形成的复合大陆,地质构造演化过程烦琐,构造应力复杂,导致区内炭质板岩层理结构紊乱,构造形态多变。根据隧道地质勘测资料和施工揭示围岩表明,隧道穿越炭质板岩多以软块构造和层状构造的变质岩类为主,受矿物成分、层状构造特征,以及层间结构面颗粒黏结性、含水率、风化程度等因素影响。通过室内试验研究隧址区岩石强度及物理特性,为准确认识缝合带隧道大变形机理奠定基础,为提出合理控制技术提供先决条件。

4.2.1 试验测试方案

1)试验依据及取样统计

试验按照《工程岩体试验方法标准》(GB/T 50266—2013)中的相关规程进行,特殊试验按照国际岩石力学协会(ISRM)推荐方法进行。岩石试验内容包含炭质板岩含水率和密度的物理特性试验,炭质板岩点荷载强度和单轴抗压强度力学特性试验。

2)试验方法及试样制备

(1)岩石天然密度及含水率试验

岩石块体天然密度测试采用量积法,试样采用边长5cm的立方体试块,试样尺寸测量采用游标卡尺,精确至0.02mm,称量准确至0.01g。计算方法如下:

$$\rho = \frac{m}{d^3} \qquad (4-1)$$

式中:ρ——岩石天然密度(g/cm^3);

m——岩石质量(g);

d——立方体试样边长(cm)。

岩石天然含水率测试采用烘干法,试样尺寸大于组成岩石矿物颗粒直径的10倍,质量为40~200g。现场采样且保持天然含水率,试件在采取、运输、存储和制备过程中,含水率的变化不超过1%。计算方法如下:

$$w = \frac{m - m_s}{m_s} \times 100\% \qquad (4-2)$$

式中:w——岩石含水率(%);

m——岩石质量(g);

m_s——岩石烘干后质量(g)。

(2)岩石强度测试

由于隧道揭示炭质板岩风化程度严重,节理裂隙极其发育,运输距离极远,长距离运输过程不易保存,制备标准试样难度高,对大量岩样通过点荷载试验间接估算缝合带内炭质板岩强度特性,对少量岩样进行单轴压缩试验,并基于两种强度试验结果综合分析缝合带区域内炭质板岩强度特征。

①点荷载强度试验

对于软弱、严重风化、节理发育的岩石,由于不能正常取出完整岩芯或无法加工成标准试件,很难采用标准的岩石试验方法测定强度。国际岩石力学学会(ISRM)制定了点荷载强度试验方法,能够有效用于规则岩样和不规则岩样的强度测试。据此,隧道试样选择掌子面开挖剥落的不规则岩块,试件尺寸控制在50mm±35mm,两点加载间距与加载平均宽度的比值控制在0.3~1.0。每个取样点处取样2~3组,每组试样数量不少于15个。试验设备采用YSD-7型便携式点荷载试验仪,并配备液压加载系统,如图4-22所示。

a)岩石点荷载试验仪

b)智能读数仪

图4-22　点荷载试验仪

对于未经修正的岩石点荷载强度应按下式计算：

$$I_s = \frac{P}{D_e^2} \tag{4-3}$$

式中：I_s——未经修正的岩石点荷载强度(MPa)；

P——破坏荷载(N)；

D_e——等价岩芯直径(mm)。

其中,不规则岩体的等价岩心直径D_e按下式计算：

$$D_e^2 = \frac{4WD}{\pi} \tag{4-4}$$

式中：W——通过加载点最小截面的宽度或平均宽度(mm),平均宽度计算按 $W = (W_1 + W_2)/2$,其中,W_1、W_2如图4-23所示；

D——加载点间距(mm)。

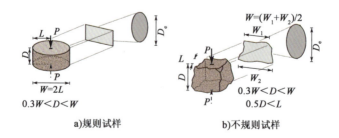

a)规则试样　　　　　b)不规则试样

图4-23　点荷载强度试样示意图

点荷载强度试验过程会形成一定贯入深度,对于炭质板岩,贯入深度更大,影响试验结果准确性。因此,以试验过程破坏瞬时的加载点间距作为计算依据。

点荷载强度一般采用等价岩芯直径50mm试样的强度值作为评价标准。若等价岩芯直径不等于50mm时,对未修正岩石点荷载强度进行修正,获得等价岩芯直径50mm的岩石点荷载强度$I_{s(50)}$。通过试验结果绘制D_e^2和破坏荷载P的关系曲线,查找$D_e^2 = 2500mm^2$的破坏荷载,根据点荷载强度公式[式(4-3)]计算;通过修正方法进行强度计算,具体公式如下:

$$I_{s(50)} = FI_s \tag{4-5}$$

$$F = \left(\frac{D_e}{50}\right)^m \tag{4-6}$$

式中:F——修正系数;

m——修正指数,一般取0.45。

试验选取琅勃拉邦缝合带影响范围内不同隧道的不规则岩样,根据岩样结构特征可分为块状结构和层状结构两类。其中块状结构岩样多为软泥质,层理结构不显著,加载方向选择岩面近垂直方向;层状结构岩样层理结构显著,加载分为垂直层理和平行层理。试验依据《工程岩体试验方法标准》(GB/T 50266—2013)规范进行,单个取样点的取样数量大于30个,取样尺寸为50mm±35mm,加载点间距控制在平均宽度的0.3~1.0倍,试验过程中稳定施加荷载,控制在10~60s内发生破坏。试验总计取样700个,其中块状结构岩样181个,层状结构岩样519个。取样统计如表4-3所示,试样照片如图4-24所示。

点荷载试验的不规则岩样取样统计 表4-3

编组	取样里程	岩样结构	加载方向	取样量
1-v	D2K130+330	块状结构	垂直层理(⊥)	38
2-v	D2K130+381			39
3-v	DK180+623			55
4-v	DK182+407			49
5-v	D2K135+695	层状结构	垂直层理(⊥)	51
5-p			平行层理(∥)	35

续上表

编组	取样里程	岩样结构	加载方向	取样量
6-v	DK182+473	层状结构	垂直层理(⊥)	36
6-p			平行层理(∥)	39
7-v	DK198+318	层状结构	垂直层理(⊥)	44
7-p			平行层理(∥)	42
8-v	DK200+335	层状结构	垂直层理(⊥)	47
8-p			平行层理(∥)	41
9-v	DK204+445	层状结构	垂直层理(⊥)	58
9-p			平行层理(∥)	42
10-v	DK210+514	层状结构	垂直层理(⊥)	43
10-p			平行层理(∥)	41

a)试验设备

b)不规则岩样

c)块状岩样

d)层状岩样

图4-24　点荷载强度测试试样

②单轴压缩强度试验

岩石单轴压缩全过程试验是在无侧限条件下,给试件施加轴向荷载,从初始加载到逐渐出现裂缝,增大到其极限抗压强度,再到峰值后破坏区,直至残余强度的全过程。通过试验,可测定试样能够承受的轴向荷载并计算单轴抗压强度。单轴压缩强度试验的岩样取自与点荷载强度试验相同取样点的天然状态岩石,每取样点取样1~2组,每组岩样3个。试验岩样通过钻机取芯,切割机打磨制样。岩样尺寸分为两类,第一类为立方体试块,尺寸70mm×70mm×70mm;第二类为标准圆柱体试块,直径50mm,高度100mm,如图4-25所示。

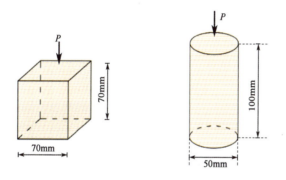

图4-25 单轴压缩强度试样示意图

单轴压缩强度试验过程控制加载速率在0.5~1.0MPa,加载过程中记录试样破坏过程及加载过程中的现象。计算公式如下:

$$\sigma = \frac{P}{A} \tag{4-7}$$

式中:σ——试验测得岩石单轴抗压强度(MPa);

P——试样破坏荷载(N);

A——试样截面积(mm^2)。

目前,国际岩石力学学会指定岩石单轴抗压强度多采用直径50mm、长度100mm的圆柱体试样作为岩样标准压缩强度值;立方体试件抗压强度与不同长径比的岩样抗压强度关系式,基本能够符合一般情况下岩样强度与尺寸的换算关系,据此可将立方体试样强度换算为标准岩样强度,计算公式如下:

$$\sigma_{L/D} = \sigma_0 \left[0.778 + 0.222 \left(\frac{L}{D} \right)^{-1} \right] \quad (4\text{-}8)$$

式中：$\sigma_{L/D}$——长径比为 L/D 时换算岩样单轴抗压强度；

σ_0——立方体岩样单轴抗压强度；

L——换算岩样长度；

D——换算岩样直径。

试样岩块为炭质板岩，多为层状结构，层间节理裂隙发育，部分岩样强度极低，手掰易碎，制作圆柱试样难度极大。针对此类情况岩样尺寸分为两类，第一类立方体试块，尺寸70mm×70mm×70mm；第二类标准圆柱体试块，直径50mm，高度100mm。试验加载速率控制在0.5MPa/s，层状结构岩样加载方向分垂直层理和平行层理。表4-4为岩石单轴压缩强度试验取样统计，图4-26为试验岩块试样。

单轴压缩强度试验取样统计　　　　　表4-4

编组	取样里程	岩样类型	加载方向	岩样尺寸	取样组数
1-a	D2K130+330	块状结构	垂直层理（⊥）	立方体	2
2-a	D2K130+381	块状结构	垂直层理（⊥）	立方体	2
3-a	DK180+623	块状结构	垂直层理（⊥）	立方体	3
4-a	DK182+407	块状结构	垂直层理（⊥）	立方体	3
5-a	D2K135+695	层状结构	垂直层理（⊥）	立方体	3
5-b	D2K135+695	层状结构	平行层理（∥）	立方体	2
6-a	DK182+473	层状结构	垂直层理（⊥）	立方体	2
6-b	DK182+473	层状结构	平行层理（∥）	立方体	2
7-a	DK198+318	层状结构	垂直层理（⊥）	立方体	2
7-b	DK198+318	层状结构	平行层理（∥）	立方体	2
8-a	DK200+335	层状结构	垂直层理（⊥）	圆柱体	2

续上表

编组	取样里程	岩样类型	加载方向	岩样尺寸	取样组数
8-b	DK200+335	层状结构	平行层理(∥)	圆柱体	2
9-a	DK204+445	层状结构	垂直层理(⊥)	立方体	3
9-b			平行层理(∥)	立方体	2
10-a	DK210+514	层状结构	垂直层理(⊥)	圆柱体	2
10-b			平行层理(∥)	圆柱体	2

a)立方体试样

b)圆柱体试样

图4-26 单轴压缩强度试验试样

(3)岩石取样里程及围岩性状

隧道揭示围岩岩性以炭质板岩为主(图4-27),层状结构多为薄层,少量揭示为中厚层,局部受渗水影响岩性呈软泥状,天然状态下岩石密度和含水率受区域地质构造及地下水影响严重,不同掌子面围岩具有一定差异。

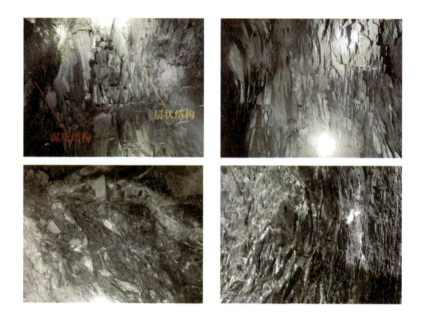

图 4-27　取样点掌子面典型围岩性状

4.2.2　岩石物理特性分析

通过试验结果发现,不同隧道施工揭示围岩的天然密度差异性并不显著,基本在 2.6～2.8g/cm³ 上下波动;而岩石天然含水率则存在极大波动范围。相嫩三号隧道和沙嫩山二号隧道的取样处掌子面局部渗水,岩样平均含水率分别达到 3.94% 和 2.47%(表 4-5)。达隆一号隧道和达隆二号隧道掌子面相对较为干燥,岩石密度较高,平均含水率最低仅有 0.75%,最高约 1.25%。

试验岩样天然密度及含水率特性　　　　　表 4-5

取样点		平均天然密度	平均含水率(%)
隧道名称	里程断面	(g/cm³)	
相嫩三号隧道	DK180+770	2.62	3.94
达隆一号隧道	DK198+629	2.77	0.75
	DK200+330	2.69	1.18
达隆二号隧道	DK204+440	2.73	1.25
沙嫩山二号隧道	DK210+947	2.73	2.47

续上表

取样点		平均天然密度	平均含水率(%)
隧道名称	里程断面	(g/cm³)	
会富莱隧道	D2K130+278	2.62	6.17
	D2K130+675	2.79	1.24

不同隧道掌子面揭示围岩含水率存在较大差异,导致围岩的工程特性存在差异,施工过程中应做好超前地质预报,对未开挖岩体稳定性进行预判,保证支护措施的合理性。

4.2.3 岩石强度测试结果分析

1) 点荷载强度分析

根据各组岩样的点荷载试验中破坏荷载 P 与等效岩芯直径 D_e^2 对应关系绘制 P-D_e^2 散点图,通过线性拟合得到不同编组岩样的 P-D_e^2 拟合公式,代入 D_e^2=2500mm² 计算可得等效岩芯直径 50mm 的破坏荷载 $P_{(50)}$,根据式(4-3)计算得出各组岩样修正点荷载强度 $I_{s(50)}$。通过对数变换,能够建立关于修正指数 m 的正比例函数,如式(4-9)所示。据此结合各组岩样等效岩芯直径、未经修正点荷载强度、修正点荷载强度,通过线性拟合可求得各组岩样的修正指数 m 的拟合结果,即线性拟合方程斜率值。图 4-28 为各组岩样对应的 P-D_e^2 散点图。

$$\ln\left[\frac{I_{s(50)}}{I_s}\right] = m \ln\left(\frac{D_e}{50}\right) \tag{4-9}$$

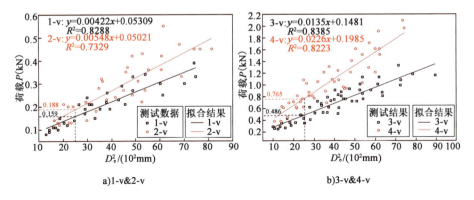

图 4-28

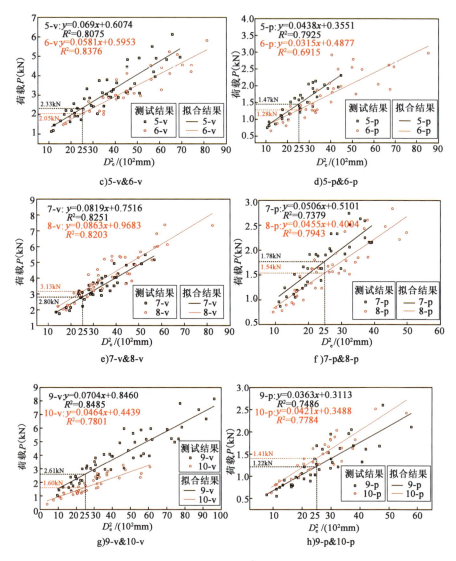

图4-28 岩样P-D_e^2散点图

采用线性方程拟合试验结果的P-D_e^2关系,相关系数R^2为0.69~0.84,相关性较好。块状结构岩样和垂直层理加载的层状结构岩样拟合相关性更高,R^2的平均值为0.81。相比而言,平行层理加载的层状结构岩样拟合相关性略低,R^2的平均值为0.76。这主要是因为层间胶结强度差异导致点荷载强度结果波动。

图4-29为各组岩样对应的$\ln F$-$\ln(D_e/50)$散点图,炭质板岩的修正指数m取值范围在0.42~0.51之间,平均值为0.47,其中块状结构岩样和垂直层理加载的层状结构岩样的修正指数m平均值约为0.46,平行层理加载的层状结构岩样的修正指数m平均值约为0.49。由此可见,层状岩样点荷载强度试验时,垂直层理加载和平行层理加载的修正指数m取值并不相同,建议非规则炭质板岩的点荷载强度修正计算公式可采用$I_{s(50)}=\left(\dfrac{D_e}{50}\right)^{0.46}I_s$。虽然线性拟合相关性较低,但该规律与相关学者探究各类岩石时的拟合结果类似,因此结果具有一定参考价值。

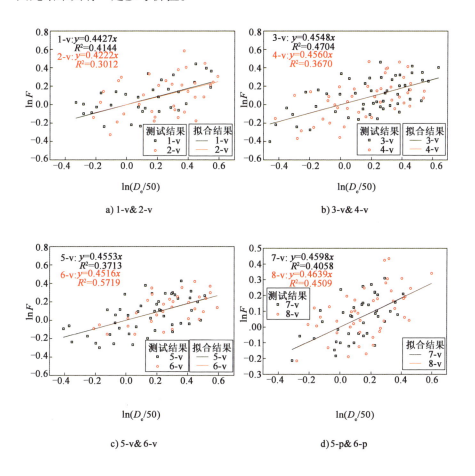

图 4-29

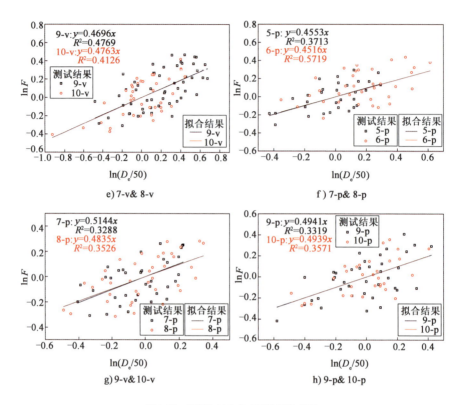

图4-29 岩样 $\ln F$-$\ln(D_e/50)$ 关系散点图

表4-6为不同编组岩样的修正点荷载强度计算统计结果。可以看出,缝合带内炭质板岩受地质环境作用影响,炭质板岩结构和加载方向不同导致强度大小差异明显。块状结构岩样的层理不规则,沿岩样最小尺寸方向加载时,加载锥范围产生一定贯入深度,且局部范围受压破裂,随荷载增加,加载锥的贯入深度也逐渐增加,裂纹逐步向深部扩展,裂纹贯通形成破裂面后发生破坏,修正点荷载强度 $I_{s(50)}$ 基本在 0.06~0.31MPa、平均值为 0.16MPa,强度极低;层状结构岩样的层理显著,沿垂直层理方向加载时,岩样表层结构先发生压碎破坏,随荷载增加,岩样直接产生脆性破坏,修正点荷载强度 $I_{s(50)}$ 为 0.64~1.25MPa、平均值为 0.97MPa;层状结构岩样的平行层理加载过程中,岩样基本沿层间薄弱面发生拉伸破坏,强度受层间黏结力作用影响显著,修正点荷载强度 $I_{s(50)}$ 为 0.49~0.71MPa、平均值为 0.58MPa。图 4-30 为炭质板岩点荷载强度测试过程中岩样的破坏情况。

点荷载强度测试结果统计表　　　　表4-6

编组	岩样结构	加载方向	点荷载强度 $I_{s(50)}$(MPa)	P-D_e^2 拟合相关性系 R^2	修正指数 m	$\ln(F)$-$\ln(D_e/50)$ 拟合相关系数 R^2
1-v	块状结构	垂直层理（⊥）	0.0635	0.8288	0.4427	0.4144
2-v			0.0751	0.7329	0.4222	0.3012
3-v			0.1942	0.8385	0.4548	0.4704
4-v			0.3052	0.8223	0.4569	0.3667
5-v	层状结构	垂直层理（⊥）	0.9328	0.8075	0.4553	0.3713
6-v			0.8191	0.8376	0.4516	0.5719
7-v			1.1196	0.8251	0.4598	0.4058
8-v			1.2503	0.8203	0.4639	0.4505
9-v			1.0424	0.8485	0.4696	0.4769
10-v			0.6416	0.7926	0.4763	0.4126
5-p	层状结构	平行层理（∥）	0.5877	0.7994	0.4851	0.3468
6-p			0.5101	0.6915	0.4704	0.4036
7-p			0.7100	0.7379	0.5144	0.3288
8-p			0.6152	0.7943	0.4835	0.3526
9-p			0.4875	0.7486	0.4941	0.3319
10-p			0.5632	0.7784	0.4939	0.3571

a)块状岩样

b)层状岩样（垂直加载）　　　　　　c)层状岩样（平行加载）

图4-30　炭质板岩点荷载强度测试岩样破坏形式

选取同一取样点岩样垂直层理面和平行层理面的修正点荷载强度,根据式(4-10)计算岩石点荷载强度各向异性指数。

$$I_{a(50)} = \frac{I'_{s(50)}}{I''_{s(50)}} \quad (4\text{-}10)$$

式中：$I_{a(50)}$——岩石点荷载强度各向异性指数；

$I'_{s(50)}$——垂直层理面的岩石点荷载强度；

$I''_{s(50)}$——平行层理面的岩石点荷载强度。

由表4-7计算结果可见,炭质板岩各向异性特征受层间胶结强度影响,各向异性指数存在差异,结果范围为1.1～2.2,平均为1.68,总体受层状结构影响各向异性显著。因此,隧道施工穿越不同走向的炭质板岩岩层过程中,受缝合带构造应力作用可能发生不同程度变形。

点荷载强度各向异性指数　　　　　　　　　　　　　表4-7

组别	第5组	第6组	第7组	第8组	第9组	第10组
各向异性指数	1.59	1.61	1.58	2.03	2.14	1.14

2)单轴抗压强度分析

表4-8为试验岩样天然状态的单轴抗压强度统计结果,岩样破坏如图4-31所示。立方体试样根据式(4-10)换算 $\phi 50\text{mm} \times 100\text{mm}$ 圆柱体试样单轴抗压强度。

试验各取样点测试数据结果的变异系数均较小,离散程度较低,试验结果良好。加载初期均先于上下端部或试样边角位置出现微裂纹。随荷载增加,垂直层理加载的岩样产生沿轴向的主破裂面,并沿多个节理面扩展形成多条次生裂纹;平行层理加载的岩样则沿层理结构面直接形成多条剪切裂纹,持续加载过程中裂纹逐渐扩展形成贯通裂隙,岩样强度达到峰值。

炭质板岩单轴压缩强度统计表　　　　　　　　　　表4-8

编号	岩样结构	强度范围（MPa）	平均值（MPa）	换算强度（MPa）	变异系数（%）
1-a	块状结构	1.01～1.54	1.30	1.15	15.1
2-a		1.31～2.17	1.84	1.63	14.4
3-a		3.33～4.91	4.07	3.62	12.5
4-a		5.08～6.29	5.82	5.18	7.5

续上表

编号	岩样结构	强度范围（MPa）	平均值（MPa）	换算强度（MPa）	变异系数（%）
5-a	层状结构（垂直加载）⊥	19.05~24.08	21.67	19.26	6.5
6-a		16.99~20.13	18.28	16.25	5.4
7-a		23.66~29.31	26.00	23.12	8.0
8-a		19.13~20.19	20.18	—	3.9
9-a		11.87~15.58	13.65	12.13	8.6
10-a		14.39~16.62	15.34	—	5.2
5-b	层状结构（薄层结构）∥	11.98~14.19	12.73	11.32	6.2
6-b		12.61~15.37	13.61	12.09	6.3
7-b		18.72~20.92	20.92	17.63	3.4
8-b		11.02~13.76	12.18	—	7.7
9-b		5.96~7.91	6.90	6.13	9.8
10-b		7.15~10.53	9.19	—	12.3

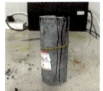

a) 立方体岩样破坏形式　　　　　　b) 圆柱形岩样破坏形式

图 4-31　单轴压缩强度试验岩样破坏形式

缝合带内炭质板岩因长期受地层构造作用影响,同类岩体赋存形态差异明显,单轴抗压强度差异较大,试验测试结果为 1.15~23.12MPa。块状结构岩样呈碎块石或软泥质形态,地质锤敲击易碎,部分手捏即破,单轴抗压强度测试结果为 1.15~5.18MPa,普遍低于 5MPa,强度极低。层状结构岩体呈典型板层构造,薄层至中厚层居多,岩体挤压破碎,节理裂隙发育,层间泥钙质胶结,强度受板层厚度、层间胶结物因素影响显著,垂直层理加载单轴抗压强度为 15.34~23.12MPa,平行层理加载单轴抗压强度为 6.13~17.63MPa,具有各向异性的显著特征。

依据现有岩石强度划分标准,块状结构炭质板岩单轴抗压强度基本属于极软岩范畴,层状结构炭质板岩单轴抗压强度介于软岩和较软岩之间。因此,隧道施工穿越该类软岩段时,在复杂构造应力作用下易发生挤压性大变形。

4.2.4　点荷载强度与单轴压缩强度关系分析

ISRM结合早期相关学者研究成果,建议岩石点荷载强度与单轴抗压强度转换采用线性关系,线性方程系数取值范围在20～25之间。随后研究学者结合不同类型岩石强度试验结果,提出多种表述形式的点荷载强度与单轴抗压强度转换关系,其中软岩点荷载强度与单轴抗压强度间通过非线性函数能够取得良好的相关性,《铁路工程岩石试验规程》(TB 10115—2023)提出采用幂函数形式进行点荷载强度与单轴抗压强度转换,表4-9统计了近10年来研究学者提出的点荷载强度与单轴抗压强度转换关系公式。由表4-9可以看出,现有转换公式主要是基于特定地区限定的几类岩石而提出,具有明显的地域适用性和岩石适用性,并且转换公式多数是基于中、高强度硬岩得出。但目前关于软弱层状岩石(UCS≤30MPa)转换关系的研究极少,据此结合现行规范或研究学者提出的转换关系评价缝合带内炭质板岩点荷载强度与单轴抗压强度关系的准确性仍有待商榷。

点荷载强度与单轴压缩强度转换公式　　　　表4-9

编号	参考文献	转换方程	相关系数 R^2	适用岩类	地区
1	Yin Jian-Hua, 2017	$\sigma_c = 22.27 I_{s(50)}$	0.82	岩浆岩(花岗岩)	中国香港
2	Wong R H.C, 2017	$\sigma_c = 17.45 I_{s(50)}$	0.81	岩浆岩(花岗岩)	中国香港
3	Kahraman S, 2014	$\sigma_c = 2.27 e^{1.04 I_{s(50)}}$	0.93	岩浆岩(凝灰岩)	土耳其安纳托利亚
4		$\sigma_c = 8.66 I_{s(50)}^{1.03}$	0.92		
5		$\sigma_c = 12.31 I_{s(50)} - 3.86$	0.87		
6		$\sigma_c = 10.28 \ln I_{s(50)} + 12.32$	0.73		

续上表

编号	参考文献	转换方程	相关系数 R^2	适用岩类	地区
7	Mishra DA, 2013	$\sigma_c = 10.9 I_{s(50)} + 49.03$	0.80	岩浆岩（花岗岩）	印度中部
8	Mishra DA, 2013	$\sigma_c = 11.21 I_{s(50)} + 4.008$	0.84	变质岩（片岩）	印度东部
9		$\sigma_c = 12.95 I_{s(50)} + 5.19$	0.84	沉积岩（砂岩）	印度南部
10	Kohno M, 2012	$\sigma_c = 16.4 I_{s(50)}$	0.92	岩浆岩	日本北见
11	Heidari M, 2011	$\sigma_c = 3.49 I_{s(50)} + 24.84$	0.89	沉积岩（石膏岩）	伊朗加奇萨兰
12	Diamantis K, 2009	$\sigma_c = 17.81 I_{s(50)}^{1.06}$	0.82	变质岩（蛇纹岩）	希腊

综上所述，基于不同取样里程的炭质板岩点荷载强度和单轴抗压强度的测试结果，建立线性和非线性两类拟合函数，得到四种拟合方程表达式，见式(4-11)~式(4-14)。

零截距线性方程：

$$\text{UCS} = 18.45 I_{s(50)} \tag{4-11}$$

非零截距线性方程：

$$\text{UCS} = 17.34 I_{s(50)} + 0.9 \tag{4-12}$$

幂函数方程：

$$\text{UCS} = 18.05 I_{s(50)} \tag{4-13}$$

对数函数方程：

$$\text{UCS} = 6.63 \ln I_{s(50)} + 16.55 \tag{4-14}$$

试验的炭质板岩单轴抗压强度低于25MPa，属于典型的层状软岩，由图4-32拟合结果可以看出，ISRM的取值下限转换公式和《铁路工程岩石试验规程》(TB 10115—2023)转换公式的计算结果普遍偏大,过高估计了炭质板岩的单轴抗压强度,由此推断对于类似层状软岩的点荷载强度与单轴抗压强度转换计算时,现有转换公式的适用性并不强。上述提出的4种不同形式拟合函数方程,拟合结果均能体现炭质板岩点荷载强度和单轴抗压强度转换关系,且相关系数均高于0.70。相比而言,对数函数的拟合相关性最低、相关系数仅有0.76,零截距线性函数的相关性最高、相关系数达到0.96,而截距不等于零的线性函数和幂函数的相关系数分别为0.83和0.84,采用零截距线性拟合函数的相关性更高。对于炭质板岩等类似层状软岩,点荷载强度与单轴抗压强度转换关系可能更趋近于线性关系。

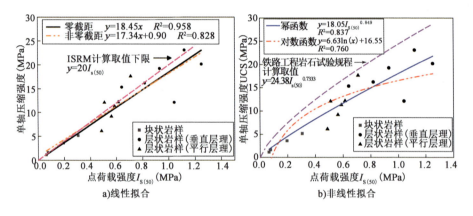

图4-32 炭质板岩点荷载强度与单轴抗压强度拟合曲线

4.2.5 岩体质量评价与强度估算

1)岩体力学参数估算方法

岩体强度是判断隧道大变形的重要参数,目前其确定方法主要有试验法、经验分析法、数值法及地球物理方法等。获得岩体力学参数的最准确方法是原位试验法,但这种试验因代价大而在应用中受到限制。因此,寻求能为众多工程普遍接受的方法,成为近年来关注的目标和趋势。实践证明,以室内岩石力学特征为基础,综合考虑岩体中节理裂隙、尺寸效应的影响,将岩块力学参数进行修正后换算成岩体力学参数,可以满足工程需要。目前,主要应用以下两种方法进行判定:

(1)弹性波波速判别法

弹性波穿过岩体过程中遇到裂隙便发生绕射或吸收,传播速度将有所降低,裂隙越多,波速降低越大。小尺寸试件含裂隙少,传播速度快,因此根据弹性波在岩石试块和岩体中的传播速度比,可以判断岩体中裂隙发育程度。据此岩体完整性(龟裂)系数K,定义为弹性波比值的平方,见式(4-15)。

$$K = \left(\frac{V_{pm}}{V_{pr}}\right)^2 \quad (4-15)$$

式中:K——岩体完整性(龟裂)系数,可根据表4-10进行确定;
V_{pm}——岩体弹性波纵波传播速度;
V_{pr}——岩石弹性波纵波传播速度。

岩体完整性系数 表4-10

岩体完整性	完整性系数K
完整	>0.75
块状	0.45~0.75
碎裂状	<0.75

根据岩体完整性系数K,可以通过岩石试件单轴抗压强度获得准岩体单轴抗压强度。计算公式见式(4-16)。

$$\sigma_{mc} = K\sigma_c \quad (4-16)$$

式中:σ_{mc}——岩体单轴抗压强度;
K——岩体完整性(龟裂)系数;
σ_c——岩石试件的单轴抗压强度。

(2)Hoek-Brown经验推算公式

Hoke和Brown于1980年根据实验结果和格里菲斯理论的分析,提出了一个经验性的屈服准则,即Hoek-Brown屈服准则,也称为狭义H-B屈服准则。Hoek-Brown屈服准则考虑了岩体质量,相较于其他几种屈服准则,更加适合于岩石的应力—应变分析。近年来Hoek-Brown屈服准则不断改进,能够更好地适用于具有工程实际意义的岩体,即广义Hoek-Brown屈服准则,其表达式见式(4-17)。

$$\sigma_{mc} = \sigma_3 + \sigma_c \left(m\frac{\sigma_3}{\sigma_c} + S \right)^a \qquad (4\text{-}17)$$

式中：σ_c——岩石试样单轴抗压强度；

σ_3——主应力的最小主分量；

m、S、a——岩体力学参数，与岩性及岩体结构面情况有关。

进入 21 世纪，Hoek-Brown 屈服准则强度表达式中的参数取值进行了重新定义，岩体力学参数可以通过地质强度指标 GSI 和岩体扰动系数 D 计算获得，a 值则一般取 0.5，具体表达式见式(4-18)。

$$m = m_i e^{\frac{GSI-100}{28-14D}} \qquad (4\text{-}18)$$

$$S = e^{\frac{GSI-100}{9-3D}} \qquad (4\text{-}19)$$

式中：D——表征岩体受扰动程度的参数，取值为 0～1，0 代表岩体未扰动状态；

m_i——完整岩石的 Hoek-Brown 常数，可通过室内试验得出，也可通过类比法确定；

GSI——地质强度指标，是针对节理裂隙发育岩体提出的地质强度指标。

Hoek-Brown 屈服准则表明 GSI 值的确定可以通过岩石质量指标 RQD，以及 1989 年 Bienlawski 提出的岩体节理等级 JCond₈₉ 标准进行强度指标确定，GSI 评分表如图 4-33 所示。

当围压 $\sigma_3 = 0$ 时，根据式(4-17)计算可得岩体的单轴抗压强度，公式随即化简为式(4-20)。

$$\sigma_{mc} = \sigma_c \cdot S^a \qquad (4\text{-}20)$$

此外，Hoek 等建议岩体弹性模量 E_m 可用式(4-21)、式(4-22)进行估算：

$$E_m = \left(1 - \frac{D}{2}\right)\sqrt{\frac{\sigma_c}{100}} \, 10^{\left(\frac{GIS-10}{40}\right)} \quad (\sigma_c \leqslant 100\text{MPa}) \qquad (4\text{-}21)$$

$$E_m = \left(1 - \frac{D}{2}\right) 10^{\left(\frac{GIS-10}{40}\right)} \quad (\sigma_c > 100\text{MPa}) \qquad (4\text{-}22)$$

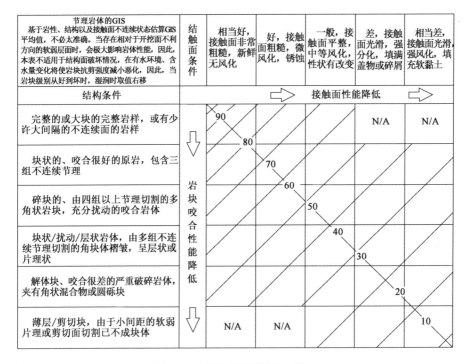

图 4-33 岩体地质强度指标 GSI 取值

2)隧道岩体强度特性

数量化理论中,一般将定性变量定义为项目,而把定性变量的各种不同的取"值"称为类目,如地下水状态是项目,而干燥无水、湿润滴水、线状出水等就是这个项目的类目。本书采用 GSI 评分方法,主要根据掌子面照片、岩体结构条件、接触面状态、岩石强度测试结果等围岩基本信息,通过岩石完整性、节理裂隙发育程度、岩石坚硬程度、地下水情况,对掌子面 GSI 进行评分取值,最终获得各隧道岩体单轴抗压强度。

(1)相嫩三号隧道

隧道揭示掌子面围岩主要以薄层状炭质板岩为主,采用台阶法爆破开挖。受地质构造运动影响,穿越相嫩断层,岩层节理裂隙极其发育,破碎程度较高,多组不连续节理切割成薄层状,层间接触面存在一定黏结性,但层间夹有圆砾块泥质状结构物,局部软弱夹层含水,围岩自稳性差,进口出现局部溜塌。表 4-11 为试验取样断面围岩 GSI 推断取值,表 4-12 为换算后岩体力学特性。

相嫩三号隧道部分断面围岩性状及GSI评分　　　　表4-11

里程	岩块坚硬程度	完整性	地下水	岩层产状	掌子面照片	GSI取值
DK180+595	极软岩	破碎	局部渗水	岩层走向紊乱,岩石层板状结构,部分泥质结构,节理裂隙发育		50
DK180+745	软岩	极破碎	局部湿润	岩层走向紊乱,岩石有机质含量较高,节理裂隙发育明显		50
DK180+770	软岩	破碎	局部渗水	岩层走向与隧道轴向近90°相交,侧面观察岩层倾角70°左右,薄层状结构		50
DK182+350	较软岩	极破碎	光滑干燥	掌子面岩层产状扭曲变形,走向与隧道轴线小角度相交,倾角30°~60°;层间节理裂隙发育		50
DK182+450	软坚硬岩	破碎	局部湿润	岩层走向与隧道轴线走向相近,岩层左倾约45°,节理裂隙发育		55
DK182+473	软坚硬岩	破碎	局部湿润	岩层走向与隧道轴向小角度相交,岩层倾角70°左右,中厚层状		55

续上表

里程	岩块坚硬程度	完整性	地下水	岩层产状	掌子面照片	GSI取值
DK182+515	软坚硬岩	较破碎	局部渗水	岩层走向与线路方向相近,岩层左倾约45°,节理裂隙较发育		55
DK182+584	较软岩	极破碎	局部渗水	岩层走向与隧道轴向小角度相交,近似平行,倾角70°左右,局部层理结构紊乱		50

相嫩三号隧道代表性里程段岩体单轴抗压强度 表4-12

掌子面里程	岩石单轴抗压强度(MPa)	岩体单轴抗压强度(MPa)
DK180+595	4.5	0.17
DK180+745	7.0	0.50
DK180+770	9.4	0.79
DK180+800	12.3	1.31
DK180+850	11.5	1.09
DK180+900	13.9	1.66
DK182+350	6.3	0.33
DK182+400	12.1	1.29
DK182+450	19.4	2.75
DK182+473	11.4	1.02
DK182+515	14.1	1.78
DK182+584	18.2	2.43

(2)达隆一号隧道

隧道揭示围岩主要岩性以灰黑色炭质板岩为主,层状结构(薄层～中厚层),局部夹有板岩,少量粉砂岩和灰岩,采用台阶法爆破施工。受地质构造影响,隧址区发育有达隆断层和班龙断层两处,掌子面岩层节理裂隙极其发育,多条不连续裂隙切割成薄层状或中厚层状岩块,岩体破碎程度高,局部层间存在地下水渗出,层间咬合程度不高。表4-13为试验取样断面围岩GSI推断取值,表4-14为换算后岩体力学特性。

达隆一号隧道试验里程围岩性状及GSI评分 表4-13

里程	岩块坚硬程度	完整性	地下水	岩层产状	掌子面照片	GSI取值
DK197+578	较软岩	较破碎	光滑渗水	岩层走向与线路小角度相交,倾角近直立状,节理裂隙较发育,层间结合性一般~较差		60
DK197+878	软岩	破碎	光滑干燥	岩层走向与线路方向小角度相交,倾角近直立状,节理裂隙发育,层间结合性一般~较差		55
DK198+178	软岩	破碎	干燥无水	岩层走向与线路方向小角度相交,倾角近直立状,节理裂隙发育,层间结合性一般		55
DK198+315	较软岩	破碎	干燥无水	岩层产状紊乱,岩体结构以薄层状为主,局部泥质化,掌子面软硬不均		55
DK198+629	较软岩	破碎	局部渗水	岩层产状紊乱,岩体结构以薄层状为主,局部泥质化,掌子面软硬不均		50

续上表

里程	岩块坚硬程度	完整性	地下水	岩层产状	掌子面照片	GSI取值
DK200+019	较软岩	破碎	干燥无水	岩层走向与隧道轴向小角度相交,近似平行,倾角接近90°,薄层夹中厚层状结构		55
DK200+330	较软岩	破碎	干燥无水	岩层走向与隧道轴向小角度相交,近似平行,倾角接近90°,薄层状结构明显		55
DK202+378	软坚硬岩	破碎	干燥无水	岩层产状倾向左侧,倾角约80°,节理裂隙发育,层间结合性一般		55
DK202+678	较软岩	破碎	干燥无水	岩层走向与线路方向小角度相交,倾角左右侧不对称,为30°~40°,节理裂隙发育~较发育,层间结合性一般		55

达隆一号隧道代表性里程段岩体抗压强度 表4-14

掌子面里程	岩石单轴抗压强度(MPa)	岩体单轴抗压强度(MPa)
DK197+556	12.0	1.70
DK197+578	8.2	0.49
DK197+590	16.7	3.14
DK197+615	12.5	1.77
DK197+644	16.5	1.76
DK197+667	11.5	0.92
DK197+712	14.3	2.03

续上表

掌子面里程	岩石单轴抗压强度(MPa)	岩体单轴抗压强度(MPa)
DK197+764	9.4	0.75
DK197+789	8.8	0.71
DK197+834	11.2	1.59
DK197+840	8.6	0.69
DK197+878	13.4	0.91
DK197+890	16.2	1.54
DK197+947	13.4	1.43
DK197+967	12.5	1.68
DK198+178	12.5	1.77
DK198+315	20.2	3.79
DK198+629	18.1	3.04
DK200+019	13.7	1.10
DK200+330	25.0	4.45
DK202+378	31.7	5.96
DK202+678	12.6	1.20

(3)达隆二号隧道

隧道揭示掌子面围岩以灰黑色炭质板岩为主,板层状结构中局部夹杂泥质结构,自稳性差,采用台阶法爆破施工。隧址区发育有班龙逆断层,断层有由板岩、少量粉砂岩形成的断层角砾岩,掌子面揭示围岩局部湿润,岩体破碎,存在突变性。部分断面层理紊乱,岩体自身含水率较高,手捏易碎,呈泥质结构;部分断面呈薄层~中厚层结构,层间节理裂隙发育,接触面平整,层间黏结性一般。施工期间掌子面曾出现滑塌。表4-15为试验取样断面围岩GSI推断取值,表4-16为换算后岩体力学特性。

达隆二号隧道试验里程围岩性状及GSI评分　　表4-15

里程	岩块坚硬程度	完整性	地下水	岩层产状	掌子面照片	GSI取值
DK204+235	软岩	极破碎	光滑干燥	岩层产状扭曲变形较严重,局部岩体挤压破碎		55

续上表

里程	岩块坚硬程度	完整性	地下水	岩层产状	掌子面照片	GSI取值
DK204+256	软岩	破碎	局部渗水	岩层产状紊乱,岩体结构以泥质结构为主		50
DK204+440	较软岩	破碎	线状滴水	岩层走向与隧道轴向小角度相交,近似平行,岩层倾角约45°,薄层和中厚层状结构		55
DK204+990	软岩	破碎	局部渗水	岩层走向与隧道轴向小角度相交,近似平行,岩层倾角近90°,薄层状结构		50
DK205+135	较软岩	破碎	光滑无水	岩层走向与线路方向小角度相交,倾向右侧,倾角约70°,节理裂隙发育,层间结合性总体一般		55
DK205+435	较软岩	破碎	局部渗水	岩层走向与线路方向相近,倾角近直立状,节理裂隙发育,层间结合性一般		55

达隆二号隧道代表性里程段岩体单轴抗压强度　　　表4-16

掌子面里程	岩石单轴抗压强度(MPa)	岩体单轴抗压强度(MPa)
DK204+231	6.2	0.28
DK204+235	7.1	0.38
DK204+246	11.6	0.93
DK204+253	6.9	0.42
DK204+256	12.1	1.72
DK204+315	13.2	1.87
DK204+365	9.8	0.59
DK204+421	15.8	2.97
DK204+440	18.1	3.41
DK204+455	11.3	1.60
DK204+500	17.3	3.25
DK204+623	13.1	1.86
DK204+771	9.2	0.74
DK204+990	15.1	1.61
DK205+135	18.4	2.61
DK205+435	12.6	0.76

(4)沙嫩山二号隧道

隧道揭示掌子面围岩主要为板岩夹炭质板岩,灰黄色和灰黑色交替出现,局部夹杂碎砾状结构,自稳性一般,采用台阶法爆破施工。隧址区发育有沙嫩山二号断层,掌子面揭示围岩节理裂隙较发育,存在多条不连续节理面,切割岩块厚度大小不一,主要以中厚层状为主,局部存在薄层状结构,层间咬合程度一般,易发生滑塌现象,整体稳定性一般。表4-17为试验取样断面围岩GSI推断取值,表4-18为换算后岩体力学特性。

沙嫩山二号隧道试验里程围岩性状及GSI评分　　　表4-17

里程	岩块坚硬程度	完整性	地下水	岩层产状	掌子面照片	GSI取值
DK209+755	软岩	破碎	干燥无水	岩层走向与线路方向小角度相交,倾角近直立状,节理裂隙发育,层间结合性一般		50

续上表

里程	岩块坚硬程度	完整性	地下水	岩层产状	掌子面照片	GSI 取值
DK209+905	较软岩	破碎	干燥无水	岩层产状倾向掌子面左后方,倾角约80°,节理裂隙发育,层间结合性一般		55
DK210+055	软岩	破碎	光滑潮湿	岩层走向与线路方向小角度相交,倾角约70°,局部近直立状,岩石节理裂隙发育,层间结合性一般~较差		55
DK210+286	较软岩	破碎	局部渗水	岩层走向与隧道轴向小角度相交,岩层倾角基本垂直,层厚薄层与中厚层交错		50
DK210+905	较软岩	破碎	光滑渗水	岩层走向与线路小角度相交,倾向掌子面右侧,倾角约30°(左侧顺层),节理裂隙发育,岩体呈碎块石、板状,层间结合性一般~较差		50
DK210+947	较软岩	破碎	局部湿润	岩层走向与隧道轴向小角度相交,岩层倾角基本垂直,层厚薄层与中厚层交错,局部夹泥质		50

续上表

里程	岩块坚硬程度	完整性	地下水	岩层产状	掌子面照片	GSI取值
DK211+006	软坚硬岩	较破碎	线状出水	岩层走向与隧道轴向小角度相交,岩层倾角约70°,层厚多为中厚层状		60
DK211+255	软坚硬岩	较破碎	干燥无水	岩层产状局部有扭曲,总体倾向掌子面右前方,倾角近直立状,节理裂隙发育,层间结合性较差~差		50

沙嫩山二号隧道代表性里程段岩体抗压强度　　　　表4-18

掌子面里程	岩石单轴抗压强度(MPa)	岩体单轴抗压强度(MPa)
DK209+755	8.5	0.72
DK209+905	23.5	2.93
DK210+055	12.9	1.61
DK210+286	20.0	1.69
DK210+905	27.3	1.90
DK210+947	20.3	1.26
DK211+006	20.1	2.88
DK211+255	19.2	1.33

（5）会富莱隧道

会富莱隧道试验里程围岩性状及GSI评分见表4-19,隧道炭质板岩岩体物理力学特性见表4-20。

会富莱隧道试验里程围岩性状及GSI评分　　　　表4-19

里程桩号	围岩描述	掌子面照片	GSI评分
D2K130+320	岩石属炭质板岩,岩质软,薄层软泥质结构;岩体破碎,接触面差,掌子面未见地下水,自稳性差		50

续上表

里程桩号	围岩描述	掌子面照片	GSI评分
D2K130+353	岩石属炭质板岩,岩质软,薄层软泥质结构;岩体破碎,接触面差,掌子面未见地下水,自稳性差		50
D2K130+360	岩石属炭质板岩,岩质软,薄层软泥质结构;岩体破碎,接触面差,掌子面未见地下水,自稳性差		50
D2K130+410	岩石属炭质板岩,岩质软,薄层软泥质结构;岩体较破碎,接触面差,掌子面未见地下水,自稳性差		55
D2K130+475	岩石属炭质板岩,岩质软,薄层软泥质结构;岩体较破碎,接触面一般,掌子面未见地下水,自稳性差		55
D2K130+512	岩石属炭质板岩,岩质软,薄层结构;岩体较破碎,接触面差,掌子面未见地下水,自稳性差		55
D2K130+567	岩石属炭质板岩,岩质软,薄层结构;岩体较破碎,接触面差,掌子面未见地下水,自稳性差		55
D2K130+609	岩石属炭质板岩,岩质软,薄层软泥质结构;岩体较破碎,接触面一般,掌子面未见地下水,自稳性差		55

续上表

里程桩号	围岩描述	掌子面照片	GSI评分
D2K130+663	岩石属炭质板岩,岩质软,薄层软泥结构;岩体较破碎,接触面一般,掌子面湿润,自稳性差		50
D2K130+709	岩石属炭质板岩,岩质软,薄层软泥结构;岩体破碎,接触面差,掌子面未见地下水,自稳性差		50
D2K130+726	岩石属炭质板岩,岩质软,薄层软泥结构;岩体破碎,接触面差,掌子面未见地下水,自稳性差		50
D2K130+770	岩石属炭质板岩,岩质软,薄层软泥结构;岩体破碎,接触面差,掌子面未见地下水,自稳性差		50
D2K131+110	岩石属炭质板岩,岩质软,薄层软泥结构;岩体破碎,接触面差,掌子面未见地下水,自稳性一般	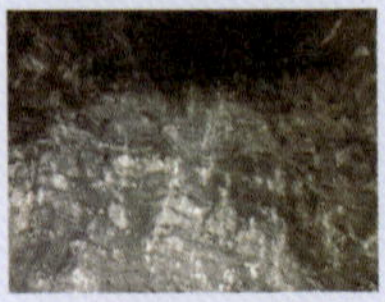	55

隧道炭质板岩岩体物理力学特性 表4-20

工区段	里程桩号	岩石单轴抗压强度(MPa)	岩体单轴抗压强度(MPa)
进口工区	D2K130+320	7.24	0.66
	D2K130+353	6.81	0.63
	D2K130+360	7.98	0.74
	D2K130+410	9.36	1.26
	D2K130+475	11.59	1.55

续上表

工区段	里程桩号	岩石单轴抗压强度（MPa）	岩体单轴抗压强度（MPa）
进口工区	D2K130+512	12.98	1.74
	D2K130+567	14.28	1.92
	D2K130+609	17.34	2.33
	D2K130+663	14.20	1.31
	D2K130+709	10.96	1.01
	D2K130+726	11.29	1.04
横洞工区	D2K130+770	10.28	0.95
	D2K131+110	5.98	0.92

综合来看，相嫩三号隧道岩体平均抗压强度为 1.27MPa，达隆一号隧道岩体平均抗压强度为 1.93MPa，达隆二号隧道岩体平均抗压强度为 1.56MPa，沙嫩山二号隧道岩体平均抗压强度为 1.79MPa，会富莱隧道岩体强度普遍介于 0.63~2.3MPa 之间。总体而言，缝合带内岩体挤压作用明显，围岩破碎极为严重，且自稳能力差。

4.3 缝合带隧道围岩大变形特征

处于琅勃拉邦缝合带内的多座隧道，受微陆块间活跃的构造运动影响，水平构造作用强烈；隧道施工揭示地层岩性多为软泥块状或薄层状炭质板岩，节理裂隙发育，破碎程度高，强度低，强度测试结果基本属为软岩。根据隧道施工实际情况，多个区段均出现不同程度的大变形，本节通过分析线路统计段变形情况，探讨了隧道大变形的主要影响因素。

以相嫩三号隧道、达隆一号隧道、达隆二号隧道、沙嫩山二号隧道为主，对磨万铁路Ⅳ标Ⅰ分部现阶段隧道施工过程中变形较大段的监测数据进行了统计分析，统计数据包括拱顶沉降和水平收敛，共计 108 个监测断面，各隧道统计信息见表 4-21。

各隧道施工变形断面统计总数　　　　表 4-21

隧道名称		变形里程段	断面个数	最大变形量（mm）	里程
相嫩三号隧道	出口	DK182+550~DK182+710	30	674.8	DK182+610

续上表

隧道名称		变形里程段	断面个数	最大变形量（mm）	里程
达隆一号隧道	出口	DK199+680 ~ DK199+800	13	544.6	DK199+710
		DK199+900 ~ DK199+960	8	889.9	DK199+935
达隆二号隧道	进口	DK203+850 ~ DK203+900	8	482.9	DK203+869
	出口	DK204+995~DK205+160	8	314.1	DK205+016
沙嫩山二号隧道	进口	DK209+640 ~ DK209+680	9	537.50	DK209+665
		DK210+170 ~ DK210+250	12	460.22	DK210+198
	出口	DK211+000 ~ DK211+100	15	653.3	DK211+050
		DK211+345 ~ DK211+365	5	419.2	DK211+365

据统计,隧道变形特征表现为水平收敛大于拱顶沉降,主要以拱脚和边墙部位向净空内挤压侵限为主,现场变形情况如图4-34所示。由图4-34可以看出,变形最大部位多发生于拱腰与边墙拱架之间的连接板位置,喷射混凝土也最先由此处发生开裂与脱落。从拱架扭曲变形方式来看,除沿隧道径向挤出变形外,还存在上下错动的挤出变形和沿隧道轴线方向的纵向挤压作用。由于变形现象错综复杂,初步分析是由水平构造应力引起的大变形现象,但因不同里程段的水平构造应力与隧道轴线夹角和作用大小不同,导致整体拱架的扭曲变形具有多角度多方位的不确定性。

4.3.1 会富莱隧道

根据会富莱隧道围岩变形和支护破坏情况(图4-35),可归纳出支护破坏随围岩变形发展大体分为三个阶段,如图4-36所示。初期阶段:支护结构施工完成后水平方向上围岩持续向隧道净空收敛挤压,侧墙局部范围出现突起和内鼓现象。中期阶段:围岩变形继续发展,喷射混凝土出现不等宽的纵向和环向裂缝,局部出现错台开裂。严重阶段:随着围岩变形进一步发展,喷射混凝土裂缝逐渐加宽,局部发生脱落,支护钢拱架暴露,并显现出扭转和弯曲变形,扭转变形方向沿隧道纵向和环向同时存在。

1)变形时程曲线分析

为进一步探究施工过程中的隧道变形发展规律,选取部分断面绘制变形时程曲线,分析不同施工步序阶段的隧道变形时空效应,如图4-37所示。

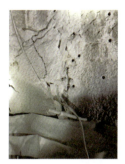

a)喷射混凝土开裂脱落　　　　　　b)钢架接头挤压变形

c)套拱挤压变形　　　　　　　　　d)喷射混凝土纵向裂缝

图 4-34　初期支护变形破坏情况示例

图 4-35　会富莱隧道变形破坏情况示例

a)初期阶段　　　　　　　　b)中期阶段　　　　　　　　c)严重阶段

图4-36　会富莱隧道变形破坏演变过程示例

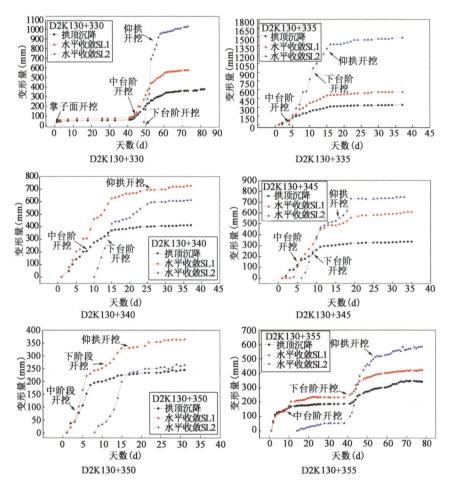

图 4-37

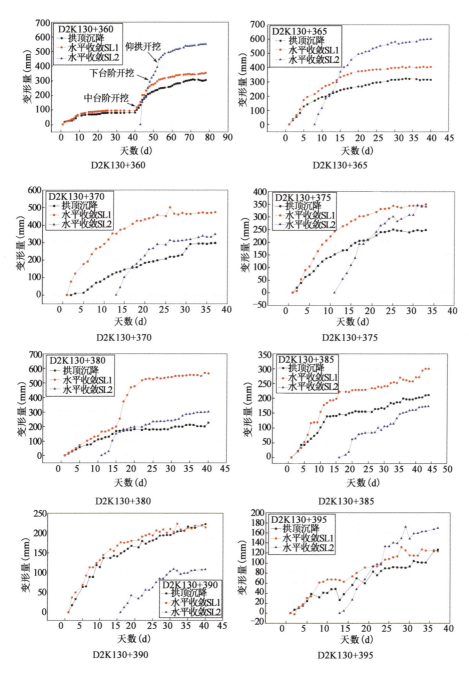

图 4-37

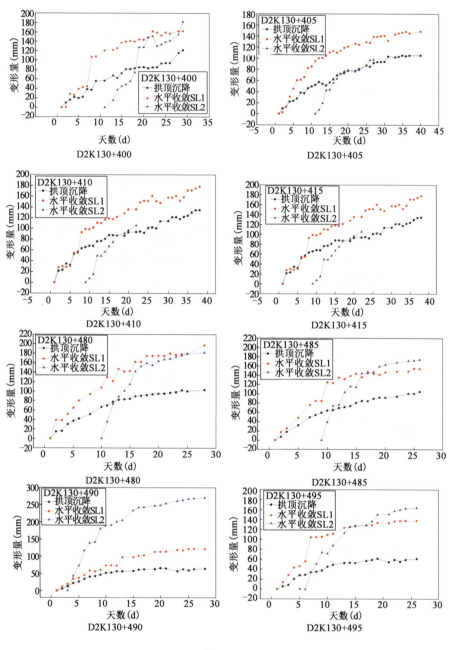

图 4-37

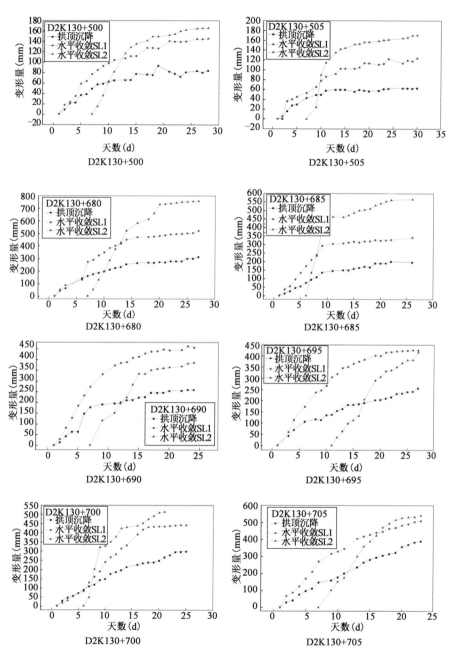

图 4-37

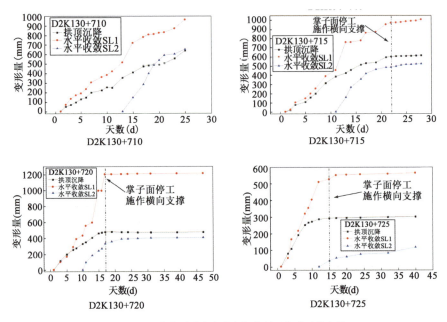

图4-37 会富莱隧道大变形段部分断面变形时程曲线

图4-37共绘制34个断面的变形时程曲线,变形曲线特征基本一致,表现为掌子面开挖初期变形快速增长,中、下台阶开挖后变形速率进一步加剧,仰拱浇筑封闭成环后变形速率减缓。若将隧道变形分为上台阶开挖、中下台阶开挖、仰拱浇筑封闭三个不同阶段,围岩变形表现以水平方向收敛挤压为主,随变形量级的增长,非均匀性逐渐突显,且单侧变形也愈发严重。根据典型断面变形情况统计,轻微大变形的拱顶沉降约为水平收敛(以SL1和SL2的最大值为基准)的82.4%,中等大变形的拱顶沉降约为水平收敛的67.6%,严重大变形的拱顶沉降约为水平收敛的56.9%,极严重大变形的拱顶沉降约为水平收敛的22.9%。虽然拱顶沉降量相对较小,但因侧向挤压影响,同样发生喷射混凝土开裂脱落、拱架弯折现象。由于隧道施工过程的空间效应,围岩变形时程曲线表现为上、中台阶开挖变形快速增长,仰拱支护封闭成环后变形基本稳定。

依据变形时程曲线,分析变形特征如下:

(1)由变形里程段D2K130+330～D2K130+360、D2K130+680～D2K130+730可以看出,施工期间变形增长占主要组成部分,掌子面停工后变形速率明显下降,因此推断变形受隧道开挖的空间效应影响显著。

(2)停工阶段因施作临时横向支撑,隧道变形得到明显控制,但仍以较小的变形速率缓慢增长,说明隧道挤压变形具有一定的时间效应。停工后D2K130+700~D2K130+730段变形情况表明,施作临时支撑的拱腰部位(水平收敛SL1)变形速率较小,基本控制在2mm/d以下,但边墙位置(水平收敛SL2)变形速率仍有1~2cm/d。这说明会富莱隧道岩体流变效应导致隧道向净空产生持续挤压变形。

(3)变形快速增长阶段基本处于中下台阶开挖阶段。由变形时程曲线可见,上台阶开挖后变形基本以稳定的变形速率增长;中台阶开挖后水平收敛SL1变形骤增;下台阶开挖后水平收敛SL1和SL2进一步增大,该阶段的最大变形量能达到10~20cm/d。

(4)会富莱隧道统计段内的水平收敛变形明显大于拱顶沉降。拱顶沉降变形量呈稳步持续增长,受中下台阶开挖影响较小,仰拱浇筑封闭成环后变形基本趋于稳定。水平收敛变形量能达到拱顶沉降量的1~2倍,最高能够达到2倍以上。

2)变形速率分析

变形速率仅对统计段内单日最大变形速率和日均变形速率进行分析,通过典型断面的变形时程曲线分析不同施工阶段的变形速率。根据三段统计变形速率绘制柱状图(图4-38),拱顶日均变形速率为0.73cm/d,单日最大变形速率平均为3.74cm/d;水平收敛SL1日均变形速率为1.21cm/d,单日最大变形速率平均为5.53cm/d;水平收敛SL2日均变形速率为3.74cm/d,单日最大变形速率平均为6.98cm/d。可以看出,隧道水平收敛速率明显大于拱顶沉降速率,边墙位置变形速率最快。

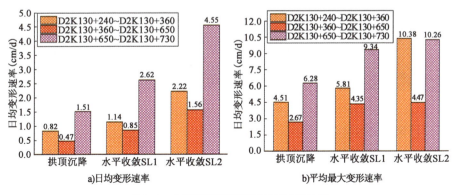

图4-38 会富莱隧道统计段变形速率柱状图

统计段内变形特征表现为以拱部和边墙收敛为主,边墙变形速率最大。其中,D2K130+360~D2K130+650段变形速率相较D2K130+240~D2K130+360段明显降低,拱顶日均变形速率降低42.7%,水平收敛SL1日均变形速率降低25.4%,水平收敛SL2日均变形速率降低29.7%。D2K130+650~D2K130+730段变形速率相较D2K130+240~D2K130+360段明显增大,拱顶日均变形速率增大84.1%,水平收敛SL1日均变形速率增大129.8%,水平收敛SL2日均变形速率增大105%,可以看出D2K130+650~D2K130+730段拱脚边墙的水平收敛相较前段里程显著增大。最大变形速率统计结果显示,三段里程拱顶、水平收敛SL1、水平收敛SL2的平均单日最大变形速率基本达到5cm/d,日均变形速率也基本大于1cm/d,其中第一统计段和第三统计段内边墙平均最大变形速率大于10cm/d,而第三段边墙日均变形速率达到4.55cm/d。以上统计结果表明,统计段内隧道变形速率较快。

4.3.2 相嫩三号隧道

隧道出口DK182+710~DK182+550段埋深为100~150m,围岩为炭质板岩,薄层状构造,岩体受区域地质构造影响,节理裂隙发育,破碎程度高,软硬不均,掌子面局部存在渗水或线状滴水,局部岩块遇水成泥质结构,岩层走向随里程变化较快,倾向基本以陡倾为主,掌子面揭示围岩如图4-39所示,隧道变形破坏情况如图4-40所示。

图4-39 相嫩三号隧道DK182+710~DK182+500段掌子面揭示围岩

1)累计变形统计

本次共统计出口30个断面的累计变形数据,平均拱顶沉降量为9.84cm,水平收敛量为34.28cm,最大拱顶沉降位于DK182+671处、达到19.1cm,最大水平收敛变形位于DK182+610处、达到67.48cm。按相对变形量划分基本为轻微大变形到中等大变形之间,最大变形量为67.48cm,达到中等~严重大变形等级。表4-22为隧道各变形等级占比统计表,图4-41为隧道各施工工点变形占比统计图。

图4-40 相嫩三号隧道变形破坏情况

各等级大变形断面个数统计　　　　表4-22

大变形等级	无	轻微	中等	严重	极严重
《铁路隧道设计规范》（TB 10003—2016）	<3% <35.6cm	3%~5% 35.6~59.4cm	5%~8% 59.4~95.0cm	>8% >95.0cm	—
断面数	13	13	4	0	—
大变形等级	无	轻微	中等	严重	极严重
成兰铁路大变形标准	<11.9cm	11.9~29.7cm	29.7~59.4cm	59.4~118.8cm	>118.8 cm
断面数	0	8	18	4	0

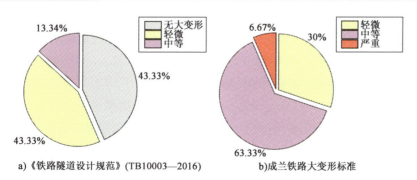

a)《铁路隧道设计规范》(TB10003—2016)　　b)成兰铁路大变形标准

图4-41 相嫩三号隧道各施工工点大变形占比饼状图

2)支护变更

受多方面因素影响,施工掘进过程中变形持续增长,明确也根据隧道变形情况进行阶段性设计变更(表4-23),具体变更措施如下:DK182+710~DK182+700段变更支护为Ⅳ$_b$、I14型钢拱架,间距1m,同时采用φ42mm、长4.5m的小导管进行径向注浆加固,间距为1.2m×1.2m。据DK182+697变形资料显示,拱顶沉降累计变形101.4mm,水平收敛变形606.9mm;DK182+700~DK182+590段变更支护为Ⅴ$_b$、I16型钢拱架,间距0.8m,同时采用φ42mm、长4.5m的小导管对围岩进行局部径向注浆加固;DK182+590~DK182+550段变更支护为Ⅴ级加强,采用I20b型钢拱架,间距0.6m,同时采用φ42m、长4.5m的小导管对围岩进行局部径向注浆加固。

初期支护变更 表4-23

里程段	设计支护	变更支护	断面里程桩号	最大变形量(mm)
DK182+710~DK182+700	Ⅳ$_a$	Ⅳ$_b$+径向注浆	DK182+697	606.9
DK182+700~DK182+660	Ⅳ$_a$	Ⅴ$_b$+径向注浆	DK182+610	674.8
DK182+660~DK182+590	Ⅲ			
DK182+590~DK182+580	Ⅲ	Ⅴ级加强+径向注浆	DK182+584	477.0
DK182+580~DK182+550	Ⅳ$_a$			

图4-42统计了隧道支护变更过程围岩最终变形情况。由图4-42可见,出口段围岩等级相较原设计差别较大,在支护加强后变形仍持续发展,DK182+590~DK182+550段采用I20b型钢拱架后变形量仍能达到20cm以上。

3)变形时程曲线分析

相嫩三号隧道进出口典型断面的变形时程曲线(图4-43)表现出明显的时间效应和空间效应。空间效应方面,受上下台阶开挖扰动影响,上台阶掌子面开挖变形快速发展,拱部收敛速率能够达到1~2cm/d,严重时达到4~5cm/d,以DK182+610断面为例,隧道开挖10d内平均水平收敛速率达到2.1cm/d;中下台阶开挖后变形进一步发展,且变形速率进一步增大,直至仰拱封闭后变形速率减缓,但变形仍为增长趋势。时间效应方面,以DK182+584断面为例,隧道停工一个月,期间对围岩变形持续监测,监测变形表现出缓慢增长的趋势,平均变形速率基本达到0.5cm/d;重新施工后围岩变形速率再次增大。

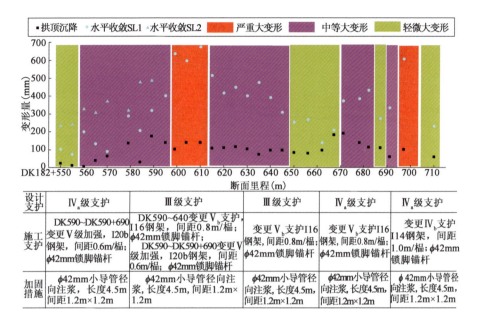

图 4-42　DK182+550～DK182+710各断面累计变形散点图

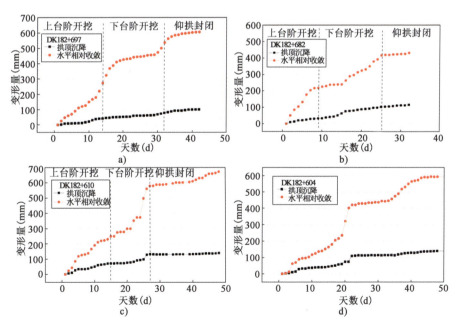

图 4-43

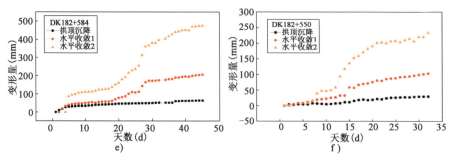

图4-43 相嫩三号隧道典型断面沉降收敛变形时程曲线

4.3.3 达隆一号隧道

达隆一号隧道横洞施工过程出现多处不同程度初期支护水平收敛变形问题,选取横洞大里程典型断面对隧道累计变形和支护变更进行统计分析。隧道变形统计里程段及其埋深见表4-24。隧道施工掌子面揭示围岩如图4-44所示,达隆一号隧道变形破坏情况如图4-45所示,依据掌子面照片及地质素描资料对横洞围岩性状进行定性描述。横洞揭示围岩以灰黑色炭质板岩为主,薄层状结构,局部夹杂中厚层板岩和砂岩,层间裂隙充填为岩石碎屑,偶有渗水,充填碎屑遇水软化形成泥质结构,岩面整体软硬不均;岩层走向与隧道轴线走向小角度相交,岩层倾角以陡倾为主,部分掌子面揭示围岩层理结构紊乱,不具规律性。

各工作面统计里程段及其埋深　　　　　　　　　　　表4-24

施工工作面	里程段	最小埋深(m)	最大埋深(m)
横洞大里程	DK199+680～DK199+800	175	205
	DK199+900～DK199+960	185	193

图4-44 达隆一号隧道掌子面揭示围岩示例

图4-45　达隆一号隧道变形破坏情况示例

1）累计变形统计

本次统计选取隧道横洞大里程段DK199+685～DK199+755和DK199+900～DK199+960,总计21个断面。该里程段内施工期间隧道边墙拱架受挤压弯曲变形,初期支护喷射混凝土出现2～5mm纵向裂缝,初期支护侵限严重,局部喷射混凝土开裂脱落。表4-25为统计里程段内各等级大变形断面数量,统计段内变形均已达到轻微大变形,部分进入中等大变形,最大变形量已达到严重大变形等级,拱腰、边墙向临空面持续挤压,变形量较大。计算显示平均拱顶沉降量为10.1cm,水平收敛量为47.1cm,最大水平收敛为90.0cm。对统计段内各等级变形占比进行统计,如图4-46所示。

达隆一号隧道统计段内各等级大变形断面个数统计　　表4-25

大变形等级		无	轻微	中等	严重	极严重
《铁路隧道设计规范》（TB 10003—2023）		<3%	3%～5%	5%～8%	>8%	—
		<35.6cm	35.6～59.4cm	59.4～95.0cm	>95.0cm	—
断面数		5	14	2	0	—
大变形等级		无	轻微	中等	严重	极严重
成兰铁路大变形标准		<11.9cm	11.9～29.7cm	29.7～59.4cm	59.4～118.8cm	>118.8cm
断面数		0	2	17	2	0

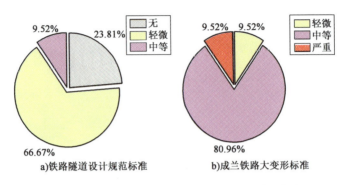

图 4-46 达隆一号隧道统计段内各等级大变形占比统计

2）支护变更

DK199+680～DK199+705 段原设计支护等级为Ⅲ级非绝缘锚段，支护变更至Ⅳ$_b$非绝缘锚段；DK199+705～DK199+800 段原设计支护等级为Ⅳ$_a$级非绝缘锚段，支护变更至Ⅳ$_b$非绝缘锚段。支护变更后围岩变形仍较大，为进一步控制变形，DK199+734～DK199+800 段设置辅助支撑，其中 DK199+734～DK199+760 段仰拱部位设置横向支撑，DK199+760～DK199+800 段上台阶设置横向支撑及斜向右侧竖撑，同时在里程 DK199+685～DK199+800 段内对变形侵限部位进行注浆加固，注浆管采用 ϕ42mm 钢花管，间距 1.2m×1.2m 布置。

DK199+900～DK199+950 段原设计为Ⅲ级，变更支护等级为Ⅴ$_a$；DK199+950～DK199+960 段原设计支护等级为Ⅲ级，变更支护等级为Ⅴ$_b$。DK199+930～DK199+960 上台阶设置横向和竖向支撑，边墙至拱顶进行径向注浆，注浆间距由 DK199+930～DK199+950 段的 1.0m×1.0m 加密至 0.8m×0.8m。

隧道变形量与支护变更统计情况见图 4-47 和表 4-26。由此可以看出隧道横洞大里程在施工过程持续出现大变形问题，变更支护后变形仍未得到有效控制，其中 DK199+734～DK199+800 段在增设临时横撑和竖撑后变形量仍达到 40cm，变形接近中等大变形等级；DK199+930～DK199+960 段在采用临时支撑，同时加密径向注浆间距后变形仍达到严重大变形等级。

达隆一号隧道统计段内支护变更统计　　　表 4-26

里程段	设计支护	变更支护	断面里程	最大变形量（mm）
DK199+680～DK199+705	Ⅲ级非绝缘锚段	Ⅳ$_b$非绝缘锚段	DK199+700	431.9

续上表

里程段	设计支护	变更支护	断面里程	最大变形量（mm）
DK199+705～DK199+800	Ⅳ$_a$级非绝缘锚段	Ⅳ$_b$非绝缘锚段	DK199+740	537.9
DK199+900～DK199+950	Ⅲ级	Ⅳ$_a$	DK199+935	889.9
DK199+950～DK199+960	Ⅲ级	Ⅳ$_b$	DK199+960	722.5

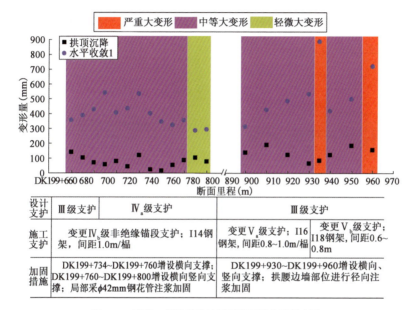

设计支护	Ⅲ级支护	Ⅳ$_a$级支护	Ⅲ级支护	
施工支护	变更Ⅳ$_b$级非绝缘锚段支护；I14钢架，间距1.0m/榀	变更V$_a$级支护；I16钢架，间距0.8~1.0m/榀	变更V$_b$级支护；I18钢架，间距0.6~0.8m	
加固措施	DK199+734~DK199+760增设横向支撑；DK199+760~DK199+800增设横向竖向支撑；局部采ϕ42mm钢花管注浆加固	DK199+930~DK199+960增设横向、竖向支撑；拱腰边墙部位进行径向注浆加固		

图4-47 达隆一号隧道统计里程段累计变形散点图

3）变形时程曲线分析

选取统计段典型断面绘制变形时程曲线,如图4-48所示。可以看出隧道变形与开挖存在一定关系,上台阶开挖后变形呈快速上升趋势,随后趋于稳定;下台阶开挖变形再次增长,仰拱封闭后变形速率减缓。该段拱顶沉降与水平收敛相差较大,主要变形量产生于围岩的侧向挤压过程,仰拱封闭后变形仍表现出缓慢上升态势。这说明变形具有时间效应,支护结构刚度不足时变形将持续增长。该隧道变形主要来自时间效应和空间效应,爆破开挖对围岩进行扰动,使围岩节理裂隙进一步发育,岩体破碎程度剧增,隧道开挖支护刚度不足,无法提供足够支护抗力控制破碎围岩在复杂地应力作用下产生的径向挤压收敛,从而导致变形持续增大。

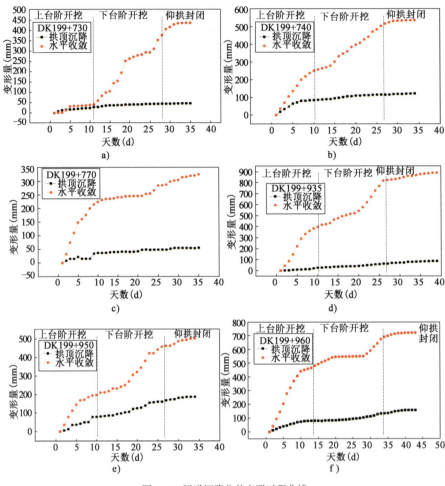

图 4-48 隧道沉降收敛变形时程曲线

4.3.4 达隆二号隧道

隧道进口、出口各里程段均出现不同程度挤压变形,施工揭示岩性为炭质板岩夹板岩和砂岩,夹层内含有白色晶体岩脉。岩体呈薄层片状结构,局部板岩和砂岩为中厚层结构,局部呈软泥质岩体结构,手捏易碎,掌子面整体软硬不均。层间节理裂隙发育,裂隙内部充填岩屑,破碎程度较高,稳定性差,偶有湿润或线状水渗出。岩层走向与隧道小角度相交,倾向以陡倾为主,局部层理结构紊乱。掌子面揭示围岩如图4-49所示,隧道破坏情况如图4-50所示。隧道变形统计的里程段及其埋深见表4-27。

图4-49 达隆二号隧道掌子面揭示围岩

图4-50 达隆二号隧道变形破坏情况

达隆二号隧道各工作面统计里程段及其埋深　　　　表4-27

施工工作面	里程段	最小埋深(m)	最大埋深(m)
进口	DK203+850 ~ DK203+900	84	106
出口	DK204+985 ~ DK205+060	134	141

1）累计变形统计

统计隧道进、出口累计变形总计16个断面。主要变形特征表现为拱腰和边墙水平收敛大于拱顶沉降，平均水平收敛量为29.3cm，平均沉降值为7.4cm，最大水平收敛变形量达到48.29cm。表4-28为统计里程段内各等级大变形断面数量，图4-51为隧道施工工点大变形占比统计。基于以上数据可以看出,隧道变形以轻微大变形为主,部分里程段变形发展至中等大变形。

达隆二号隧道各等级大变形断面个数统计　　　　表4-28

大变形等级	无	轻微	中等	严重	极严重
《铁路隧道设计规范》（TB 10003—2016）	<3% <35.6cm	3%～5% 35.6～59.4cm	5%～8% 59.4～95.0cm	>8% >95.0cm	— —
断面数	13	3	0	0	—
	无	轻微	中等	严重	极严重
成兰铁路大变形标准	<11.9cm	11.9～29.7cm	29.7～59.4cm	59.4～118.8cm	>118.8cm
断面数	0	11	5	0	0

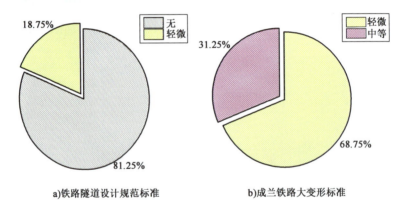

a)铁路隧道设计规范标准　　　　b)成兰铁路大变形标准

图4-51　达隆二号隧道各施工工点大变形占比饼状图

2)支护变更

隧道进口DK203+850～DK203+900原设计初期支护等级为Ⅳ$_a$级,根据施工揭示围岩情况,DK203+850～DK203+880初期支护等级变更为Ⅳ$_b$级,同时采用φ42mm、长4.5m的小导管对围岩进行局部径向注浆加固,间距为1.5m×1.2m。施工期间初期支护钢架受挤压发生不规则扭曲变形,且左侧边墙喷射混凝土出现环向裂缝。由于施工期间产生较大变形,DK203+880～DK203+900段变更初期支护等级为Ⅴ$_a$级。隧道出口DK204+985～DK204+060段由原设计Ⅳ$_a$和Ⅲ级变更为Ⅳ$_b$级。隧道进出口围岩支护变更统计及累计变形情况如表 4-29 和图 4-52 所示,可以看出,设计支护参数与实际揭示围岩条件存在差异,水平收敛显著,以进口统计段为例,DK203+850～DK203+880 段变更支护为 $Ⅳ_b$ 级后围岩变形达到中等大变形等级,变更至 V_a 级后变形仍在 20cm 以上,部分断面仍达到轻微大变形等级。

达隆二号隧道支护变更统计　　　　　　　　表 4-29

工区	里程段	设计支护	变更支护	最大变形量（mm）	
				断面里程	变形量（mm）
进口	DK203+850～DK203+880	$Ⅳ_a$	$Ⅳ_b$	DK203+869	482.9
	DK203+880～DK203+900	$Ⅳ_a$	V_a	DK203+885	309.1
出口	DK204+985～DK205+040	Ⅲ	$Ⅳ_b$	DK205+016	314.1
	DK205+040～DK205+060	$Ⅳ_a$	$Ⅳ_b$	DK205+057	278.1

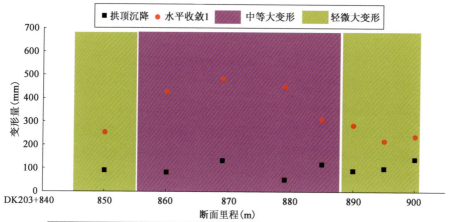

设计支护	$Ⅳ_a$ 级支护	$Ⅳ_a$ 级支护
施工支护	变更 $Ⅳ_b$ 级支护；采用 I14 钢架,间距 1.2m/榀；ϕ42mm 锁脚锚杆	变更 V_a 级支护；采用 I16 钢架,间距 1.0m/榀；ϕ42mm 锁脚锚杆
加固措施	ϕ42mm 小导管径向注浆,长度 4.5m,间距 1.2m×1.2m 部分里程设置斜撑、横撑支护加固	无

a) 进口 DK203+850~DK203+900 各断面累计变形统计

图　4-52

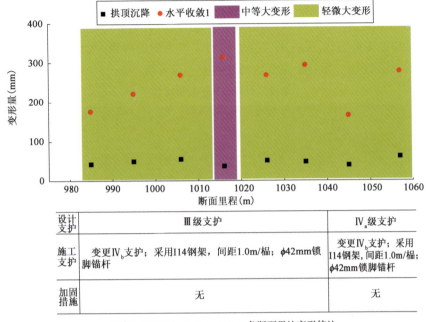

b)出口DK204+985~DK205+960各断面累计变形统计

图4-52 达隆二号隧道统计里程段累计变形散点图

3)变形时程曲线分析

选取统计段典型断面绘制变形时程曲线,如图4-53所示。可以看出隧道变形的时空效应明显,空间效应主要表现为开挖作业过程变形快速增长,时间效应主要表现为变形随时间持续变化。受爆破振动影响,变形快速增长集中于掌子面开挖后一段时间内,随后变形增速相对放缓。下台阶开挖后再次快速发展,直至仰拱施作后变形速率放缓。但软弱围岩受地应力挤压作用时,初期支护施作完成后变形仍以较快速率增长,变形典型特征见出口DK205+016和DK205+026段断面。

4.3.5 沙嫩山二号隧道

沙嫩山二号隧道进口为单线布置,出口接沙拉巴土车站,出口690m范围内双线布置,两工作面揭示围岩存在一定差异,但施工期间初期支护均出现大变形问题,分别选取隧道进出口典型大变形段进行变形统计与分析,典型掌子面围岩如图4-54所示,沙嫩山二号隧道破坏情况如图4-55所示。

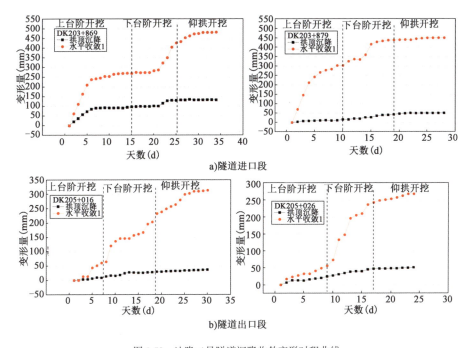

图 4-53　达隆二号隧道沉降收敛变形时程曲线

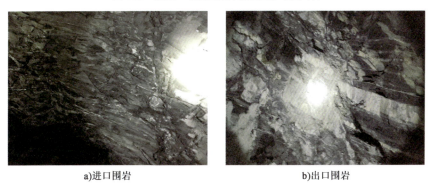

图 4-54　掌子面揭示围岩

　　隧道进口统计段包括 DK209+640~DK209+680 段和 DK210+170~DK210+250 段,揭示围岩岩性为灰黑色炭质板岩,薄层状构造,局部夹杂灰黄色砂岩和板岩,为中厚层状构造,局部为碎石状,偶有白色晶体岩脉侵入;岩体节理裂隙极其发育,裂隙内充填炭质板岩碎屑,掌子面局部湿润,炭质板岩遇水软化成泥质结构,自稳性较差;岩层走向与隧道小角度相交,岩层倾角基本为陡倾,但部分断面层理紊乱,无规律可循。

图4-55　沙嫩山二号隧道变形破坏情况

隧道出口统计段包括DK211+000~DK211+100段和DK211+345~DK211+365段,揭示围岩岩性较为杂乱,灰黑色炭质板岩、灰黄色板岩夹砂岩错综排列,薄层至中厚层结构,部分呈碎块状结构;岩体节理裂隙较发育,掌子面湿润,部分里程掌子面出现线状滴水;岩层产状随隧道掘进变化较快,自稳性差,松散碎石块易脱落。各工作面统计里程及其埋深见表4-30。

各工作面统计里程段及其埋深　　　　表4-30

施工工作面	里程段	最小埋深(m)	最大埋深(m)
进口	DK209+640~DK209+680	68	92
	DK210+170~DK210+250	192	205
出口	DK211+000~DK211+100	63	87
	DK211+345~DK211+365	48	52

1) 累计变形统计

隧道进、出口累计变形统计断面总计41个,其中进口21个,出口20个,主要变形特征表现为拱腰和边墙水平收敛大于拱顶沉降,进口单线平均水平收敛为340.1cm,拱顶沉降为179.7cm,出口平均水平收敛为410.0cm,拱顶沉降为177.1cm。表4-31和表4-32分别为进出口统计里程段内各等级大变形断面数量,图4-56为进出口大变形占比统计。根据大变形等级统计结果,隧道进出口变形基本已达到轻微大变形等级,变形严重,达到中等大变形等级。

进口各等级大变形断面个数统计　　　　　　　　表4-31

大变形等级	无	轻微	中等	严重	极严重
《铁路隧道设计规范》（TB 10003—2023）	<3%	3%~5%	5%~8%	>8%	—
	<35.6cm	35.6~59.4cm	59.4~95.0cm	>95.0cm	—
断面数	0	12	9	0	—
大变形等级	无	轻微	中等	严重	极严重
成兰铁路大变形标准	<11.9cm	11.9~29.7cm	29.7~59.4cm	59.4~118.8cm	>118.8cm
断面数	0	7	14	0	0

出口各等级大变形断面个数统计　　　　　　　　表4-32

大变形等级	无	轻微	中等	严重	极严重
《铁路隧道设计规范》（TB 10003—2023）	<3%	3%~5%	5%~8%	>8%	—
	<37.0cm	37.0~61.7cm	61.7~98.7cm	>98.7cm	—
断面数	5	13	2	0	—
大变形等级	无	轻微	中等	严重	极严重
成兰铁路大变形标准	<12.3cm	12.3~30.9cm	30.9~61.7cm	61.7~123.4cm	>123.4cm
断面数	0	2	16	2	0

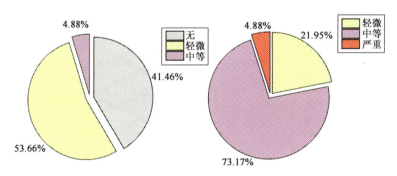

a) 铁路隧道设计规范　　　　b) 成兰铁路大变形标准

图4-56　隧道各施工工点大变形占比饼状图

2）支护变更

隧道进口 DK209+640～DK209+680 段原设计初期支护等级为 $Ⅳ_a$ 级，由于现场施工揭示围岩自稳性极差，拱部持续挤压变形，拱部局部发生塌方，对此采取局部支护变更和围岩加固措施。DK209+640～DK209+650 段初期支护等级变更至 V_c 级，并对支护进行径向注浆加强，于 DK209+643 处拱部 150°范围设置 ϕ89mm 大管棚超前支护；DK209+650～DK209+670 段初期支护等级变更至 V_a 级，拱脚附近增设 ϕ200mm（壁厚 5mm）的钢管作为临时横撑，DK209+648～DK209+658 段拱脚附近增设临时横撑；DK209+670～DK209+680 段初期支护等级变更至 $Ⅳ_b$ 级，同时于 DK209+658～DK209+676 段左侧拱部及边墙进行超前注浆加固。隧道进口 DK210+170～DK210+240 段原设计初期支护等级为 Ⅲ 级，根据现场施工围岩及变形情况（图4-57），对支护进行变更调整（表4-33）。DK210+170～DK210+183 段变更至 Ⅳ 级，DK210+180～DK210+183～DK210+240 段变更至 V_b 级，同时 DK210+200～DK210+240 段增设两排 ϕ42mm 钢花管对拱墙进行径向注浆加固围岩。

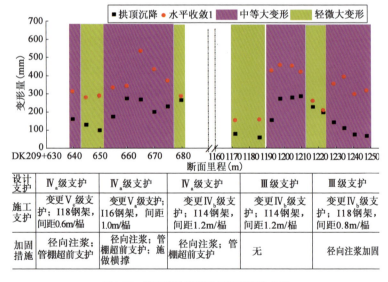

图4-57 进口统计里程段累计变形散点图

隧道出口 DK211+000～DK211+100 段原设计为车站双线 Ⅳ 级支护，根据现场施工围岩及变形情况（图4-58），支护变更调整至 V 级（表4-34），同时

DK211+048~DK211+059段初期支护加设套拱，DK211+005~DK211+059段全环径向注浆加固处理，DK211+005~DK211+040段加设I18横向支撑；DK211+320~DK211+365段原设计为车站双线Ⅴ级支护，变更后为Ⅴ级加强，支护拱架采用I22b进行加强，拱部设ϕ60mm热轧钢花管中管棚超前支护，锁脚锚杆为长度6m的ϕ60mm锁脚锚管，系统锚杆采用长度5m的ϕ42mm注浆锚管，同时加做临时仰拱横撑。

进口支护变更统计　　　　　　　　　　　表4-33

里程段	设计支护	变更支护	断面里程	最大变形量（mm）
DK209+640~DK209+650	Ⅳ$_a$	V$_c$级支护；拱部径向注浆；DK209+DK209+643段设ϕ89mm大管棚	DK209+640	315.7
DK209+650~DK209+670	Ⅳ$_a$	V$_a$级支护 径向注浆；管棚超前支护；DK209+648~DK209+658段设临时横撑	DK209+665	537.50
DK209+670~DK209+680	Ⅳ$_a$	Ⅳ$_b$级支护 左侧拱部径向注浆	DK209+670	437.00
DK210+170~DK210+179	Ⅲ	Ⅳ$_b$级支护；I14拱架；间距1.2m/榀 径向注浆加固	DK210+172	155.21
DK210+179~DK210+183	Ⅲ	Ⅳ级支护 I16拱架；间距1.0m/榀 径向注浆加固	—	—
DK210+183~DK210+240	Ⅳ$_a$	V$_b$级支护；I18拱架；间距0.8m/榀 径向注浆加固	DK210+198	460.22

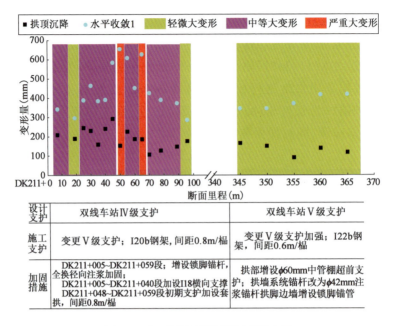

图4-58 出口统计里程段累计变形散点图

出口支护变更统计　　　　　　　　　　表4-34

里程段	设计支护	变更支护	断面里程	最大变形量(mm)
DK211+000～DK211+100	双线车站Ⅳ级支护	双线车站Ⅴ级支护；增设锚杆,径向注浆；DK211+048～DK211+059段加设套拱	DK211+DK211+050	653.3
DK211+345～DK211+365	双线车站Ⅴ级支护	I22b型钢,间距0.6m/榀；增设中管棚超前支护；拱脚边墙增设锁脚锚管	DK211+DK211+365	419.2

沙嫩山二号隧道进出口变形表现出持续向净空挤压增长的规律,施作横撑、套拱以增强支护刚度后,最大变形量仍达到65.3cm,现场喷射混凝土也出现多处开裂掉块,拱顶及边墙钢架出现扭曲变形。

3)变形时程曲线分析

选取统计段典型断面绘制变形时程曲线,如图4-59所示。统计断面均表现出早期变形速率较快,随后变形速率维持稳定,下台阶开挖变形速率再次增大,仰拱封闭后变形速率有所减缓,但仍呈一定速率增长。

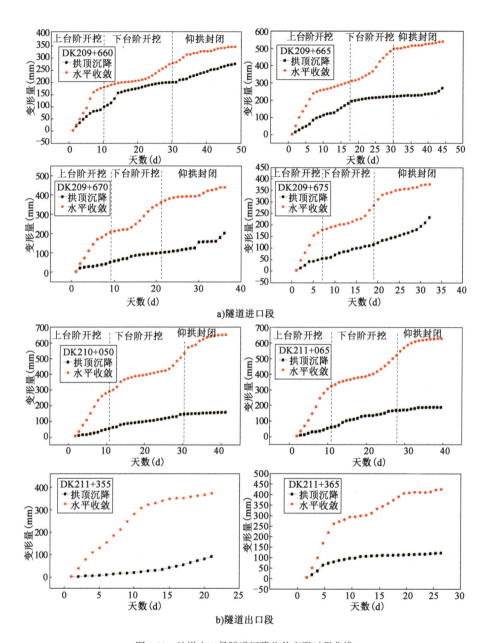

图 4-59 沙嫩山二号隧道沉降收敛变形时程曲线

CHAPTER 5

| 第5章 |

软岩隧道围岩松动圈分析

中老铁路软岩隧道受构造应力及围岩软弱等影响,开挖后围岩应力重新分布,导致围岩产生破坏,从而形成围岩松动圈,严重影响围岩稳定性,且给隧道支护设计带来困难。因此,本章通过考虑围岩应变软化特征和隧道应力释放效应,结合圆形隧道的弹塑性解,建立能够表现围岩松动圈发展规律的解析表达式,分析隧道施工过程内部围岩应力发展规律和劣化过程,揭示高地应力作用下隧道大变形渐进破坏规律与机制,并对松动圈进行了测试与分析,为变形控制技术提供重要理论依据。

5.1 隧道开挖围岩应力释放特征

围岩应力释放是伴随隧道开挖时掌子面向前推进的一个累积增长过程,也是隧道施工过程围岩变形产生空间和时间效应的根本原因。空间效应主要是隧道开挖过程的空间约束作用影响变形发展,时间效应则是由于岩体应力状态的改变触发流变作用,导致变形随时间的累积增长,图5-1是隧道围岩力学状态随应力释放量变化的简要示意图。因此,分析软岩大变形隧道不同应力释放过程的深层围岩应力分布特征和变形规律,能够揭示时空效应引发的大变形机制。

隧道施工过程中掌子面前方围岩对后方围岩存在一定的"半圆穹"空间约束作用,在隧道临空面提供一定量的虚拟支护力,影响范围约为距离掌子面的1.5~3.0倍洞径。空间约束作用下原岩应力是随掌子面推进逐步释放,从而形成变形累积增长的直观表象,应力释放系数即为某阶段应力释放量与原岩应力比值,量值介于0~1。随着掌子面逐渐远离,应力释放逐渐增大,当超出掌子面后方影响范围,围岩应力完全释放,应力释放系数达到1。由不同施工阶段的围岩应力释放系数构成整个施工阶段的应力释放曲线,该曲线能够反映隧道整个施工过程的围岩应力释放规律。目前,对于应力释放系数的研究多采用位移释放系数间接反映,位移释放系数的计算一般采用隧道净空位移与无支护状态下最大位移量比值。

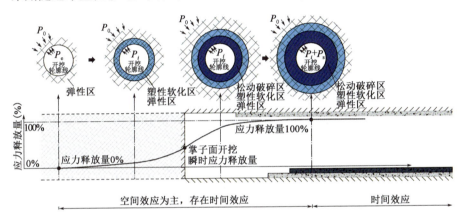

图5-1 隧道应力释放过程中围岩渐进破坏示意图

若定义某断面的围岩应力释放系数为$\lambda_r(t)$,对应断面的虚拟支护力系数$\lambda_p(t)$可以表示为下式:

$$\lambda_p(t) = 1 - \lambda_r(t) \tag{5-1}$$

虚拟支护力$P_i(t)$则可表示为:

$$P_i(t) = \lambda_p(t) \cdot P_0 \tag{5-2}$$

式中:$\lambda_p(t)$——支护力系数;

P_0——原岩初始应力;

$P_i(t)$——虚拟支护力。

围岩应力释放系数、支护力系数、虚拟支护力均是与掌子面距离相关的变量。

通过分析洞周径向位移变化规律,得出应力释放率函数表达式如式(5-3)所示。

$$\lambda_r(t) = \lambda_r(t_0) + \lambda_p(t_0) \cdot \left[1 - e^{\frac{-v(t-t_0)}{R_0}}\right] \quad (t \geq t_0) \quad (5\text{-}3)$$

式中：$\lambda_p(t_0)$——掌子面处的支护力系数；

$\lambda_r(t_0)$——掌子面处应力释放系数；

v——掌子面掘进的平均速度；

t_0——分析断面开挖的瞬时时间；

R_0——隧道断面等效半径。

围岩空间效应表现为一个随时间变化的负指数函数形式，如式(5-4)、式(5-5)所示。

$$\lambda_r(t) = \begin{cases} 1 - \lambda_p(t_0) e^{\frac{-m \cdot v(t-t_0)}{R_0}} & (t \geq t_0) \\ \lambda_r(t_0) e^{\frac{n \cdot v(t-t_0)}{R_0}} & (t \leq t_0) \end{cases} \quad (5\text{-}4)$$

式中：n——掌子面应力释放比，计算公式见式(5-5)。

$$n = \left[\frac{1 - \lambda_r(t_0)}{\lambda_r(t_0)}\right] m \quad (5\text{-}5)$$

式中：m——修正指数，不同岩类取值不同，一般不规则，岩样取0.45。

隧道施工过程中围岩应力释放量的发展规律与掌子面开挖瞬时应力释放量、掘进速度、开挖洞径、围岩性质相关。若假定隧道半径为会富莱隧道等效半径5.94m，掘进速度取1m/d。不同条件下的应力释放曲线如图5-2所示。

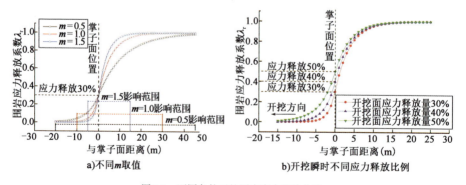

a)不同m取值　　　　b)开挖瞬时不同应力释放比例

图5-2　不同条件下的围岩应力释放曲线

由图 5-2 可以看出，不同 m 取值和开挖瞬时围岩应力释放量及围岩应力释放规律明显不同。m 取值越小，开挖的空间效应影响范围越大；瞬时应力释放比例越高，前方围岩应力释放速率越快。而掌子面开挖瞬时的围岩应力释放比例与围岩性质、地应力状态、开挖方法等多因素密切相关。围岩应力释放系数表达式引入常规系数 m，能够反应不同围岩性状应力释放规律，且能够全面反应掌子面前方影响范围内的应力释放规律。

隧道施工过程地层应力释放是一个渐进过程，而随着应力逐渐释放，围岩应力状态改变，直观表现为洞周围岩位移的渐进发展。因此，软岩隧道大变形问题的直接诱因也必然是地层应力释放造成的围岩应力状态的改变。

5.2 考虑应力释放的隧道松动圈理论解

1）围岩塑性软化及扩容模型

随着弹塑性力学发展，相关学者结合岩石本构关系与数学方法解析获得地下工程的围岩应力状态及变形规律，其中 Fenner 和 Kastner 将岩体考虑为理想弹塑性体，推导出圆孔应力弹塑性解。但由于软弱围岩塑性变形机制具有应变硬化、应变软化、受静水压力影响、体积扩容、弹塑性耦合、拉压应力性能差异等特性，以理想弹塑性假设为前提，推导的弹塑性解不再适用。

(1) 岩体塑性软化模型

岩石全应力—应变曲线能够反应岩石在荷载作用下的变形破坏全过程，大量现场测试和室内试验得出的软岩全应力—应变曲线规律表明，变形破坏过程存在弹性、塑性硬化、塑性软化、塑性流动四个阶段。由于隧道受到施工扰动，围岩长期平衡状态被打破，应力重分布形成次生应力场，不同深度围岩的应力状态也将与岩石全应力—应变曲线的各阶段相对应，据此隧道深层围岩可根据全应力—应变曲线的峰前峰后特征划分为不同区域，现有代表性划分方式包括"弹性—塑性硬化区、塑性软化区、塑性流动区"和"弹性区、塑性硬化区、塑性软化区、塑性流动区"。

图 5-3a) 为隧道围岩区域划分示意图，隧道围岩的三阶段分区假定弹性阶段和塑性硬化阶段线性模型的斜率相同，即围岩塑性硬化过程同样考虑为弹性本构关系，则塑性硬化区应力解与弹性区一致。本书重点分析破碎

区发展规律,为了简化分析过程,将模型设计为三阶段线性关系。值得指出的是,由于隧道不同深度围岩应力环境存在差异,单一岩石全应力—应变曲线并不能完全表述其力学特征,而是由多组围压条件的岩石全应力—应变曲线中"特征点"的连接组成曲线来表达其力学特征。

岩体进入塑性状态后,内部微裂纹逐步发展,表征岩石强度特征的力学参数(如黏聚力c,内摩擦角φ)将随应变发生改变。塑性软化阶段围岩微裂隙数量增多,宽度增大,岩体力学参数开始降低,强度随之迅速衰减;岩体形成贯通裂隙后,参数值也降至最低,岩体变形由裂隙扩展转变为裂隙间的岩块相对错动,此时岩体进入塑性流动阶段。基于岩体大量的抗剪和抗摩擦试验结果,得出岩体应变软化是由于黏聚力c改变,据此本书假定内摩擦角φ不变,通过单位塑性应变的黏聚力变化模拟岩体软化和流动的全过程,如图5-3b)所示。

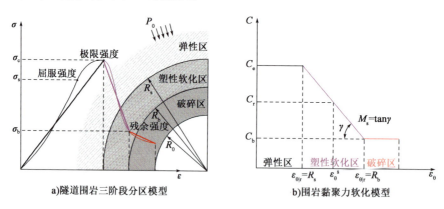

a)隧道围岩三阶段分区模型　　　b)围岩黏聚力软化模型

图5-3　隧道围岩塑性软化力学模型

图5-3b)中,c_e为岩体初始黏聚力;c_b为岩体残余黏聚力;$\varepsilon_{\theta|r=R_s}$为弹性区与塑性软化区交界处岩体切向应变;$\varepsilon_{\theta|r=R_b}$为塑性软化区和破碎区交界位置岩体切向应变;$\varepsilon_\theta^s$为对应塑性软化区$r$位置质点的切向应变;$M_s$为塑性软化模量,$M_s=\tan r$。根据黏聚力和应变的线性关系,可得深部任意位置岩体黏聚力如式(5-6)所示。

$$c_r = \begin{cases} c_e & (r \geq R_s) \\ c_e - M_s(\varepsilon_\theta^s - \varepsilon_{\theta|r=R_s}) & (R_b \leq r \leq R_s) \\ c_b & (r \leq R_b) \end{cases} \quad (5\text{-}6)$$

(2)岩体扩容模型

岩体塑性软化阶段由于裂纹扩张、层间剪切滑移等变形破坏方式引发塑性扩容,体积应变增大。塑性流动阶段岩体变形由岩体裂隙扩张变为岩块间相对错动,因此该阶段岩体不再进一步发生体积扩容,满足不可压缩条件。建立圆形隧道平面应变问题中围岩扩容的各向应变线性关系,如图5-4所示。

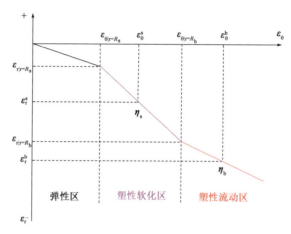

图5-4 围岩线性扩容模型

根据上述模型建立不同变形区域岩体扩容的流动法则,具体如下:

塑性软化区扩容流动法则:

$$\Delta\varepsilon_r^s + \eta_s \Delta\varepsilon_\theta^s = 0 \tag{5-7}$$

破碎区岩体不再发生扩容,塑性应变增量满足式(5-8):

$$\Delta\varepsilon_r^b + \Delta\varepsilon_\theta^b = 0 \tag{5-8}$$

上述式中:$\Delta\varepsilon_r^s$、$\Delta\varepsilon_\theta^s$——塑性软化区岩体的塑性径向应变增量和切向应变增量;

$\Delta\varepsilon_r^b$、$\Delta\varepsilon_\theta^b$——破碎区岩体的塑性径向应变增量和切向应变增量;

η_s——塑性软化区岩体扩容系数。

建立塑性势函数与塑性应变增量的表达关系:

$$d\varepsilon_{ij}^s = d\lambda \frac{\partial g}{\partial \sigma_{ij}} \tag{5-9}$$

式中:$d\varepsilon_{ij}$——塑性应变增量;

$d\lambda$——非负值的比例因子;

σ_{ij}——对应应力；

g——塑性势函数。

取塑性势函数与Mohr-Coulomb屈服准则具有相同表达形式，即可得塑性势函数表达式如下：

$$g(\sigma_\theta, \sigma_r) = \sigma_\theta - N_\psi \sigma_r - cK_\psi \quad (5\text{-}10)$$

式中：$N_\psi = \dfrac{1+\sin\psi}{1-\sin\psi}$；

$K_\psi = \dfrac{2\cos\psi}{1-\sin\psi}$；

ψ——剪胀角。

根据关联流动法则和塑性势函数表达式(5-10)，可得各主应力对应的塑性应变增量表达式满足下式关系：

$$\begin{cases} d\varepsilon_r^s = d\lambda \dfrac{\partial g}{\partial \sigma_r^s} = -d\lambda \cdot N_\psi \\ d\varepsilon_\theta^s = d\lambda \dfrac{\partial g}{\partial \sigma_\theta^s} = d\lambda \end{cases} \quad (5\text{-}11)$$

建立塑性软化区的径向塑性应变增量与切向塑性应变增量比值关系，即可确定塑性软化区扩容系数η_s与N_ψ相等，而当剪胀角ψ与内摩擦角φ相近时，可直接由内摩擦角φ计算得出η_s。

2）隧道非圆形与圆形断面的等代替换

目前，多数隧道解析理论都是基于圆形隧道断面形式，为了将圆形隧道解析解应用于非圆形隧道断面，相关学者提出了通过面积等代和力学等代的非圆形隧道截面等代圆换算方法，如图5-5所示。

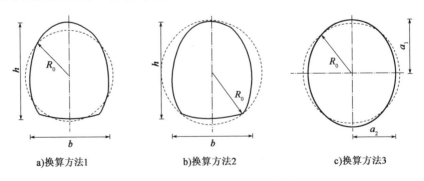

图5-5 非圆形隧道等效半径计算示意

换算方法1:以隧道开挖断面高度h和跨度b之和的四分之一作为圆形等效半径,可按式(5-12)计算。

$$R_0 = \frac{h+b}{4} \tag{5-12}$$

换算方法2:以隧道开挖断面的外接圆作为圆形等效半径,可按式(5-13)计算。

$$R_0 = \frac{\sqrt{h^2 + \left(\frac{2}{b}\right)^2}}{2\cos[\arctan(b/2h)]} \tag{5-13}$$

换算方法3:以隧道开挖断面的最大半径a_1与最小半径a_2之和的二分之一作为圆形等效半径,可按式(5-14)计算。

$$R_0 = \frac{a_1 + a_2}{2} \tag{5-14}$$

近圆形隧道断面可以采用开挖跨度或高度作为等效圆形的计算半径,而当隧道断面与圆形相差较大时,可将隧道开挖断面的最小外接圆半径作为等效半径。由于中老铁路隧道断面形式以单线"马蹄形"为主,本文考虑采用换算方法2进行隧道等效半径计算。

3)考虑应力释放的圆形隧道松动圈解析解

软岩隧道施工过程中因受到开挖卸荷和岩体力学特性的影响,内部岩体逐步由完整向裂化破碎发展,并形成不同的应力状态区域,力学模型如图5-3所示。本节基于前人相关研究成果,考虑应力释放的虚拟支护力,假定围岩按三阶段分区,对隧道开挖卸荷过程中的松动破碎围岩范围及分布规律进行分析。

假定隧道开挖轮廓为圆形,纵向长度无限长,埋深不小于隧道半径20倍,围岩为均质、连续的各向同性体,地层应力处于各向等压的静水压力状态。基于上述假定,力学模型可简化为轴对称平面应变圆孔问题,力学方程如下:

平衡方程:

$$\frac{d\sigma_r}{r} + \frac{\sigma_r + \sigma_\theta}{r} = 0 \tag{5-15}$$

几何方程:

$$\begin{cases} \varepsilon_r = \dfrac{du}{dr} \\ \varepsilon_\theta = \dfrac{u}{r} \end{cases} \quad (5\text{-}16)$$

弹性本构方程:

$$\begin{cases} \varepsilon_r = \dfrac{1-\nu^2}{E}\left(\sigma_r - \dfrac{\nu}{1-\nu}\sigma_\theta\right) \\ \varepsilon_\theta = \dfrac{1-\nu^2}{E}\left(\sigma_\theta - \dfrac{\nu}{1-\nu}\sigma_r\right) \end{cases} \quad (5\text{-}17)$$

围岩塑性变形破坏满足 Mohr-Coulomb 屈服准则,即可表示为:

$$\sigma_\theta - \sigma_r N_\phi - c_r K_\phi = 0 \quad (5\text{-}18)$$

上述式中:σ_r、σ_θ——径向应力和切向应力;

ε_r、ε_θ——对应质点的径向应变和切向应变;

u——对应质点的径向位移;

ν——岩体的泊松比;

E——弹性模量;

c_r——对应质点岩体的黏聚力。

根据 Mohr-Coulomb 屈服准则,N_φ 和 K_φ 分别按式(5-19)、式(5-20)计算。

$$N_\varphi = \dfrac{1+\sin\varphi}{1-\sin\varphi} \quad (5\text{-}19)$$

$$K_\varphi = \dfrac{2\cos\varphi}{1-\sin\varphi} \quad (5\text{-}20)$$

(1)弹性区应力应变解析解

弹性区围岩需同时满足上述平衡方程式(5-15)、几何方程(5-16)、弹性本构方程式(5-17),联立方程组可求得弹性区应力通解,代入弹性区应力的边界条件 $r=R_s,\sigma_r=\sigma_{R_s};r\to\infty,\sigma_r=\sigma_\theta=P_0$,得出弹性区应力分布表达式如式(5-21)所示:

$$\begin{cases} \sigma_r^e = P_0\left(1 - \dfrac{R_s^2}{r^2}\right) + \sigma_{R_s}\dfrac{R_s^2}{r^2} \\ \sigma_\theta^e = P_0\left(1 + \dfrac{R_s^2}{r^2}\right) - \sigma_{R_s}\dfrac{R_s^2}{r^2} \end{cases} \tag{5-21}$$

式中：σ_{R_s}——弹性区与塑性软化区交界处的径向应力，将 Mohr-Coulomb 屈服准则式(5-18)和弹性阶段黏聚力，代入弹性区应力分布表达式(5-21)，可得式(5-22)。

$$\sigma_{R_s} = \dfrac{2P_0 - c_e K_\phi}{N_\phi + 1} \tag{5-22}$$

联立应力分布表达式(5-21)、弹性本构方程式(5-17)、几何方程式(5-16)，得出弹性区围岩的应变表达式，如式(5-23)所示。

$$\begin{cases} \varepsilon_r^e = \dfrac{1+v}{E}\left[(1-2v)P_0 - \left(P_0 - \sigma_{R_s}\right)\left(\dfrac{R_s}{r}\right)^2\right] \\ \varepsilon_\theta^e = \dfrac{1+v}{E}\left[(1-2v)P_0 + \left(P_0 - \sigma_{R_s}\right)\left(\dfrac{R_s}{r}\right)^2\right] \end{cases} \tag{5-23}$$

式(5-23)所得的围岩应变表达式中，前一部分与质点位置 r 无关，表示因初始地应力作用产生的围岩应变，而隧道开挖需研究分析次生应力场产生的应变增量，因此进一步简化得弹性区围岩应变及位移增量表达式，如式(5-24)所示。

$$\begin{cases} \varepsilon_r^e = -\dfrac{1+v}{E}\left(P_0 - \sigma_{R_s}\right)\left(\dfrac{R_s}{r}\right)^2 \\ \varepsilon_\theta^e = \dfrac{1+v}{E}\left(P_0 - \sigma_{R_s}\right)\left(\dfrac{R_s}{r}\right)^2 \\ u_e = \dfrac{1+v}{E}\left(P_c - \sigma_{r|r=R_h}\right)\dfrac{R_s^2}{r} \end{cases} \tag{5-24}$$

当隧道开挖仅存在弹性区时，上述应力应变表达式中 R_s 应等于隧道半径 R_0，内边界径向应力 σ_r 应等于支护反力 P_i，代入上式可得仅存在弹性区时的应力表达式，如式(5-25)所示。

$$\begin{cases} \sigma_r^e = P_0\left(1 - \dfrac{R_0^2}{r^2}\right) + P_i \dfrac{R_0^2}{r^2} \\ \sigma_\theta^e = P_0\left(1 + \dfrac{R_0^2}{r^2}\right) - P_i \dfrac{R_0^2}{r^2} \end{cases} \quad (5\text{-}25)$$

应变及位移表达式如式(5-26)所示。

$$\begin{cases} \varepsilon_r^e = -\dfrac{1+v}{E}(P_0 - P_i)\left(\dfrac{R_0}{r}\right)^2 \\ \varepsilon_\theta^e = \dfrac{1+v}{E}(P_0 - P_i)\left(\dfrac{R_0}{r}\right)^2 \\ u_e = \dfrac{1+v}{E}(P_0 - P_i)\dfrac{R_0^2}{r} \end{cases} \quad (5\text{-}26)$$

(2)塑性软化区应力应变解析解

塑性软化区质点位置满足 $R_b \leqslant r \leqslant R_s$,围岩应力满足 Mohr-Coulomb 屈服准则[式(5-18)]和平衡微分方程[式(5-15)]。整理可得通过径向应力表示的塑性软化区应力微分方程,如式(5-27)所示。

$$\dfrac{d\sigma_r^s}{dr} + \dfrac{(1-N_\phi)\sigma_r^s}{r} - \dfrac{c_r K_\phi}{r} = 0 \quad (5\text{-}27)$$

进一步可得:

$$c_r = c_e - M_s\left(\varepsilon_\theta^s - \varepsilon_{\theta|r=R_s}\right) \quad (5\text{-}28)$$

可以看出,c_r 与塑性软化区应变相关,因此需先获得应变表达式,进而求解应力表达式。

塑性软化区总应变应由弹性极限应变和塑性应变增量组成,如式(5-29)所示。

$$\begin{cases} \varepsilon_r^s = \varepsilon_{r|r=R_s} + \Delta\varepsilon_r^s \\ \varepsilon_\theta^s = \varepsilon_{\theta|r=R_s} + \Delta\varepsilon_\theta^s \end{cases} \quad (5\text{-}29)$$

根据塑性软化区扩容流动法则[式(5-7)],可得:

$$\varepsilon_r^s + \eta_s \varepsilon_\theta^s = \varepsilon_{r|r=R_s} + \eta_s \varepsilon_{\theta|r=R_s} \quad (5\text{-}30)$$

将式(5-30)代入弹性区应变表达式(5-25),令 $A = \dfrac{(1+v)\left(P_0 - \sigma_{R_s}\right)}{E}$,得出式(5-31):

$$\varepsilon_r^s + \eta_s \varepsilon_\theta^s = A(\eta_s - 1) \tag{5-31}$$

将式(5-31)代入几何方程(5-16),得到塑性软化区的位移微分方程。根据边界条件 $r = R_s$ 时的位移,求解可得塑性软化区位移表达式如下:

$$u_s = Ar\left[\frac{\eta_s - 1}{\eta_s + 1} + \frac{2}{\eta_s + 1}\left(\frac{R_s}{r}\right)^{1+\eta_h}\right] \tag{5-32}$$

根据几何方程式(5-16)与式(5-32)得出塑性软化区应变表达式如下:

$$\begin{cases} \varepsilon_r^s = A\left[\dfrac{\eta_s - 1}{\eta_s + 1} - \dfrac{2\eta_s}{\eta_s + 1}\left(\dfrac{R_s}{r}\right)^{1+\eta_s}\right] \\ \varepsilon_\theta^s = A\left[\dfrac{\eta_s - 1}{\eta_s + 1} + \dfrac{2}{\eta_s + 1}\left(\dfrac{R_s}{r}\right)^{1+\eta_s}\right] \\ u_s = Ar\left[\dfrac{\eta_s - 1}{\eta_s + 1} + \dfrac{2}{\eta_s + 1}\left(\dfrac{R_s}{r}\right)^{1+\eta_s}\right] \end{cases} \tag{5-33}$$

将式(5-33)中切向应变表达式,代入式(5-6)可得塑性软化区岩体黏聚力表达式如下:

$$c_r^s = c_e - \frac{2AM_s}{\eta_s + 1}\left[\left(\frac{R_s}{r}\right)^{1+\eta_s} - 1\right] \tag{5-34}$$

将上式代入应力微分方程式(5-27),可得关于自变量 r 的塑性软化区径向应力常微分方程:

$$\frac{d\sigma_r^s}{dr} + \frac{(1 - N_\phi)\sigma_r^s}{r} = \left\{c_e - \frac{2AM_s}{\eta_s + 1}\left[\left(\frac{R_s}{r}\right)^{1+\eta_s} - 1\right]\right\}\frac{K_\phi}{r} \tag{5-35}$$

求解上述微分方程式(5-35),代入边界条件 $r = R_s, \sigma_r^e = \sigma_r^s = \sigma_{R_s}$,可得塑性软化区应力表达式如下:

$$\sigma_r^s = \frac{2AM_sK_\varphi}{\eta_s + 1}\left[\frac{1}{\eta_s + N_\varphi}\left(\frac{R_s}{r}\right)^{1+\eta_s} - \frac{1}{N-1}\right] - \frac{c_eK_\varphi}{N-1} + C_1\left(\frac{r}{R_s}\right)^{N_\varphi - 1} \tag{5-36}$$

$$\sigma_\theta^s = N_\varphi \sigma_r^s + \left\{c_e - \frac{2AM_s}{\eta_s + 1}\left[\left(\frac{R_s}{r}\right)^{1+\eta_s} - 1\right]\right\}K_\varphi \tag{5-37}$$

$$C_1 = \frac{2}{N+1}\left[P_0 + \frac{c_e K_\varphi}{N_\varphi - 1} + \frac{AM_s K_\varphi(N_\varphi + 1)}{(\eta_1 + 1)(N_\varphi - 1)}\right]R_s^{1-N_\varphi} \qquad (5\text{-}38)$$

(3)破碎区应力应变解析解

岩体应力降至残余强度后，围岩进入塑性流动阶段，形成松动破碎区，应变由塑性软化区与破碎区交界处总应变和塑性应变增量组成，即：

$$\begin{cases} \varepsilon_r^b = \varepsilon_{r|r=R_b} + \Delta\varepsilon_r^b \\ \varepsilon_\theta^b = \varepsilon_{\theta|r=R_b} + \Delta\varepsilon_\theta^b \end{cases} \qquad (5\text{-}39)$$

根据破碎区扩容流动法则式(5-8)，可得：

$$\varepsilon_r^b + \varepsilon_\theta^b = \varepsilon_{r|r=R_b} + \varepsilon_{\theta|r=R_b} \qquad (5\text{-}40)$$

将式(5-40)代入塑性软化区应变表达式(5-33)和几何方程式(5-16)，进一步简化可得关于位移的微分方程：

$$\frac{du}{dr} + \frac{u}{r} = 2A\left[\frac{(\eta_s - 1)}{(\eta_s + 1)} - \frac{(\eta_s - 1)}{(\eta_s + 1)}\left(\frac{R_s}{R_b}\right)^{1+\eta_s}\right] \qquad (5\text{-}41)$$

代入边界条件 $r = R_b$，求解上述微分方程[式(5-41)]，可得到破碎区位移表达式。具体如下：

$$\begin{cases} \varepsilon_r^b = A\dfrac{\eta_s - 1}{\eta_s + 1}\left[1 - \left(\dfrac{R_s}{R_b}\right)^{1+\eta_s}\right] - A\left(\dfrac{R_b}{r}\right)^2\left(\dfrac{R_s}{R_b}\right)^{1+\eta_s} \\ \varepsilon_\theta^b = A\dfrac{\eta_s - 1}{\eta_s + 1}\left[1 - \left(\dfrac{R_s}{R_b}\right)^{1+\eta_s}\right] + A\left(\dfrac{R_b}{r}\right)^2\left(\dfrac{R_s}{R_b}\right)^{1+\eta_s} \\ u_b = Ar\dfrac{\eta_s - 1}{\eta_s + 1}\left[1 - \left(\dfrac{R_s}{R_b}\right)^{1+\eta_s}\right] + \dfrac{AR_b^2}{r}\left(\dfrac{R_s}{R_b}\right)^{1+\eta_s} \end{cases} \qquad (5\text{-}42)$$

破碎区围岩应力状态应满足Mohr-Coulomb屈服准则[式(5-18)]和应力平衡微分方程[式(5-15)]。整理可得塑性软化区径向应力表示的微分方程如下：

$$\frac{d\sigma_r^b}{dr} + \frac{(1-N_\varphi)\sigma_r^b}{r} - \frac{c_b K_\varphi}{r} = 0 \qquad (5\text{-}43)$$

求解上述微分方程，并代入边界条件 $r = R_b, \sigma_r^s = \sigma_r^b = \sigma_{R_b}$，可得破碎区应力表达式如下：

$$\sigma_r^b = \frac{c_b K_\varphi}{1-N} + C_2\left(\frac{r}{R_b}\right)^{N_\varphi - 1} \qquad (5\text{-}44)$$

$$\sigma_\theta^b = N_\phi \sigma_r^b + c_b K_\phi \tag{5-45}$$

其中：

$$C_2 = \left[\frac{2P_0}{(N_\varphi+1)} + \frac{2c_e K_\varphi}{(N_\varphi-1)(N_\varphi+1)} + \frac{2AK_\varphi M_s}{(\eta_s+N_\varphi)(N_\varphi-1)}\right]\left(\frac{R_b}{R_s}\right)^{N_\varphi-1} -$$

$$\frac{2AM_s K_\varphi + (1+\eta_s)(c_e K_\varphi - c_b K_\varphi)}{(N_\varphi-1)(\eta_1+N_\varphi)} \tag{5-46}$$

(4) 围岩松动圈厚度解析解

围岩处于 $r = R_b$ 位置时，围岩黏聚力应满足下式：

$$c_b = c_e - M_s\left(\varepsilon_{\theta|r=R_b} - \varepsilon_{\theta|r=R_s}\right) \tag{5-47}$$

由式(5-47)和式(5-33)中的切向应变表达式，可得塑性软化区半径与松动破碎区半径关系式如下：

$$\frac{R_s}{R_b} = \left[\frac{(c_e - c_b)(\eta_s + 1)}{2M_s A} + 1\right]^{\frac{1}{1+\eta_s}} \tag{5-48}$$

代入边界条件 $r = R_0, \sigma_r = [1 - \lambda_r(t)]P$，可得弹塑性解的松动圈厚度 L_b 表达式，$\lambda_r(t)$ 是隧道开挖过程的应力释放系数，是一个与时间相关的函数，详见公式(5-4)。

$$L_b = R_0\left\{\left\{\frac{[1-\lambda_r(t)]P_0 + c_b K_\varphi}{(N_\varphi-1)C_2}\right\}^{\frac{1}{1-N_\varphi}} - 1\right\} \tag{5-49}$$

5.3 考虑应力释放的隧道变形力学机制分析

根据推导的考虑应变软化和应力释放的圆形隧道应力、位移和松动圈解析表达式，代入会富莱隧道炭质板岩相关参数，计算分析隧道开挖过程的应力和位移的发展规律。通过单因素分析方法，研究不同参数对隧道施工过程松动圈厚度的影响。具体参数取值如下：$R_0=5.94$m，$v=1$m/d，$m=1.58$，$P_0=12.44$MPa，$E=4$GPa，$v=0.35$，$\varphi=30°$，$c_e=1.5$MPa，$c_b=0.5$MPa，$\eta_s=1.2$，$M_s=0.5E$，计算过程不考虑支护结构提供的支护反力。

1)围岩应力及位移发展规律分析

图5-6为特定时刻的围岩应力及位移随围岩深度变化情况。

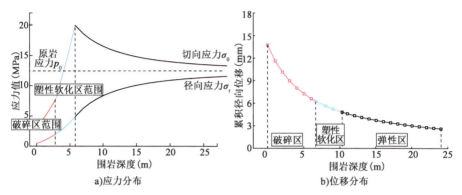

图5-6 围岩应力及位移随深度分布规律

由图5-6可以看出,浅层围岩发生松动破碎,进入塑性流动阶段,该阶段围岩裂隙完全张开,变形主要为岩块间的相互错动,且位移量较大,范围较广;随着深度向岩体内部扩展,围岩进入塑性软化阶段,径向应力与切向应力的差达到最大,围岩承受高应力作用,是隧道围岩自身承载的主要区域,也是实现围岩自稳的关键,该部分变形主要由内部微裂隙的发展导致;深部围岩处于弹性应力状态,变形主要以弹性变形为主,且随围岩深度增加,围岩应力逐渐趋于原岩应力。

图5-7为隧道特定断面施工3d、9d、15d、21d的围岩应力和位移分布曲线。可以看出,由于空间约束作用影响,围岩应力状态并非瞬时形成,而是随时间推移不断调整的过程,内部围岩逐步进入松动破碎状态,高应力承载区被迫向深层转移,形成向内部渐进破坏的发展规律,松动破碎围岩范围逐渐增大,最终形成大范围松动圈。由不同时段的累积径向位移可以看出,围岩由浅至深累积变形量逐渐降低,松动破碎区内围岩变形速率和累积变形量均明显高于其他范围,说明松动破碎状态下围岩变形累积是隧道大变形的主要来源。

2)围岩松动圈的不同因素影响分析

(1)初始地应力影响分析

图5-8为不同初始地应力场P_0对应的围岩松动圈厚度发展时程关系曲线,图5-9所示分别为初始地应力与松动圈出现时间和稳定阶段厚度的关系曲线。

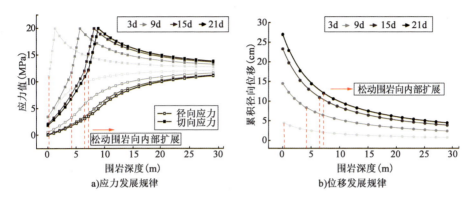

图 5-7 围岩应力及位移随施工步发展规律

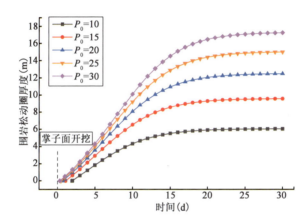

图 5-8 不同初始地应力的围岩松动圈发展时程曲线

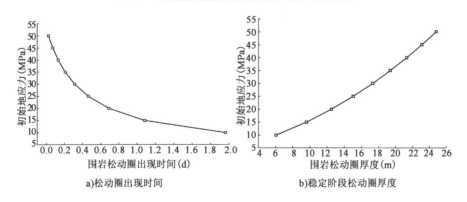

a)松动圈出现时间　　　　　　　　　b)稳定阶段松动圈厚度

图 5-9 初始地应力对围岩松动圈的影响规律

围岩的松动范围是随时间推移逐步向内部扩展的过程,与会富莱隧道现场测试的松动圈变化规律基本一致,验证了隧道渐进破坏的典型特征。对比不同初始地应力松动圈扩展规律发现,随着初始地应力增大,松动圈出现时间提前,扩展速率增快,达到稳定阶段所需时间更久,稳定后形成的松动圈厚度显著增大。

(2)开挖瞬时围岩应力释放系数影响分析

考虑单因素分析,仅改变隧道开挖瞬时围岩应力释放系数 $\lambda_r(0)$,获得围岩松动圈发展时程曲线如图5-10所示。图5-11为不同初始地应力情况下,开挖瞬时围岩形成松动圈所需的瞬时应力释放系数。

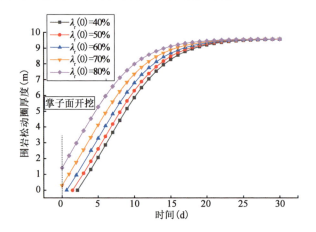

图5-10 不同开挖瞬时应力释放系数的围岩松动圈发展时程曲线

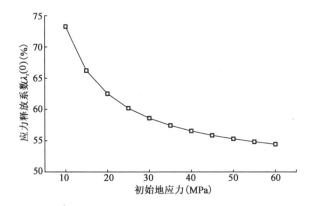

图5-11 开挖瞬时围岩形成松动圈所需应力释放系数与初始地应力关系

由图5-10和图5-11可知,隧道开挖瞬时的围岩应力释放系数$\lambda_r(0)$对松动圈出现时间影响显著,但对稳定阶段的松动圈厚度并无影响。当围岩应力释放系数越大,松动圈出现时间越早,若开挖瞬时围岩应力释放达到一定程度时,开挖瞬时即已形成大范围松动圈。对于复杂构造环境的高地应力隧道而言,开挖瞬时释放比例较高,应力释放量往往较大,浅层围岩在开挖瞬时即已进入松动破碎状态。

(3)软化模量影响分析

软化模量是反应围岩由峰值强度向残余强度转变的定量指标,软化模量越大,岩石峰后应力-应变曲线斜率越大,围岩进入松动破碎状态越快。为分析软化系数对松动圈的影响规律,引入软化系数M_s/E。通过控制弹性模量E不变,改变围岩软化模量,获得不同软化模量的松动圈发展时程曲线如图5-12所示。图5-13为软化模量与松动圈出现时间关系曲线及软化模量与稳定阶段松动圈厚度关系曲线。

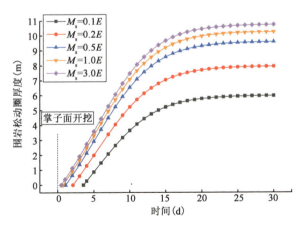

图5-12　不同软化模量的围岩松动圈发展时程曲线

由图5-12和图5-13可以看出,随软化模量增大,松动圈出现时间将提前,稳定阶段的松动圈范围也将增大,当软化模量增至一定程度时,影响将显著减弱。出现该情况是因为软化模量越大,岩体越接近脆性材料,隧道松动圈越大且出现时间越早,稳定性越差;软化模量越低,越接近理想弹塑性体,隧道松动圈越小且出现时间越晚,稳定性越好。因此,可以通过降低围岩软化模量,来实现对大变形量的控制。

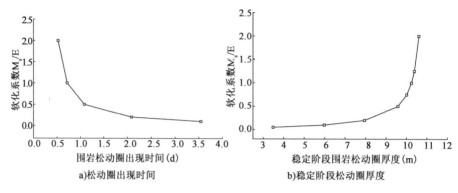

a) 松动圈出现时间

b) 稳定阶段松动圈厚度

图 5-13　软化模量对松动圈影响规律分析图

(4) 黏聚力及内摩擦角影响分析

通过单因素分析研究初始黏聚力 c_e 和内摩擦角 φ 的变化对松动圈出现时间及稳定阶段松动圈厚度的影响规律。

① 黏聚力影响分析

定义残余黏聚力 c_b 与初始黏聚力 c_e 比值 k，$0<k<1$。控制其他参数不变，改变初始黏聚力 c_e，获得不同 k 值与松动圈出现时间及稳定阶段厚度的关系曲线如图 5-14 所示。

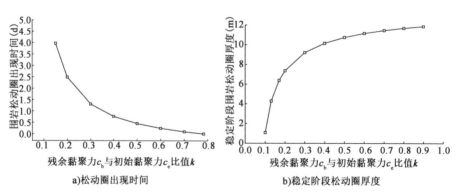

a) 松动圈出现时间

b) 稳定阶段松动圈厚度

图 5-14　初始黏聚力对松动圈的影响规律

初始黏聚力越高，k 值越低，松动圈出现时间越晚，稳定阶段的松动圈厚度也越小。相反，初始黏聚力降低，k 值增大，松动圈出现时间提前，稳定阶段松动圈厚度增大。可以看出，软岩由于岩体自身初始黏聚力较低，隧道开挖瞬时或极短时间内更容易发生松动破坏，形成松动圈，变形在早期便快速发展。

②内摩擦角影响分析

控制其他参数不变,改变内摩擦角φ,获得不同内摩擦角与松动圈出现时间及稳定阶段厚度的关系曲线如图5-15所示。

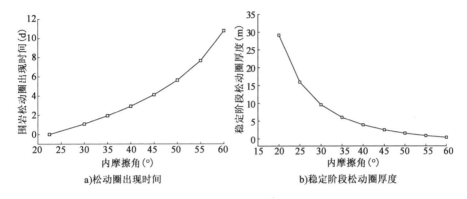

a)松动圈出现时间　　b)稳定阶段松动圈厚度

图5-15　内摩擦角对松动圈的影响规律

根据图5-15可知,随着内摩擦角φ的增大,松动圈出现时间会相对延后,且松动圈范围会减小。岩体内摩擦角φ越小,松动圈出现时间会越早,稳定阶段的厚度也会越大。

对于软岩隧道,围岩初始黏聚力和内摩擦角较低,在缝合带高构造应力作用下形成松动圈的时间早、厚度大,一般隧道开挖瞬时或开挖后极短时间内便发生松动破坏,同时快速向内部扩展,产生大变形现象。该种情况下,仅采用支护钢架被动约束变形的方法将难以满足变形控制的要求,而通过提升围岩黏聚力和内摩擦角,增强围岩自身强度和抵抗变形能力,发挥主动控制围岩的能力,限制松动圈的发展,是一种合理的控制理念。

3)缝合带软岩隧道围岩渐进式破坏机制分析

缝合带隧道处于高构造应力场环境,开挖卸荷过程应力释放逐步完成,围岩由高围压应力状态向低围压应力状态转变,而由于软岩强度低的特征,快速进入峰后应变软化状态,随之形成松动破碎区。该现象随着应力释放不断累加,松动破碎区也由浅层围岩逐渐向深层围岩扩展,形成围岩渐进破坏的发展过程。此外,由于缝合带内水平构造应力突显,以及单线铁路隧道"瘦高形"断面形式的影响,洞周围岩松动圈发生非均匀扩展,高应力集中区形成薄弱环节并发生局部的内鼓变形。

(1)围岩强度劣化效应

根据图5-7a)的圆形隧道平面应变弹塑性解的应力分布规律可以看出,随着围岩与洞壁距离增大,径向应力逐渐增大并趋近于原岩应力,切向应力则表现为先增大再降低后趋近于原岩应力,隧道不同深度围岩将处于不同围压下的应力状态,同时产生应力差。低围压状态下围岩屈服极限降低,当应力超出围岩极限强度时,沿弱结构面发生剪切破坏,如图5-16所示。

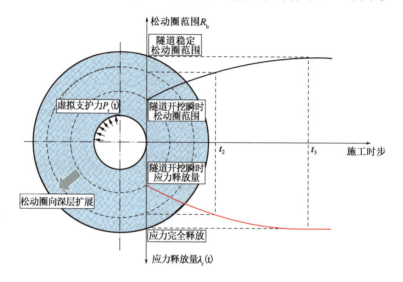

图5-16 围岩松动圈渐进破坏示意图

围岩发生剪切破坏伴随强度劣化,形成松动围岩,在应力作用下原生裂隙张开,新生裂隙形成,伴随剪胀扩容发生,体积应变增大。随着围岩破裂面的扩展与增加,形成碎裂块体结构,而围岩自身裂隙的相对滑移导致碎裂块体的结构面间发生几何错动,产生碎胀扩容,不均匀堆积后变形再次增大。

高构造应力复杂环境中,隧道开挖瞬时应力释放造成浅层围岩强度劣化,形成瞬时大范围松动圈,劣化围岩剪胀和碎胀变形快速发展,导致隧道初始变形速率高。随着应力进一步释放,围岩松动圈向内部扩展,内部围岩劣化后剪胀和碎胀变形进一步叠加,隧道变形进一步增大,最终引发隧道大变形问题,如图5-16所示。

(2)构造应力作用影响

地应力是围岩形变作用力的直接来源,缝合带邻近地块间相互运动传递构造应力,并在历史板块运动中形成残留应力,构造了侧压力系数大于1的非等压应力场,导致隧道围岩应力和变形分布规律的改变。相关学者通过复变函数和摄动理论等解析方法求解并获得圆形隧道双向不等压状态下的塑性区变化规律,随着大水平主应力侧压力系数 λ_H 增大,隧道塑性区由圆形逐渐向椭圆形转变,并沿拱顶和底板部位的竖向塑性区扩大。当考虑随水平向大主应力与隧道轴线夹角时,随着夹角减小,围岩水平向塑性区将逐渐扩大,且扩大程度会受水平向小主应力影响,水平向小主应力越小,扩大程度越显著,如图5-17所示。

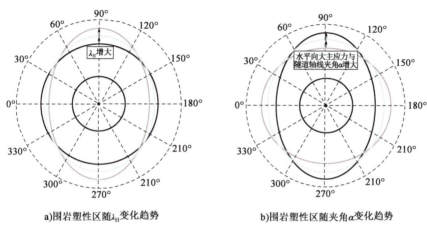

a) 围岩塑性区随 λ_H 变化趋势 b) 围岩塑性区随夹角 α 变化趋势

图5-17 构造应力对隧道围岩塑性区影响规律

对于会富莱隧道穿越琅勃拉邦缝合带的高构造应力环境而言,应力释放过程中松动围岩的剪胀和碎胀扩容现象是由应力方向、剪切面和结构面共同决定。而缝合带水平向高构造应力作用下,隧道侧墙围岩第一时间沿弱结构面发生剪切滑移,局部范围产生高程度挤出变形。随着变形持续发展,支护衔接等薄弱环节率先失效,最终导致整体支护失效,产生侧向挤压为主的大变形特征。

5.4 隧道围岩松动圈测试

1) 声波法松动圈测试原理

声波在岩土介质和结构物中的传播参数(声时值、声速等)与岩土介质和结构物的物理力学指标(动态弹模、密度、强度等)之间的关系是声波测试法的理论依据。声波波速因岩体中裂隙发育密度的降低、声阻抗的增大而降低;相反,如果岩体完整性较好、受作用力(应力)较大、密度也较大,那么声波的传播速度也较大。因此,采用声波测试仪器测出距围岩表面不同深度的岩体波速值,作出深度和波速关系曲线,然后再根据有关地质资料可推断出被测试巷道的围岩松动圈范围。

目前,超声波测试围岩松动圈主要有单孔测试法、双孔测试法两种成熟的方法。

(1)单孔测试法

单孔测试法是先在断面上确定测试点,再在测试点处用凿岩机打孔,孔的深度根据现场实际情况确定。然后将圆管状声波探头置入钻孔,孔内注满水,使探头和孔壁有良好的声耦合,孔口装有堵水器,逐点测试,直到各点测试完毕。实测中常常采用一发双收的装置测试,如图5-18所示。

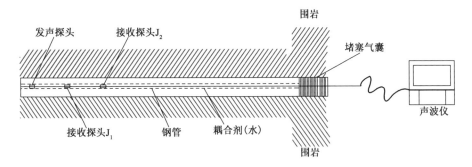

图5-18 一发双收单孔测试法示意图

发射探头在钻孔中发射声波,在孔壁周围产生滑行波沿着钻孔壁传播。当首波传播到接收探头J_1时,将声波转换成电能,使控制器翻转,计数门开启,计数器开始计数t_1。当滑行波继续传播到接收探头J_2时,控制器翻转回来,将计数门关闭t_2,计数器停止计数,显示出声波在J_1与J_2间岩体中传播的时间读数t,用式(5-50)计算声波波速V。

$$V = L/(t_1 - t_2) \tag{5-50}$$

式中:L——接收探头J_1、J_2之间的距离(m);

t_1、t_2——声波从发声探头发出沿孔壁岩体传播到接收探头J_1、J_2所用时间(s)。

采用单孔法测试,钻孔工作量较少,测试技术成熟可靠,原理简单,测试结果准确,仪器便宜且可以重复使用。但在测试中,经常要提供风和水管,工作量较大。采用水作为声波探头与岩石孔壁的耦合媒介,对水的流量、压力和水质要求较高,实际操作有一定困难。

(2)双孔测试法

双孔测试法就是在距开采工作面不同距离处选出几个有代表性的巷道位置,布置上若干组钻孔,每组两个钻孔,两孔保持平行。然后将两只圆管声波探头(分别为发射探头和接收探头)分别置于两个钻孔中,孔内注满水使探头与孔壁有良好的声耦合。在每点测试时应使两只探头同步沿孔轴移动,以保证两个探头始终处在同一孔深的位置上。其他要求和过程与单孔测试法基本一致,测试示意图如图5-19所示。

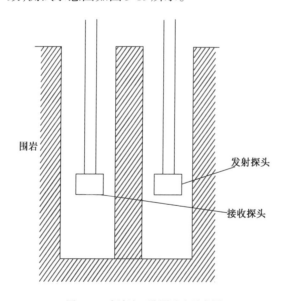

图5-19 声波法双孔测试法示意图

双孔法测试,两个探头的平行度较难把握,探头移动同步性难以做到,造成测试误差大的概率高,同时要求孔数多,增加了成本,因此一般较少采用。

因此,单孔法测试是当前声波法测试围岩松动圈范围最常用的方法。20世纪70年代末,长春煤炭研究所开发的"超声波围岩裂隙探测仪",使声波法得到了广泛的使用,成为一种简便实用的围岩松动圈的测试方法。1983年,中国矿业大学松动圈支护研究所根据超声波测井原理,研制出了煤矿本质安全型BA-II型松动圈测试仪。进入21世纪,武汉岩土所研制的RSM-RCT(B)声波检测仪,可快速测得岩体纵波波速,适用于单孔测试法围岩松动圈的测定。

松动圈的范围随岩体的地质构造和物理力学性质、隧洞的位置和断面形状,以及施工方法等不同而异。理论和实践证明,声波波速和振幅随岩体裂隙增多、破碎程度增加和应力降低而减小。反之,岩体完整、应力集中、声速和振幅就增大。因此,可以通过岩体中的声速和振幅变化曲线,就能确定出松动圈的范围。

声波测试装置选用由中国科学院武汉岩土力学研究所研制的RSM-RCT(B)型声波测井仪,该设备由声波检测仪、一发双收单孔换能器、探头推送杆、电缆、堵水橡胶塞等组成,如图5-20所示。测试过程通过声波仪振荡器产生的高压电脉冲信号施加在发射换能器上,发射换能器受到激发产生瞬态的振动信号,该振动信号经发射换能器与岩体之间的耦合后在岩体介质中传播,从而携带岩体内部信息到达接收换能器,接收换能器把接收到的振动信号再转变成电信号传给声波仪,经声波仪放大处理后,显示出超声波穿过岩体的声时、波速等参数信息,如图5-21所示。

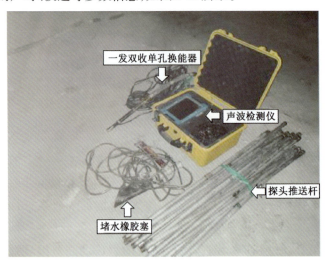

图5-20 松动圈测试装置

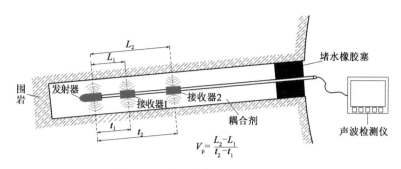

图 5-21 一发双收声波测试工作原理

L_1、L_2-发射器到接收器的长度;t_1、t_2-信号由发射器到接收器的时间;V_p-声速

由于声波波速随着围岩完整性提升而逐渐增大,且稳定状态下波速不再发生大幅度波动。因此,本文松动圈判定测试过程中以围岩波速起伏变化较大部位的终点作为松动圈的临界深度。

2)多点位移计松动圈测试原理

多点位移计法的测试原理:当被测结构物发生变形时,将会通过多点位移计的锚头带动测杆,测杆拉动位移计产生变形,变形传递给振弦式位移计转变成振弦应力的变化,从而改变振弦的振动频率。电磁线圈激振振弦并测量其振动频率,频率信号经电缆传输至读数装置。通过所得数据,即可计算出被测结构物的变形量,并绘制时间位移曲线。位移量随时间发生突变的测点表明,该点处围岩变形急剧,通过分析测量数据,可以判断围岩的位移状况,找出位移量突变的分界点,从而判断松动圈范围。

多点位移计法测试直观,数据准确可靠,但是仪器埋设费用较高,需要进行长时间的监测以及大量数据的分析工作。现场采用钢弦式多点位移计,设备构成主要由锚头、测杆接头、测杆、护管接头、定位盘、位移计、基座、电缆等组成。测试过程中,固定测点锚头发生位移后会带动测杆,测杆连接位移计,位移计内电磁线圈振弦频率发生改变,改变后的频率信号经电缆传输至采集设备,即可得到不同测点的变形量,多点位移计测试装置如图 5-22 所示。

3)地质雷达法松动圈测试原理

地质雷达法是一种新型非破损探测技术,是通过仪器从外表面发射高频电磁脉冲波,利用其在介质内部界面上的反射波来探测裂缝的位置。地质雷达采用了高频、宽频带短脉冲及高频采样技术,其分辨率较高。地质雷达利用仪器发射的脉冲波,检测测定隧道内部围岩的反射波状况。利用反射波图谱来进行破碎区域的划分,从而进行松动圈范围的界定。地质雷达作为一种新型的无损检测方法,具有精度和分辨率高、测试速度快、操作方法简单等优点,但是仪器成本较高,制约了地质雷达在围岩松动圈测试中的大规模使用。

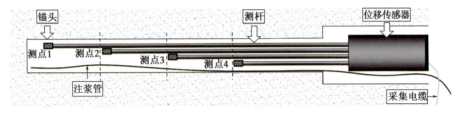

图 5-22 多点位移计测试装置

目前,隧道围岩松动圈的测试方法较多,不同方法的测试原理、应用范围也不相同,常用的隧道围岩松动圈现场测试方法见表 5-1。

围岩松动圈检测方法对比 表 5-1

测试方法	测试原理	测试指标及参数	适用地质条件	优缺点
声波法	利用超声波检测仪,依据超声波在完整性不同的岩石中传播速度不同的特性,通过测量与分析参数,推断出松动圈范围	岩体波速值、波幅和主频	围岩较完整、岩体裂隙发育少、隧道开挖时间较短	优点:仪器操作简便、经济适用 缺点:测孔容易塌落、被堵塞、持续水流,抗干扰性比较差
多点位移计法	由于围岩裂缝的产生,利用位移计量测围岩测点的位移量,通过位移的变化,得到松动圈厚度范围	位移量	变形量大的软岩隧道、受开挖影响较大的隧道	优点:操作简单、测点少、数据可靠 缺点:工作量大、周期长,测量精度低

续上表

测试方法	测试原理	测试指标及参数	适用地质条件	优缺点
地质雷达法	由雷达发射高频脉冲电磁波,利用不同介质中雷达反射波的变化,来探测围岩裂缝的位置,得到围岩松动圈的边界	雷达反射波波速、波形	各种工程地质条件	优点:应用范围广、精度高、分辨率高、效率高、抗干扰能力强 缺点:仪器费用高

5.5 典型隧道松动圈测试结果分析

隧道开挖过程随着围岩应力调整将改变内部围岩应力状态,当局部围岩承受大于自身屈服极限的应力作用时将发生塑性屈服或流动,从而形成围岩松动圈。本节基于对琅勃拉邦缝合带炭质板岩隧道围岩松动圈的现场测试,分析隧道施工过程松动圈的扩展规律及内部围岩的变形特征。

1)声波法测试方案及测试断面布置

(1)声波法测试方案

围岩松动圈测试方案共分为以下两种方案。

方案一:选择同一测孔的不同施工时间点进行松动圈测试;时间点1为中台阶开挖前;时间点2为下台阶开挖前;时间点3为初期支护成环,且距离掌子面3倍洞径以上。

方案二:选择同一断面初期支护成环后的不同位置进行松动圈测试。

方案一、方案二测试示意图如图5-23所示。

(2)测试断面布置

测试断面揭示围岩均为软质块状炭质板岩,岩性及变形规律均极具代表性。围岩松动圈测试断面共计3处,围岩内部位移测试断面1处。测点所在里程及测试方案统计见表5-2。

围岩松动圈测试过程由孔底至孔口每间隔50cm采集数据一次,每个测孔测试两次,取两次结果平均波速作为松动圈评定依据,现场测试流程如图5-24所示。

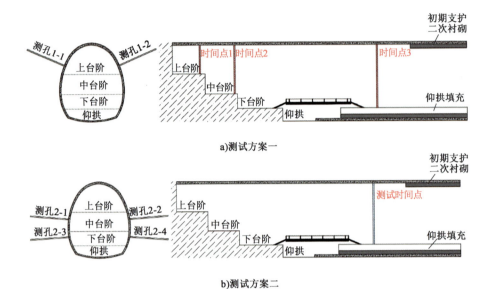

图 5-23 围岩松动圈测试方案示意图

围岩松动圈测试断面里程　　　　　　　　　　　　　表 5-2

隧道名称	断面里程	测孔深度	测孔位置		测试方案
			左侧	右侧	
会富莱隧道	D2K130+353	10m	拱部	拱部	方案一
	D2K130+322		拱脚;边墙	拱脚;边墙	方案二
	D2K130+335		拱脚;边墙	拱脚;边墙	方案二
相嫩二号隧道	DK180+028		拱脚;边墙	拱脚;边墙	方案二
相嫩三号隧道	DK182+615		拱脚;边墙	拱脚;边墙	方案二
达隆一号隧道	DK198+462		拱脚;边墙	拱脚;边墙	方案二
	DK200+146		拱脚;边墙	拱脚;边墙	方案二
达隆二号隧道	DK204+300		拱脚;边墙	拱脚;边墙	方案二
沙嫩山二号隧道	DK210+995		拱脚;边墙	拱脚;边墙	方案二

图 5-24　围岩松动圈测试现场实施

2）多点位移计测试方案及测试断面布置

围岩内部位移长期监测选择特定断面拱部左右两侧位置，如图 5-25 所示。监测时间从初期支护施作开始至衬砌施作结束，围岩内部位移监测断面里程如表 5-3 所示。

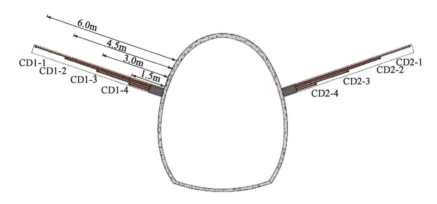

图 5-25　围岩内部位移测点布置

距孔口 50cm 范围内测孔直径为 130mm，距孔口大于 50cm 范围测孔直径为 90mm，监测频率为 1 次/d，现场安装测试设备如图 5-26 所示。

围岩内部位移监测断面里程　　　　　表5-3

隧道名称	断面里程	部位	测点编号
会富莱隧道	D2K130+716	左侧	6.0m(CD1-1);4.5m(CD1-2);3.0m(CD1-3);1.5m(CD1-4)
		右侧	6.0m(CD2-1);4.5m(CD2-2);3.0m(CD2-3);1.5m(CD2-4)

a)测点锚头及测杆

b)多点位移计组装

c)多点位移计放置

图5-26　多点位移计现场安装及测试

3)测试结果分析

(1)声波法围岩松动圈测试结果分析

依据方案一测试断面D2K130+353不同施工阶段的测试结果,绘制波速—孔深关系曲线如图5-27所示。

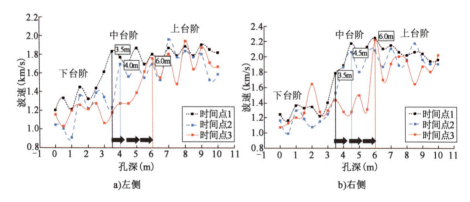

图5-27　D2K130+353围岩波速—孔深关系曲线

测试过程中波速存在小幅度波动,是因邻近测试区段岩体的非均质性所致。但岩体由松散破碎区过渡至稳定区时,波速会显著增大,并在一定距离后再次达到稳定,据此特征可以判断松动圈范围。

由图5-27可以看出,上台阶至中台阶施工,左侧与右侧的围岩松动圈范围基本一致,约3.5m;中台阶至下台阶施工过程,围岩松动圈范围向深部扩展,左侧增至4.0m,右侧增至4.5m;初期支护封闭后距离掌子面约30m时,左侧和右侧围岩松动圈范围均已经达到6.0m。依据上述围岩松动圈的发展过程，表明隧道施工过程围岩松动圈是逐步向深层扩展的，且扩展速率受构造应力影响。

方案二测试断面的围岩松动圈波速—孔深关系曲线如图5-28和图5-29所示。

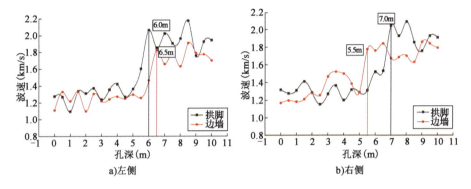

图5-28　D2K130+322围岩波速—孔深关系曲线

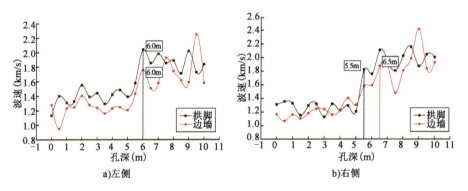

图5-29　D2K130+335围岩波速—孔深关系曲线

由不同里程断面测试结果可以看出，围岩波速随孔深变化关系显著，能有效鉴别围岩松动范围，测试波速在松动圈界定边界出现一定幅度上升，整体测试效果良好，波速显著升高段最小深度为5.5m、最大深度为7.0m，因此推断松动圈范围介于6~7m之间。受缝合带构造应力作用影响，隧址区地层揭示炭质板岩节理裂隙发育，岩体结构松散，完整性较差，导致所有测孔测试结果均呈现出低波速现象，拱脚松动圈范围内的平均波速约为1.33km/s，松动圈范围外的平均波速约为1.93km/s；边墙松动圈范围内的平均波速约为 1.26km/s,松动圈范围外的平均波速约为 1.78km/s。表 5-4 为各测孔波速的计算均值统计结果。

围岩波速测试结果统计　　　　　　　　　　　表 5-4

断面里程	项目类别	松动圈内波速均值(km/s)		松动圈外波速均值(km/s)	
		左侧	右侧	左侧	右侧
D2K130+353	时间点 1	1.37	1.29	1.81	2.04
	时间点 2	1.19	1.20	1.70	1.97
	时间点 3	1.21	1.30	1.70	1.90
D2K130+322	拱脚	1.32	1.32	1.95	1.93
	边墙	1.25	1.31	1.76	1.75
D2K130+335	拱脚	1.39	1.26	1.88	1.95
	边墙	1.24	1.26	1.72	1.90

此外,通过对琅勃拉邦缝合带影响的其他大变形隧道松动圈扩展规律进行测试得出磨万铁路Ⅳ标Ⅰ分部松动圈测试结果为,相嫩二号隧道、相嫩三号隧道、达隆一号隧道、达隆二号隧道等隧道(单线)松动圈范围为 4.5～7.5m,沙嫩山二号隧道(双线)松动圈范围为 8～9m。由于揭示围岩主要为炭质板岩、薄层状结构,节理裂隙发育,破碎程度高,松动圈范围内平均波速相对较低,为 1.5～2km/s。松动圈范围外围岩受扰动影响小,波速数据显示基本为 2.5～4.0km/s,但由于板块缝合带地质构造的影响,岩块层厚、裂隙发育程度、破碎程度、地下水分布等均存在差异,且局部变化明显,因此松动圈范围外测试波速也在一定范围内波动。表 5-5 为各试验断面松动圈范围及波速变化情况。

松动圈测试结果统计　　　　　　　　　　　表 5-5

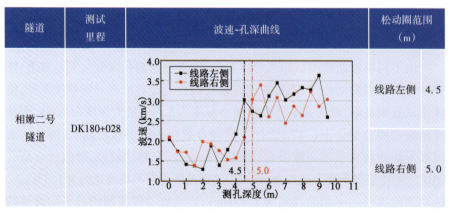

隧道	测试里程	波速-孔深曲线	松动圈范围(m)	
相嫩二号隧道	DK180+028		线路左侧	4.5
			线路右侧	5.0

续上表

隧道	测试里程	波速-孔深曲线	松动圈范围（m）	
相嫩三号隧道	DK182+615	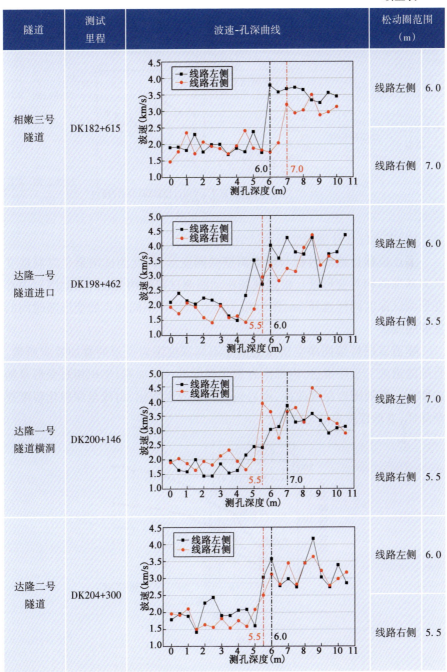	线路左侧	6.0
			线路右侧	7.0
达隆一号隧道进口	DK198+462		线路左侧	6.0
			线路右侧	5.5
达隆一号隧道横洞	DK200+146		线路左侧	7.0
			线路右侧	5.5
达隆二号隧道	DK204+300		线路左侧	6.0
			线路右侧	5.5

续上表

隧道	测试里程	波速-孔深曲线	松动圈范围（m）	
沙嫩山二号隧道	DK210+995	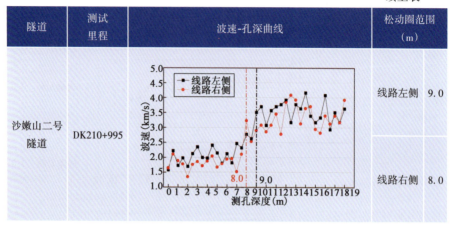	线路左侧	9.0
			线路右侧	8.0

（2）多点位移计围岩变形测试结果分析

多点位移计监测过程与隧道洞壁共同变形，因此测试结果是以洞壁变形为基准的相对变形量。根据现场松动圈测试范围约为6m，因此围岩内部变形测试深度同样选择6m，图5-30为多点位移计不同测点的变形随时间的发展曲线。

隧道表层持续向净空挤压是由于不同深度围岩变形的叠加效应所致，且随隧道施工步序推进，内部围岩裂化程度进一步加剧，累积相对变形量随之增大。但随围岩深度改变，围岩裂化程度发生变化，由浅至深裂化程度逐渐降低，变形程度也随之降低。

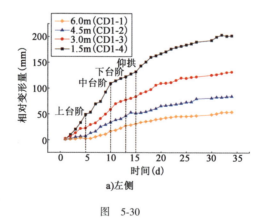

图 5-30

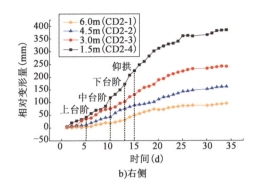

图 5-30 围岩内部相对变形时程曲线

图 5-31 为不同施工阶段围岩平均变形速率随深度的变化规律。上台阶施工阶段，4.5m 测点和 6.0m 测点的围岩平均变形速率较低，表明此时围岩变形主要由 4.5m 范围内围岩的塑性变形累积叠加，此时围岩塑性松动圈不应超过 4.5m；中台阶施工阶段，4.5m 测点的围岩变形速率显著增大，而 6.0m 测点的变形速率增幅仍相对较小，此时围岩松动圈范围应介于 4.5~6.0m 之间；下台阶开挖至仰拱封闭前，4.5m 范围内的测点相对位移进一步加速增长，而 6.0m 测点的变形速率也达到 5~10mm/d，可以判断出此时围岩松动圈范围应不小于 6.0m，内部围岩的变形发展规律与声波法松动圈测试规律结果基本一致。

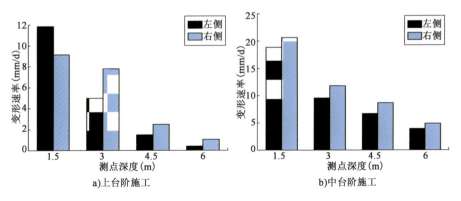

图 5-31

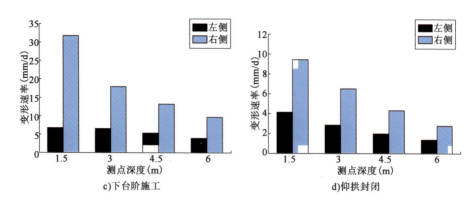

图5-31 不同施工阶段的内部围岩变形速率统计柱状图

综上,随着缝合带软岩隧道施工工序的推进,围岩裂隙逐渐扩张,松动圈逐渐向深层扩展,围岩表现出由浅至深的渐进式破坏,而构造应力作用影响下隧道内部围岩左右侧变形也表现出显著的非对称性,右侧变形速率明显更快。

CHAPTER 6

| 第6章 |

软岩隧道大变形机理及分级

高地应力软岩隧道大变形影响因素多,致使大变形形成原因及隧道的变形规律复杂。此外,不同地应力及岩体强度下隧道变形量级不同,隧道设计时难以制定切实有效的控制措施,易造成施工工期延长、施工成本增加等问题。本章首先分析隧道大变形影响因素,然后通过归纳总结,提出隧道大变形机理,最后结合第2章"隧道三维地质模型地应力特征"和第4章"岩石点荷载强度实测数据",依据《铁路隧道设计规范》(TB 10003—2023)大变形分级标准,判定中老铁路软岩隧道大变形等级。

6.1 隧道大变形影响因素

1)地应力

测区位于老挝琅勃拉邦南部,区域受多组微地块运动挤压碰撞影响,形成多条板块缝合带构造,地质构造极其复杂。由相嫩三号隧道、达隆一号隧道、达隆二号隧道、沙嫩山一号隧道四座隧道不同埋深的地应力结果可知,老挝琅勃拉邦缝合带区域应力场整体特征表现为近水平方向主应力明显大于垂直方向主应力,表现为$\sigma_H>\sigma_h>\sigma_v$,测区岩石平均密度约2.65g/cm³。根据测区最大水平方向主应力与垂直方向主应力计算结果,相嫩三号隧道DK182+665里程计算侧压力系数约为1.52,最大水平主应力与隧道轴线夹角约为62°;达隆一号隧道DK202+378里程计算侧压力系数约为1.74,最大水平主应力与隧道轴线夹角约为36°;达隆二号隧道DK205+435里程计算侧压力系数约为1.66,最大水平主应力与隧道轴线夹角约为46°;沙嫩山一号隧道DK209+014里程计算侧压力系数约为1.71,最大水平主应力与隧道轴线夹角约为69°。

初始地应力值是影响隧道围岩变形的另一个决定性因素,琅勃拉邦缝合带隧址区以水平构造应力为主。围岩在高地应力条件下,出现饼化现象,隧道开挖前围岩即处于峰后塑性破坏状态,开挖后的应力调整使围岩发生大范围破坏,围岩向隧道内挤出变形,变形速率高,变形时间长。同时,构造应力对隧道变形的影响,还与最大水平主应力与隧道轴线的方向有关。最大水平主应力应该与隧道轴线小角度相交,对围岩稳定性相对有利,因此,在隧道选线时应尽量避免最大水平主应力与隧道轴线大角度相交。

2) 地质构造

中老铁路多座软岩隧道地处琅勃拉邦缝合带,受构造影响严重,结构面发育,围岩揉皱现象显著,岩体更加破碎,大大减小了岩体强度。同时,在构造带内地应力赋存条件更加复杂,水平地应力也更高,原本挤密的破碎岩体在隧道开挖后,不仅向隧道内发生塑性变形,同时也发生显著的结构面剪切、滑移,造成初期支护侵限破坏现象。

琅勃拉邦缝合带在强烈的碰撞演化过程中,局部地质构造特征显著,深大活动断裂带和褶皱构造发育,地震活动强烈,地应力环境复杂。受褶皱、断裂及岩浆侵入活动的影响,岩层扭曲变形严重,层间结合性差,多有分离现象,结构面强度处于残余状态。岩体完整性遭受严重地破坏,结构松散破碎。线路走向与区域构造线大致平行,顺层问题较为突出,隧道两侧岩体发生沿顺层面的滑移或破裂,致使作用在隧道左右两侧边墙的载荷不相同而易形成偏压,对隧道边墙的稳定性十分不利。

3) 地层岩性

地层岩性是影响围岩大变形的最重要因素之一,而地层岩性主要取决于岩石的矿物成分组成,矿物成分不仅直接决定了岩体的物理特性、水理特性,同时对岩体的结构特征、强度特征也有直接影响。

中老铁路软岩隧道岩性以炭质板岩为主,极少量含白色石英云母,赋存形式表现为块状结构体和层状结构体两类(图6-1)。经现场取样进行强度测试,单轴抗压强度普遍小于25MPa,属于典型软岩。对于块状结构围岩,岩石强度极低,单轴抗压强度小于5MPa,手捏可成团,节理裂隙较发育;对于层状结构围岩,岩石强度略高,但结构面间节理裂隙极其发育,层间结构面黏结性极弱,导致岩体强度极低。总体来说,中老铁路隧道穿越的炭质板岩节理裂隙发育、强度低、耐崩解性差、遇水软化,其易扰动性和显著的流变特性是隧道发生大变形的基本影响因素之一。

a) 块状岩体

b) 层状岩体

图6-1 掌子面揭示围岩性状示例

4) 地下水

项目邻近区域属湄公河水系,地表水多为山间沟槽内常年性流水,水流补给主要来自大气降雨,据统计年降雨量约为1400mm,雨季水流量明显增大,枯水期流量降低。地下水类型主要以松散岩类孔隙水、基岩裂隙水为主,部分区域赋存岩溶水为主,水流补给来自地表径流和大气降雨。隧道浅埋段地下水主要赋存于隧道进出口段的第四系冲洪积层内;石炭系板岩、砂岩、炭质板岩地层中受区域构造应力作用,节理裂隙发育,为地表水下渗提供了水流通道。地层中夹泥质岩类形成相对隔水层,为裂隙发育区域地下水提供赋存空间,形成基岩裂隙水,部分区域可溶性岩形成岩溶水,基岩裂隙水主要接受上层孔隙潜水和大气降雨补给。由于区域长期降雨及地表径流的下渗补给,深部含水岩组富水性较强,据设计资料预估,平均涌水量约为7000m³/d。

隧道施工现场水的来源主要是地下水和施工用水,高地应力条件下的软岩在挤密作用下自然含水率非常低。掌子面开挖初期,围岩处于干燥状态,随着时间的推移,地下水逐渐向隧道聚集,隧道内会出现渗水、滴水现象。尤其对于浅埋隧道,在雨季渗漏水明显增大。炮眼、锚杆施工过程中产生的施工用水,不仅会造成施工地段积水,同时还会在排水过程中不断渗漏,对已施工段软岩形成反复浸泡。地下水及隧道施工用水对炭质板岩、泥质砂岩等软岩影响较大,极易软化围岩,导致变形加剧及底鼓。

6.2 隧道大变形机理

根据以往的隧道大变形机理研究成果,结合本书岩石微观结构、强度、地应力、隧道变形、结构破坏特征及松动圈发展规律等研究成果,提出了基于"碎胀效应+挤压效应"的隧道大变形机理,主要包括岩石的微观宏观破坏机制、岩体的渐进破坏机制及碎胀扩容导致的岩体体积膨胀效应,并结合相应的现场试验结果,在一定程度上验证了所提出的隧道大变形机理,如图6-2所示。

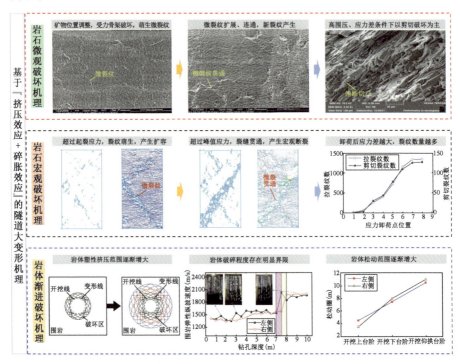

图6-2 基于"碎胀效应+挤压效应"的隧道大变形机理

隧道开挖卸载后,围岩面临较大的应力差,导致岩石产生破坏。微观上表现为岩石内部软弱矿物位置首先开始调整,逐渐萌生微裂纹;随着应力在岩石内部扩散及软弱矿物位置的调整,岩石内部较硬的受力骨架也逐渐产生破坏,导致软弱部分矿物位置进一步调整,微裂纹越来越发育。在此过程中,一部分微裂纹进一步扩展、连通,导致新的微裂纹产生。在高应力卸载条件下，软岩的微观破坏断口常表现出以剪切破坏为主的特征，而且围岩内部裂纹更为发育。

岩石内部微裂纹的发展逐渐形成宏观的裂纹，从岩石尺度（宏观）看，当岩石所受应力超过起裂应力时，岩石内部产生裂纹，岩石开始扩容并伴随体积膨胀，岩石碎胀扩容是岩土界普遍认可的观点；当岩石所受应力超过峰值应力时，其内部裂纹贯通，岩石开始产生断裂，体积进一步膨胀。根据相关文献，岩石扩容导致的体积膨胀可达0.3%。岩石围压越高，卸载应力差越大，导致的裂纹数量越多，岩石的碎胀扩容导致的体积膨胀越大。

隧道开挖后，围岩应力状态改变，当处于高地应力条件下，围岩卸荷导致的塑性挤压区、裂隙破碎区随时间发展越来越大，通过现场松动圈测试及钻芯结果，发现松动圈在某一时刻是有明确的范围，但该范围随时间增长逐渐增大，如图6-3所示。

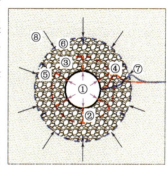

图6-3中，①代表支护作用；②代表时刻1松动圈内围岩由于破裂产生的扩容膨胀作用；③代表时刻1隧道松动圈；④代表时刻1隧

图6-3 隧道开挖卸荷效应

道开挖卸荷围岩径向应力分布。假定松动圈与塑性区范围相同，松动圈外部荷载计算见式(6-1)、式(6-2)。

$$\sigma_r^p = \left[\sigma_0 - \frac{(c_1 - c_0)(\xi - 1)}{R_0 - r_0}\frac{R_0}{2}\cot\varphi\right](1 - \sin\varphi) - \frac{c_0 R_0 - c_1 r_0}{R_0 - r_0}\cos\varphi$$

$$= \sigma_0(1 - \sin\varphi) - c_1 \cos\varphi \tag{6-1}$$

$$\sigma_\theta^p = 2\sigma_0 - \sigma_r^p = \sigma_0(1 + \sin\varphi) + c_1 \cos\varphi \tag{6-2}$$

上述式中：σ_r^p——松动圈外部围岩径向应力；

σ_0——原始地应力；

c_1——原岩黏聚力；

c_0——洞壁处原岩黏聚力；

$\xi = \dfrac{1 + \sin\varphi}{1 - \sin\varphi}$；

R_0——塑性区半径；

φ——围岩内摩擦角;

σ_θ^p——松动圈外部围岩切向应力。

图6-3中,⑤代表时刻2松动圈内围岩由于破裂产生的扩容膨胀作用;⑥代表时刻2隧道松动圈;⑦代表时刻2隧道开挖卸荷围岩径向应力分布;⑧代表时刻2隧道松动圈外侧地应力。

围岩破坏状态莫尔圆包络线如图6-4所示,图中①代表原岩莫尔应力圆,屈服准则如式(6-3)所示。

$$F = \frac{1}{3} I_1 \sin\varphi + \left(\cos\theta_\sigma - \frac{1}{\sqrt{3}} \sin\theta_\sigma \sin\varphi\right)\sqrt{J_2} - c\sin\varphi = 0 \quad (6\text{-}3)$$

式中:I_1——主应力张量第一不变量;

θ_σ——洛德角;

J_2——应力偏张量第二不变量。

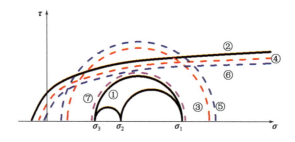

图6-4 围岩破坏状态判定

图6-4中,②代表原岩破坏包络线;③代表时刻1松动圈内围岩莫尔应力圆;④代表时刻1松动圈内围岩破坏包络线;⑤代表时刻2松动圈内围岩莫尔应力圆;⑥代表时刻2松动圈内围岩破坏包络线。

隧道开挖后支护变形一直处于发展阶段,直至产生大变形,该现象可结合图6-3、图6-4进行解释。隧道开挖卸荷效应导致围岩处在较大的应力差环境中,围岩破坏逐渐向深部发展;同时破坏区域的围岩裂隙较多、力学性质变差、传递应力的能力降低,导致隧道周边围岩处于相对较低的应力水平,但该应力水平仍大于支护承载能力。由于支护无法抵抗围岩传递的应力,导致变形不断增大,同时围岩破坏范围进一步向深部发展,围岩破坏范围的增大加剧了岩体的扩容膨胀,这又导致了支护承受岩体扩容膨胀作用增大,进一步加剧了支护的变形,隧道变形最终表现为逐渐增大的趋势。

另外一种现象是隧道变形发展到一定程度逐渐收敛稳定,也可结合图6-3、图6-4解释:当隧道采取了围岩加固、支护加强等措施,一方面抑制了围岩的破坏范围,降低了岩体扩容膨胀导致的附加应力;另一方面,支护有一定的刚度能够承受松动圈传递至支护的应力,最终形成围岩—支护受力平衡状态,如图6-4中围岩莫尔应力圆⑦所示,围岩应力状态始终处于破坏包络线内。

综上所述,隧道大变形机理主要分为两方面:一是高地应力软岩条件下,隧道开挖卸荷产生较大的塑性挤压区域;二是高地应力软岩条件下,隧道开挖卸荷导致岩石产生更多的裂纹,岩体产生更大范围的碎胀扩容及更大的体积膨胀。

6.3 中老铁路软岩隧道大变形分级

1)软岩大变形分级研究现状

随着深入研究挤压性软岩,通过研究岩石挤压程度逐渐提出了考虑地应力水平和岩体强度的软岩大变形分级指标。Jethwa等人于1984年正式提出了挤压程度指数N_c,采用挤压程度指数将围岩挤出程度分为3个等级,当强度应力比小于2时,出现挤压性变形。此后,日本学者Nakano利用这一系数提出了隧道围岩挤压性预测方法。Hoek于2000年在大量工程调研及岩体本构研究的基础上,将岩体强度应力比与隧道相对变形量联系起来,建立了著名的Hoek软岩大变形分级表,见表6-1。

挤压性围岩初始地应力状态评估标准 表6-1

方法	指标	大变形等级				
		无挤压	轻微	中等	严重	极严重
Hoek方法	岩体强度应力比	>0.36	0.36~0.22	0.22~0.15	0.15~0.11	<0.11
	相对变形量(%)	≤1	1~2.5	2.5~5	5~10	>10

国内关于软岩大变形分级的研究,最早主要集中在地应力分级评价,以实测地应力值大小进行分级。随着人们对地应力及岩石强度对地下工程变形影响研究的加深,国内相关规范也逐渐采用强度应力比对地应力进行分级,如《铁路挤压性围岩隧道技术规范》(Q/CR 9512—2019)对地应力分级评价(表6-2)。

挤压性围岩初始地应力状态评估标准　　　　表6-2

初始地应力状态	强度应力比 (R_c/σ_{max})	主要现象
一般地应力	>7	岩芯无或少有饼化现象,开挖过程中洞壁岩体有一定的位移,成洞性一般较好
高地应力	4~7	岩芯时有饼化现象,洞室开挖过程中位移显著,持续时间较长,成洞性差
极高地应力	<4	岩芯常有饼化现象,开挖过程中洞壁岩体有剥离,位移极为显著,甚至发生大位移,持续时间长,不易成洞

注:1. R_c 为岩石饱和单轴抗压强度(MPa)。

2. σ_{max} 为最大的初始地应力值(MPa)。

国内有许多关于大变形分级的研究成果,中铁二局集团有限公司用应力强度比、原始地应力和相对变形三个指标作为大变形的判别依据,将围岩大变形分为三级;刘志春、李国良提出采用强度应力比(R_b/σ_v)和初始地应力作为分级指标,将围岩大变形分为三级。

《铁路隧道设计规范》(TB 10003—2023)采取相同强度应力比和相对变形量变形划分标准,见表6-3。缝合带隧道大变形等级划分方法参考表6-3实施。

缝合带软岩隧道围岩大变形分级标准　　　　表6-3

分级指标	无变形	轻微	中等	严重
相对变形量(%)	<3	3~5	5~8	>8
强度应力比 $\left(\dfrac{\sigma_s}{\sigma_{max}}\right)$	>0.5	0.25~0.5	0.15~0.25	<0.15

注:1. σ_s 为围岩强度(MPa)。

2. σ_{max} 为最大地应力(MPa)。

3. 相对变形量为变形量与隧道当量半径之比。

2)软岩隧道大变形分级

采用铁路隧道大变形分级方法,对会富莱隧道、相嫩三号隧道、达隆一号隧道、达隆二号隧道、沙嫩山二号隧道进行大变形等级划分,见表6-4。

会富莱隧道大变形等级判定结果　　　　　　　　表6-4

隧道名称	里程段	大变形等级
会富莱隧道	D2K130+125 ~ D2K130+725	中等
	D2K130+725 ~ D2K136+125	轻微
	D2K131+325 ~ D2K131+925	轻微
	D2K134+325 ~ D2K134+925	轻微
	D2K135+525 ~ D2K136+125	轻微
相嫩三号隧道	DK180+595 ~ DK180+745	中等
	DK180+745 ~ DK180+770	中等
	DK180+770 ~ DK182+350	中等
	DK182+350 ~ DK182+450	中等
	DK182+450 ~ DK182+473	无
	DK182+473 ~ DK182+515	轻微
	DK182+515 ~ DK182+584	无
	DK182+584 ~ DK182+710	轻微
达隆一号隧道	DK197+578 ~ DK197+878	轻微
	DK197+878 ~ DK198+178	中等
	DK198+178 ~ DK198+315	中等
	DK198+315 ~ DK198+629	轻微
	DK198+629 ~ DK200+019	中等
	DK200+019 ~ DK202+678	中等
达隆二号隧道	DK204+235 ~ DK204+256	中等
	DK204+256 ~ DK204+440	中等
	DK204+440 ~ DK204+990	轻微
	DK204+990 ~ DK205+135	中等
	DK205+135 ~ DK205+435	轻微
沙嫩山二号隧道	DK209+755 ~ DK209+905	中等
	DK209+905 ~ DK210+055	轻微
	DK210+055 ~ DK210+286	中等
	DK210+286 ~ DK210+905	中等
	DK210+905 ~ DK210+947	无
	DK210+947 ~ DK211+006	轻微
	DK211+006 ~ DK211+255	无

CHAPTER 7

| 第7章 |

隧道大变形主动控制技术

在大变形隧道中,若仅采用高刚度、高强度的被动支护难以限制围岩向深层劣化,且变形控制过程经济成本高,针对性不强,不能完全解决大变形问题。对于高地应力软岩大变形隧道应采取主动控制措施,最大限度地调动围岩自承载能力,抑制围岩渐进破坏。因此,本章首先对隧道大变形主动控制原理进行分析,然后对合理隧道断面和预留变形量、长短锚杆组合、仰拱及时封闭、初期支护加强、超前管棚注浆、隧道径向注浆、二次衬砌施作时机等大变形控制措施进行研究,并开展现场试验验证了控制技术的有效性和适用性。

7.1 隧道大变形主动控制方法

目前国内外软岩大变形隧道工程实践中存在多种变形控制理念,包括"以抗为主""抗放结合""主动控制"等。"以抗为主"是指通过单层或多层大刚度初期支护控制围岩变形,且当围岩变形持续发展时提前施作二次衬砌以抵抗围岩变形。而大量工程实践表明,"以抗为主"理念的成功应用多以轻微大变形等级为主,且施工效率较高。但随着围岩挤压程度不断提高,大变形等级不断增大,"以抗为主"理念下的控制体系不能承受极高的应力荷载,该理念很难成功控制大变形。"抗放结合"是指针对软岩隧道施工过程中对围岩变形进行适度释放,释放过程中需通过支护结构进行有效约束。

常规的支护体系无法有效提高围岩的稳定性,不能充分发挥围岩自承载能力。因此,本章提出"主动控制"理念,采用锚杆(或预应力锚杆)超前或径向加固围岩,形成承载环,充分调动并发挥围岩的自承能力。综合考虑琅勃拉邦缝合带炭质板岩隧道大变形的典型特征、变形控制效果和技术经济性,提出以下缝合带软岩隧道大变形主动控制方法。

7.1.1 提高围岩自承载能力

以长短锚杆组合支护控制变形为主,充分调动围岩自承载能力。上、中台阶开挖后要及时施作短锚杆(或预应力锚杆)锚入松动围岩,因围岩碎胀变形作用锚杆受到拉伸应力,锚杆端部周边围岩则以一定角度扩散形成锥形压缩区,各锚杆压缩范围相互叠加交叉形成均匀连续的拱形压缩带,压缩带内岩体间相互挤压导致围压提高,围岩强度也随之提升,形成承载环。下台阶开挖后,及时施作长锚杆,穿越围岩松动圈锚入深部稳定围岩,通过锚杆自身抗拉性能将深部稳定围岩和浅层松动围岩联结成整体,并将部分围岩压力转移到松动圈外,实现锚杆与承载环协同作用,共同抵抗变形,如图7-1所示。

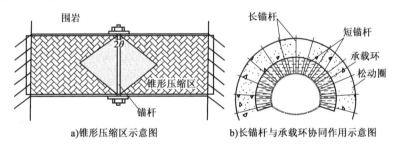

a)锥形压缩区示意图　　b)长锚杆与承载环协同作用示意图

图7-1　锚杆与承载环协同控制变形

提高围岩自承载能力机理如图7-2所示。隧道开挖打破了原有的围岩地应力平衡体系,导致洞壁围岩环向应力τ急剧增大,而径向应力σ_3急剧降低(基本为零),即径向约束被解除,围岩应力莫尔圆大大超出莫尔-库仑包络线,对于软弱围岩来说,物理力学性能将逐渐降低,岩体状况逐渐恶化,从而导致围岩自承载能力迅速减弱。此时,通过施作长短锚杆主动提升围岩自承载能力,其目的是恢复洞壁径向应力至σ_3'。

7.1.2 提高围岩力学性能

除了主动提升围岩自承载能力外,另一种方法是提高围岩力学性能,即以掌子面超前注浆、围岩径向注浆为主,如图7-3所示。掌子面超前注浆可以保证开挖过程中掌子面稳定性,围岩径向注浆有利于形成围岩承载环,以减小隧道开挖后变形量。通过注浆主动增强围岩力学特性,其目的是提升围岩的抗剪强度,保证主动支护后的围岩不会发生剪切破坏。

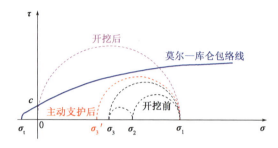

图 7-2　提高围岩自承载能力机理

σ-径向应力;τ-切向应力;c-黏聚力;σ_1、σ_3-开挖前岩体的切向应力、径向应力;σ_3'-主动支护后岩体的径向应力

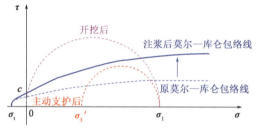

图 7-3　提高围岩力学性能机理

注:参数含义同上图。

7.2　隧道合理断面形式及预留变形量

（1）隧道合理断面形式

隧道断面轮廓形状的不同会导致支护结构受力和围岩变形分布规律的不同,而选择合理的断面结构能够优化支护受力,改善围岩变形。圆形或椭圆形隧道围岩应力分布较均匀,不易产生应力集中,有利于围岩稳定。因此,在设计施工中,应以圆形或椭圆形隧道为主,以便较好地改善支护结构的力学承载特性。开挖断面的大小对掌子面处围岩能否形成"承载拱效应"起到决定性作用,开挖断面越大对围岩自稳能力影响越大,过大的开挖断面将导致隧道围岩无法形成承载拱效应,使得隧道对支护结构支撑强度

要求增大,工程造价增加。

隧道高跨比是能够直接表现隧道断面形状的控制指标,单线铁路隧道为减少横向空间浪费,满足竖向建筑界限需求,一般采用高跨比大于1的瘦高"马蹄形"断面。但当高跨比较大时,支护结构承受水平向荷载的能力将明显减弱,水平向围岩变形增大;而当高跨比过小时,支护结构承受竖向荷载的能力将明显减弱,竖向围岩变形随之增大。

根据中老铁路隧道设计资料,断面高跨比约为1.2,承受缝合带高水平构造应力作用,围岩水平向挤压变形严重。通过合理优化隧道高跨比,能够改善围岩水平向挤压作用,控制水平向变形发展。为分析缝合带隧道合理高跨比结构,选取1.20、1.15、1.10、1.05、1.00五种高跨比断面进行数值计算,依据计算结果建立层次分析模型,确定最优断面形式。计算考虑的5种高跨比隧道断面形式如图7-4所示。

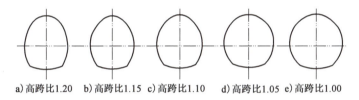

a) 高跨比1.20　b) 高跨比1.15　c) 高跨比1.10　d) 高跨比1.05　e) 高跨比1.00

图7-4　隧道不同高跨比断面形式

计算模型不考虑锚杆支护,仅改变隧道断面高跨比。图7-5所示为拱顶沉降、水平收敛和最大结构应力计算结果。

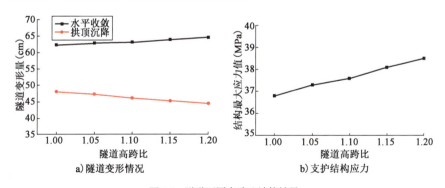

a) 隧道变形情况　　　　　　　b) 支护结构应力

图7-5　隧道不同高跨比计算结果

由计算结果可以看出,随着隧道高跨比的减小,水平收敛和结构承受最大应力均呈减小趋势,拱顶沉降则呈增大趋势。说明对于单线铁路隧道而言,断面高跨比的降低,能够有效改善隧道水平收敛变形,结构承受应力分布也将更均匀,应力集中现象减弱,但拱顶沉降也将随之增大。此外,随着隧道断面轮廓高跨比由1.20降至1.00,开挖面积从51.61m²增至60.97m²,导致施工材料和人工成本的增加。因此为权衡隧道变形、结构受力和施工成本,选择最优断面形式,拟通过层次分析法对多目标进行优化,分析模型如图7-6所示。

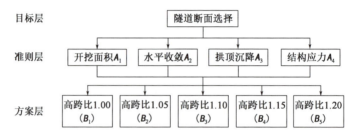

图7-6 隧道断面优化层次模型

结合数值计算结果和准则层中不同元素对目标层的重要性,建立对比判断矩阵,见表7-1。根据方案层中不同高跨比对准则层的影响程度,建立不同方案的判断矩阵见表7-2。

准则层各因素重要性判断矩阵　　　　　　　　　　　表7-1

影响因素	A_1	A_2	A_3	A_4	权向量ω_1
A_1	1	$\frac{5}{9}$	$\frac{2}{3}$	$\frac{5}{6}$	0.18
A_2	$\frac{9}{5}$	1	$\frac{5}{4}$	$\frac{10}{7}$	0.33
A_3	$\frac{3}{2}$	$\frac{4}{5}$	1	$\frac{5}{4}$	0.27
A_4	$\frac{6}{5}$	$\frac{7}{10}$	$\frac{4}{5}$	1	0.22

方案层不同准则影响程度判断矩阵　　　　　　　　　表7-2

方案编号	B_1	B_2	B_3	B_4	B_5
B_1	(1,1,1,1)	$\left(\frac{2}{3},\frac{10}{9},\frac{2}{3},\frac{10}{7}\right)$	$\left(\frac{5}{8},\frac{10}{8},\frac{2}{5},\frac{5}{3}\right)$	$\left(\frac{5}{9},\frac{5}{3},\frac{1}{3},\frac{5}{2}\right)$	$\left(\frac{1}{2},\frac{10}{3},\frac{2}{7},5\right)$

续上表

方案编号	B_1	B_2	B_3	B_4	B_5
B_2	$\left(\frac{3}{2},\frac{9}{10},\frac{3}{2},\frac{7}{10}\right)$	$(1,1,1,1)$	$\left(\frac{5}{6},\frac{5}{4},\frac{2}{3},\frac{10}{7}\right)$	$\left(\frac{2}{3},2,\frac{2}{7},2\right)$	$\left(\frac{1}{2},\frac{10}{3},\frac{2}{9},5\right)$
B_3	$\left(\frac{8}{5},\frac{8}{10},\frac{5}{2},\frac{3}{5}\right)$	$\left(\frac{6}{5},\frac{4}{5},\frac{3}{2},\frac{7}{10}\right)$	$(1,1,1,1)$	$\left(\frac{5}{6},\frac{10}{7},\frac{4}{5},3\right)$	$\left(\frac{1}{2},5,\frac{2}{3},5\right)$
B_4	$\left(\frac{9}{5},\frac{3}{5},3,\frac{2}{5}\right)$	$\left(\frac{3}{2},\frac{1}{2},\frac{7}{2},\frac{1}{2}\right)$	$\left(\frac{6}{5},\frac{7}{10},\frac{5}{4},\frac{1}{3}\right)$	$(1,1,1,1)$	$\left(\frac{1}{2},3,\frac{2}{3},5\right)$
B_5	$\left(2,\frac{3}{10},\frac{7}{2},\frac{1}{5}\right)$	$\left(2,\frac{3}{10},\frac{9}{2},\frac{1}{5}\right)$	$\left(2,\frac{1}{5},\frac{3}{2},\frac{1}{5}\right)$	$\left(2,\frac{1}{3},\frac{3}{2},\frac{1}{5}\right)$	$(1,1,1,1)$

注：表中括号内数值分别表示对准则层对应因素的影响程度，如(A_1,A_2,A_3,A_4)所示。

通过计算判断矩阵的最大特征值和一致性指标，进行一致性检验，当一致性比率小于0.1时，便认为判断矩阵合理，表7-3为各判断矩阵的一致性比率计算结果，可以看出构造均合理。

判断矩阵一致性检验　　　　表7-3

判断矩阵类型		最大特征值λ	一致性指标CI	随机一致性指标RI	一致性比率CR
准则层判断矩阵		4.00	0.0003	0.89	0.0003
方案层判断矩阵	A_1	5.05	0.0123	1.12	0.0109
	A_2	5.06	0.0154	1.12	0.0138
	A_3	5.07	0.0185	1.12	0.0165
	A_4	5.18	0.0453	1.12	0.0404

根据上述判断矩阵的权重计算结果进行层次总排序，分别得出不同断面形式的权重值，即B_1(高跨比1.00)为0.200，B_2(高跨比1.05)为0.198，B_3(高跨比1.10)为0.219，B_4(高跨比1.15)为0.191，B_5(高跨比1.20)为0.190。可以看出，选择高跨比为1.10的断面形式为最优方案。对层次总排序进行一致性检验时得到一致性比率为0.020，说明方案整体评估结果合理。

隧道断面形状是控制大变形的有效措施之一，应先初步确定不同大变形类型隧道断面形状，再根据数值模拟计算和现场实测地应力、变形结果，最终确定合理的隧道断面形状。针对轻微大变形、中等大变形和严重大变形三种类型(图 7-7),根据现场实测地应力值,隧道断面竖向荷载为 q、水平荷载为 λq,对三种类型的大变形确定合理的隧道形状。

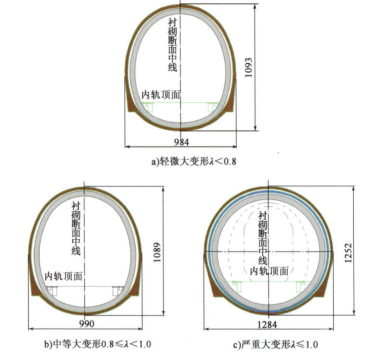

图 7-7 不同类型大变形隧道断面形状(尺寸单位:cm)

综合分析考虑,现场施工选用高跨比为 1.10、$\lambda \geq 1.0$ 的断面形式,图 7-8 所示为现场断面优化应用情况。

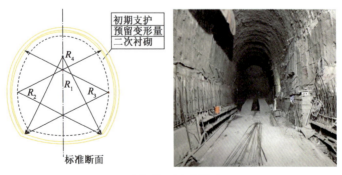

a)马蹄形断面(初始断面)

图 7-8

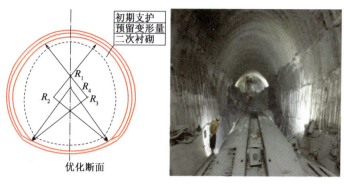

b)类椭圆形断面(优化断面)

图7-8 隧道断面轮廓优化及应用

(2)合理预留变形量

通过4.3节对各隧道变形量进行统计分析,分别得到轻微大变形、中等大变形、严重大变形隧道拱顶沉降及水平收敛,如图7-9所示。在95%的置信区间内确定隧道合理的预留变形量,并提出针对不同大变形等级的隧道预留变形量建议值,见表7-4。

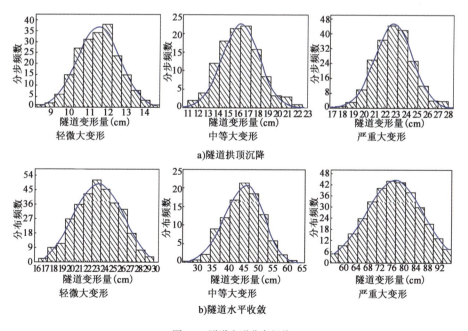

图7-9 隧道变形分布规律

隧道预留变形量建议值　　　　　　　表7-4

大变形等级	预留变形值(cm)
轻微	10~25
中等	25~60
严重	60~120

7.3　长短锚杆协同作用

7.3.1　短锚杆参数模拟计算

采用的数值模拟方案为短锚杆长度分别取1m、2m、3m、4m、5m、6m、7m、8m,锚杆环纵向间距为1m,直径25mm。通过数值模拟计算不同短锚杆长度下隧道的变形力学响应,分析隧道拱顶沉降、周边收敛及塑性区范围等,如图7-10~图7-12所示。

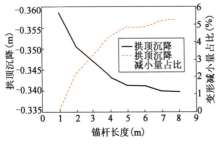

图7-10　不同长度短锚杆隧道拱顶沉降

由图7-10可知,不同短锚杆条件下,隧道拱顶沉降不同,呈现先减小后趋于稳定的规律。当短锚杆长度为1m时,隧道拱顶沉降值最大,约为358.5mm;当短锚杆长度为5m时,隧道拱顶沉降值处于拐点,约为341.3mm,减小量约占4.81%;当短锚杆长度为8m时,隧道拱顶沉降值约为339.7mm,减小量约占5.26%。当短锚杆长度由1m增加至5m时,隧道拱顶沉降急剧减小;而将短锚杆长度由6m增加至8m,隧道拱顶沉降变化不大。

由图7-11可知,不同短锚杆条件下,隧道水平收敛不同,呈现先增长后趋于稳定的规律。当短锚杆长度为1m时,隧道上台阶水平收敛值最大,约1401.9mm;当短锚杆长度为5m时,隧道上台阶水平收敛值处于拐点,约为1253.8mm,减小量约占11.82%;当短锚杆长度为8m时,隧道上台阶水平收敛值约为1234.2mm,减小量约占13.60%。当短锚杆长度由1m增加至5m时,隧道上台阶水平收敛急剧减小,然而短锚杆长度由6m增加至8m,隧道上台阶水平收敛变化不大。

由图7-12可知,不同短锚杆长度对隧道下台阶水平收敛的控制效果与上台阶相似,呈现先增长后趋于稳定的规律。当短锚杆长度为1m时,隧道下台阶水平收敛值最大,约为835.8mm;当短锚杆长度为5m时,隧道下台阶水平收敛值最小,约为742.8mm,减小量约占11.13%;当短锚杆长度为8m时,隧道下台阶水平收敛值约为736.6mm,减小量约占11.87%。当短锚杆长度由1m增加至5m时,隧道下台阶水平收敛急剧减小,然而短锚杆由6m增加至8m,隧道下台阶水平收敛变化不大。

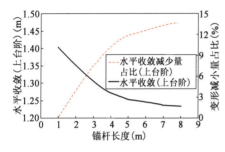 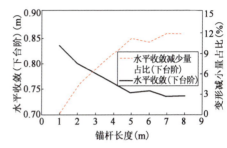

图7-11 不同长度短锚杆水平收敛(上台阶)　　图7-12 不同长度短锚杆水平收敛(下台阶)

由图7-13可知,不同短锚杆长度对围岩塑性区具有一定的控制效果,随着预应力锚杆的长度增加围岩塑性区减小趋势先增大后趋于平稳。当短锚杆由1m增加5m时,围岩塑性区的范围急剧减小,拱顶塑性区由6.03m减小至4.56m,减小量约占24.35%;左边墙由9.91m减小至8.21m,减小量约占17.12%;右边墙由9.99m减小至8.75m,减小量约占12.45%。当短锚杆长度为8m时,拱顶塑性区厚度为4.34m,左边墙塑性区厚度为7.93m,右边墙塑性区厚度为8.52m。总体上,短锚杆长度的增加能够减小围岩塑性区约1m,但短锚杆长度大于5m后,其控制效果有限。

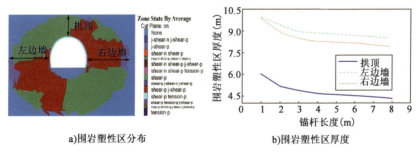

a)围岩塑性区分布　　b)围岩塑性区厚度

图7-13 不同长度短锚杆塑性区厚度

None-未破坏单元;shear-n-当前状态剪切破坏单元;shear-p-历史循环出现的剪切破坏单元;tension-p-历史循环出现的张拉破坏单元;j-shear-n-当前状态节理剪切破坏单元;j-shear-p-历史循环出现的节理剪切破坏单元;j-tension-p-历史循环出现的节理张拉破坏单元

依据现场断面 D2K130+353 的不同施工阶段的测试结果,绘制波速-孔深关系曲线,如图 7-14 所示。由图可知,该断面上台阶至中台阶施工,左侧与右侧的围岩松动圈范围基本一致,约 3.5m;中台阶至下台阶施工过程,围岩松动圈范围向深部扩展,左侧增至 4.0m,右侧增至 4.5m。因此,上台阶、中台阶开挖后松动圈范围最大达到 4.5m,根据数值模拟计算结果,上台阶、中台阶处短锚杆长度选取 5m 满足现场情况。

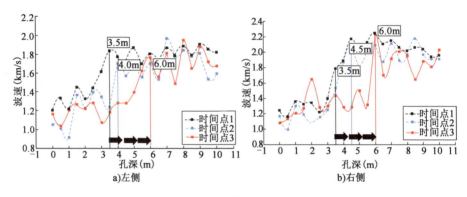

图 7-14　D2K130+353 围岩波速-孔深关系曲线

上述围岩松动圈的发展过程,表明隧道施工过程围岩松动圈是逐步向深层扩展的,且扩展速率受构造应力影响,由图 7-14 可知时间点 3,即初期支护封闭后距离掌子面约 30m 时,左侧和右侧围岩松动圈范围均已经达到 6.0m。且结合中老铁路典型软岩隧道松动圈测试结果(图 7-15、图 7-16)可知,断面 D2K130+322、D2K130+335 左右侧的松动圈范围为 5.5~6.5m,因此需施作长锚杆。

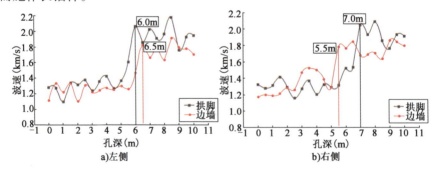

图 7-15　D2K130+322 围岩波速-孔深关系曲线

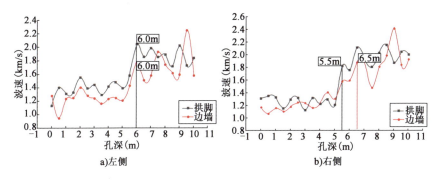

图7-16　D2K130+335围岩波速-孔深关系曲线

7.3.2　长锚杆参数模拟计算

隧道短锚杆长度设定为5m,边墙长锚杆长度分别设定为8m、10m、12m和14m。通过数值模拟计算不同边墙长锚杆长度下隧道的力学响应,分析了隧道拱顶沉降、周边收敛及塑性区范围等,如图7-17~图7-20所示。

由图7-17可知,不同边墙长锚杆长度条件下,隧道拱顶沉降不同,呈现先减小后趋于稳定的规律。当边墙长锚杆长度为8m时,隧道拱顶沉降值最大,约为319.81mm;当边墙长锚杆长度为14m时,隧道拱顶沉降值最小,约为

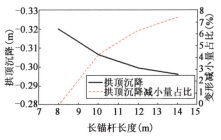

图7-17　不同边墙长锚杆长度隧道拱顶沉降

296.24mm,减小量约占7.37%。当边墙长锚杆长度由8m增加至12m时,隧道拱顶沉降急剧减小,然而边墙长锚杆由12m增加至14m,隧道拱顶沉降减小幅度不大。

由图7-18可知,不同边墙长锚杆长度条件下,隧道水平收敛不同,呈现先减小后趋于稳定的规律。当边墙长锚杆长度为8m时,隧道上台阶水平收敛值最大,约为1120.04mm;当边墙长锚杆长度为14m时,隧道上台阶水平收敛值最小,约为1022.65mm,减小量约占8.70%。当边墙长锚杆长度由8m增加至12m时,隧道上台阶水平收敛急剧减小,然而锚杆由12m增加至14m,隧道上台阶水平收敛变化不大。

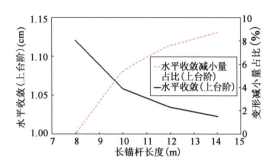

图 7-18　不同边墙长锚杆长度隧道水平收敛(上台阶)

由图 7-19 可知,不同边墙长锚杆长度对隧道下台阶水平收敛的控制效果与上台阶相似,呈现先减小后趋于稳定的规律。当边墙长锚杆长度为 8m 时,隧道下台阶水平收敛值最大,约为 659.71mm;当边墙长锚杆长度为 14m 时,隧道下台阶水平收敛值最小,约为 623.47mm,减小量约占 5.49%。当边墙长锚杆长度由 8m 增加至 10m 时,隧道下台阶水平收敛急剧减小,然而锚杆由 10m 增加至 14m,隧道下台阶水平收敛变化不大。

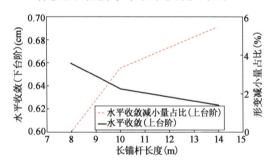

图 7-19　不同边墙长锚杆长度隧道水平收敛(下台阶)

由图 7-20 可知,不同边墙长锚杆长度对围岩塑性区具有一定的控制效果,随着边墙长锚杆长度的增加围岩塑性区先减小后趋于平稳。当边墙长锚杆长度由 8m 增加 12m 时,围岩塑性区的厚度急剧减小,拱顶塑性区由 4.33m 减小至 3.86m,减小量约占 10.85%,左边墙由 7.64m 减小至 6.74m,减小量约占 11.78%,右边墙由 7.23m 减小至 6.37m,减小量约占 11.89%。总体上,边墙长锚杆长度的增加能够减小围岩塑性区 1~2m,但边墙长锚杆长度大于 12m 后,其控制效果有限。隧道施工现场边墙长锚杆采用自进式锚杆,打设过程如图 7-21 所示。

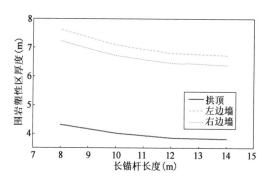

图7-20 不同边墙长锚杆长度塑性区厚度

图7-21 长锚杆打设过程

隧道上台阶施作短锚杆,在一定程度上抑制了上台阶塑性区的发展,下台阶开挖后施作边墙长锚杆,能够穿透下台阶的塑性区,进一步抑制了下台阶开挖后隧道松动圈,短锚杆与围岩形成承载复合体,长锚杆将一部分围岩应力传递至深部,长、短锚杆协同作用共同控制隧道变形。

7.3.3 锚杆间距

由上述研究可知,中老铁路大变形隧道短锚杆长度可取5m,长锚杆长度可取10m。为研究锚杆间距对隧道变形的影响,本节采用上述模型,设置5种工况进行数值模拟,即锚杆间距分别为0.6m×0.6m、0.8m×0.8m、1.0m×1.0m、1.2m×1.2m、1.4m×1.4m。不同锚杆间距工况下隧道变形如图7-22所示。

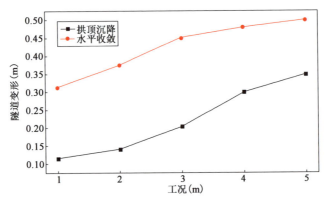

图7-22 不同锚杆间距下隧道变形

由图7-22分析可知,随着锚杆间距的增大,隧道的变形呈逐渐增大的趋势,结合现场施工经验,锚杆间距可取 0.6m × 0.6m ~ 1.0m × 1.0m。

中老铁路多为单线隧道,最大埋深188~645m,岩性以炭质板岩为主,单轴抗压强度普遍小于25MPa。隧道变形表现为水平收敛变形显著,拱顶沉降较小。考虑局部支护补强,综合长短锚杆支护参数(表7-5),进一步提出"长短锚杆组合"的支护措施(图7-23)。通过该方法能够形成针对性支护,减少拱部范围长锚杆施作,节约建设成本,提高经济效益。

锚杆支护参数　　　　　　　　　　　　　　　表7-5

大变形等级	塑性区厚度(m)	锚杆类型	锚杆长度(m)	锚杆间距(环×纵)(m)
轻微	3~5	短锚杆采用组合中空锚杆;长锚杆采用砂浆锚杆	短锚杆3.5~4,长锚杆5~6	1.0×1.0
中等	5~7		短锚杆3.5~4,长锚杆7~8	0.8×0.8
严重	7~9		短锚杆3.5~4,长锚杆9~10	0.6×0.6

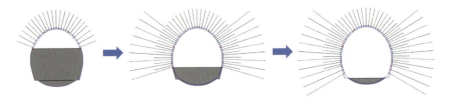

图7-23 长短锚杆组合支护优化示意图

7.3.4 锚杆施工工艺

上、中台阶开挖完成后即刻施作短锚杆,短锚杆施工工艺如图7-24所示。首先测定锚杆眼位,采用风钻进行钻孔,通过气枪吹孔,清理孔内细碎岩石,然后进行灌浆,灌浆后将锚杆放置孔内,最后安装垫板螺母。满足机械作业空间后通过锚杆钻机施作长、短锚杆(图7-25),能够在保证锚杆施工效率的同时提高锚杆施工质量。锚杆钻机参数见表7-6。

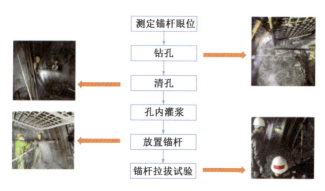

图7-24 短锚杆施工工艺

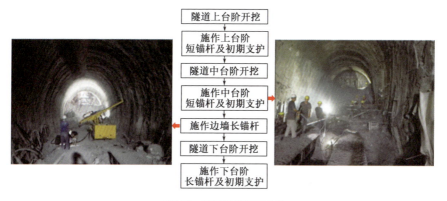

图7-25 长短锚杆施工工艺

锚杆钻机参数 表7-6

参数名称	单位	参数
耗气量	m³/min	9~12
钻孔直径	mm	90~250

续上表

参数名称	单位	参数
钻机深度	m	20～120
钻孔角度	°	0～360
液压系统额定压力	MPa	25
动力头提升力	kN	0～80
电机功率	kW	55+0.37
爬坡能力	°	≤25
配用冲击器	—	CIR/DHD系列
底盘上部回转角	°	90
动力头输出转速	r/min	35;70;120
动力头最大输出扭矩	N·m	7800
动力头最大行程	mm	3500
副轨道行程	mm	1000
动力头给进力	kN	0～50
柴油机功率	kW	70
接地比压	MPa	0.04
破碎方式	—	冲击回转式

7.4 仰拱及时封闭

一般在仰拱封闭后变形速率才会显著下降，拱顶沉降值才基本稳定，整个初期支护结构受力也基本稳定。因此，尽快封闭仰拱是控制隧道变形的关键技术之一。为研究仰拱封闭距离对隧道变形的影响，设置仰拱封闭距离分别为10m、15m、20m、25m、30m、35m、40m、45m，共8种工况，分析不同工况下隧道拱顶沉降、水平收敛及塑性区厚度。不同工况下隧道拱顶沉降、水平收敛及塑性区厚度如图7-26～图7-28所示。由图可知，随着仰拱封闭距离的增加，隧道变形及塑性区厚度呈现先增大后趋于稳定的趋势，当仰拱封闭距离在20～25m之间时，隧道变形及塑性区厚度增大幅度变缓，且仰拱封闭距离在10～15m之间，无法满足现场实际施工空间要求。因此，隧道仰拱的封闭距离应在20～25m之间，如图7-29所示。

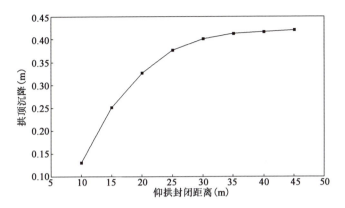

图7-26 不同仰拱封闭距离下隧道拱顶沉降

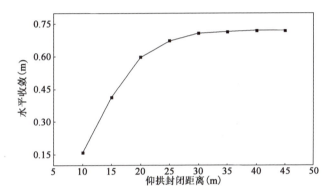

图7-27 不同仰拱封闭距离下隧道水平收敛

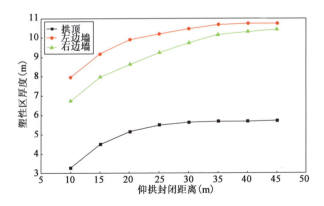

图7-28 不同仰拱封闭距离下隧道塑性区厚度

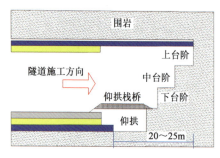

图 7-29 仰拱封闭距离示意图

隧道大变形段采用弱爆破开挖,配套小型凿岩机、挖掘机、装载机、自卸车进行掌子面开挖和渣土运输处理,支护拱架和喷射混凝土分别为人工安装和混凝土湿喷机施工。设备配置见表 7-7。

依据施工的配套机械设备,基于机械设备尺寸及最小作业空间需要,并考虑施工组织可行性,提出合理台阶步距。台阶作业平台宽度设置 5~7m,台阶高度控制在 3~4m 范围,仰拱封闭距离缩短至 16~23m 范围。优化后台阶开挖尺寸见表 7-8,现场施作效果如图 7-30 所示。

隧道机械配套说明   表 7-7

工序名称	机械设备
隧道开挖	气腿式凿岩机、挖掘机、装载机
渣土运输	挖掘机、装载机、自卸车
拱架安装	立架台车、气腿式凿岩机、锚杆钻机
喷射混凝土支护	混凝土湿喷机

变形隧道开挖短台阶尺寸(单位:m)   表 7-8

台阶名称	上台阶	中台阶	下台阶	仰拱
台阶长度	5~7	5~7	5~7	1~2
台阶高度	3.5~4.0	3.5~4.0	3.0~3.5	—

图 7-30 现场施作效果

7.5 初期支护加强

7.5.1 单层钢架加强

单层钢架加强可通过加大钢架的型钢型号、加密钢架间距及加强纵向连接实现,如钢架型钢型号由 I18 调整为 I22,钢架间距由 1.0m 调整为 0.5m,纵向连接由钢筋调整为工字钢。下面通过数值计算进一步分析不同支护结构抵抗变形的能力和结构受力特征,模型采用结构单元(壳单元、锚杆单元)模拟格栅、I20b 型钢、格栅+I20b 型钢、双层 I20b 型钢、H175 型钢五种钢架工况和 8m 长锚杆的组合支护体系,模拟的工法均为三台阶预留核心土法,其计算模型如图 7-31 所示。

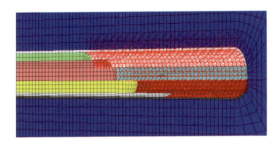

图 7-31 计算模型剖面图

围岩计算参数按工程特性研究取值,支护结构的计算参数按刚度等效进行折算,具体参数见表 7-9、表 7-10。

不同初期支护的计算参数　　　　表 7-9

编号	支护类型	密度(kg/m³)	弹性模量(GPa)
1	一层支护格栅	2495.9	25.1
	二层支护 I20b 型钢	2601.3	30.3
2	一层支护 I20b 型钢	2572.7	30.3
	二层支护 I20b 型钢	2572.7	30.3
3	H175	2610.6	31.7

锚杆计算参数表　　　　表 7-10

参数名称	单位	参数
等效弹性模量	GPa	45

续上表

参数名称	单位	参数
横截面积	cm²	15.7
水泥浆外围周长	m	1
抗拉强度	kN	250
单位长度水泥浆刚度	MPa	17.5
单位长度水泥浆黏结力	kN/m	200

根据计算结果绘制各支护工况拱顶沉降与掌子面的距离关系如图7-32所示。

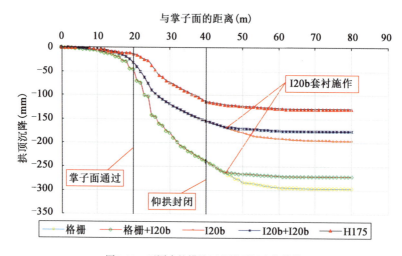

图7-32 不同支护措施下的拱顶沉变化曲线

由图7-32可知,一层支护格栅、I20工字钢、H175型钢各支护段前期位移损失、变化速率和累积变形量依次减小;各支护段在仰拱封闭后的变形开始趋于稳定,H175型钢在仰拱封闭的变形增加量较少,格栅和I20b工字钢一层支护段在仰拱封闭后仍有一定程度的位移发展,格栅段的增长最大,对一层支护格栅和I20b工字钢施作套衬后,变形较单层支护段提前达到稳定状态;格栅+I20b工字钢双层支护在施作套衬后的位移减小量较I20b工字钢+I20b工字钢双层支护的要大,说明一层支护对围岩位移增量的发展起到了关键性的作用,保证一层支护强度非常必要。

计算得到一层支护的拱顶钢架轴向受力变化曲线,如图7-33所示。

由图7-33可知,格栅、I20b工字钢和H175型钢初期应力增长以H175型钢最快、I20b工字钢次之、格栅最缓,同时H175型钢的应力发展在初期支护封闭前就开始趋于稳定,而格栅和I20b工字钢在仰拱成环后才进入收敛状态;格栅和I20b工字钢段施作套衬后,其应力有再一次的较大增长,形成明显的台阶;前期强支护对于减少围岩的稳定时间有利,而前期对围岩应力的适当释放对结构的长期受力是有益的,故应综合选取合理的钢架形式。

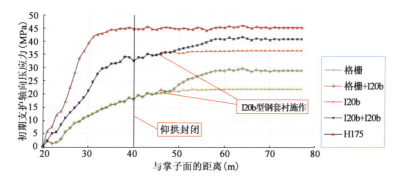

图7-33 不同一层支护措施下的钢架轴向应力变化曲线

针对琅勃拉邦缝合带大变形隧道出现的复杂的初期支护结构破坏问题,为提高初期支护拱架的纵向刚度、整体稳定性及承载能力,首先可采用HW175、H200等高强型钢拱架,拱架间采用螺纹钢或工字钢进行纵向连接,如图7-34所示。

图7-34 钢架结构纵向加强

7.5.2 多层钢架加强

高地应力软岩隧道开挖后围岩的自稳时间短,为了维持围岩的稳定,避免由于变形过大导致的支护结构破坏,须采用支护强度和刚度较大的初期支护。此外,对于严重或极严重大变形隧道,还可以通过增加初期支护层数

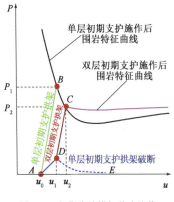

图7-35 初期支护拱架分步施作变形特征曲线

来抵抗围岩变形,例如施作双层初期支护。根据围岩-支护特征曲线,双层初期支护结构作用机制如图7-35所示。依靠单层初期支护拱架,隧道变形仅可以承担变形量为μ_1的变形荷载,之后随着围岩变形的进一步发展,围岩压力超过其承载能力时,单层初期支护拱架会快速地进入破断阶段(DE段),从而使其承载能力大大降低;但倘若在单层初期支护拱架即将进入破坏状态之前(D点),第二层初期支护拱架能够及时跟进,则可以进一步发挥双层拱架的联合承载能力,在实现围岩压力释放的同时(围岩压力由P_1降为P_2),可将围岩变形控制在μ_2之内。

双层初期支护中的第1层初期支护,由上至下随开挖步序依次施作;第2层初期支护与第1层初期支护的顺序正好相反,按照由下至上的顺序进行施工。在隧底部位第1层初期支护施工的同时,同时将隧底部位的第2层初期支护一并施工完成,然后根据围岩的变形情况及时施工拱墙部位的第2层初期支护,一般滞后隧底初期支护1～2个循环的距离。安装第2层初期支护的钢拱架时,与第1层初期支护的钢拱架呈交错布置形式。双层支护施作工序如图7-36所示。

图7-36 双层支护施作工序

总而言之,对于轻微～中等大变形等级,采用单层强初期支护一般即可满足支护刚度;对于严重大变形,宜采用双层初期支护。综合现场试验及数值分析结果,缝合带隧道建议采用的支护拱架形式见表7-11。

不同等级大变形建议支护钢架形式 表7-11

变形等级	支护类型	钢架类型	支护间距(m/榀)
轻微	单层初期支护结构	全环HW175型钢	0.8~1.0
中等	单层初期支护结构	全环HW175型钢	0.6~0.8
严重	双层初期支护结构	一层初期支护HW175型钢 二层初期支护I20b型钢	0.6~0.8

7.6 注浆加固围岩

7.6.1 超前注浆

高地应力软岩隧道围岩软弱,开挖后易出现严重大变形,掌子面难以自稳,导致频繁溜坍(图7-37),通过打设超前管棚并进行注浆,可提高掌子面围岩的自稳能力,防止隧道开挖后掌子面失稳,保障隧道安全施工。

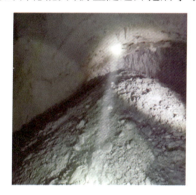 

图7-37 隧道开挖前围岩情况

管棚可采用 ϕ108mm 钢花管,溢浆孔孔径设定为15mm,孔间距为20cm,呈梅花形布置(图7-38)。爆破开挖后,先喷射混凝土封闭掌子面,喷射混凝土等级采用C25。然后标定孔位,确定钻进角度,按设计在掌子面上将钻孔位置用红漆标出,将钻具对准注浆孔孔口位置钻进。钻孔时,先采用直径为130mm的钻头成孔,成孔后送入管棚至设计深度,最后对管棚进行注浆。注浆采用 ϕ42mm 小导管,注浆时应确保浆液均匀分布,以更好地加固围岩。

若成孔较为困难,可采用后退式注浆工艺改良地层,具体施作流程如下:①采用直径为130mm的钻头钻至设计深度,退钻并拆除钻杆;②施作直径为57mm的小钻杆(2m/根),通过小钻杆中部的空心通道进行注浆(双液浆);③达到注浆结束标准后,拆除2m小钻杆之后再进行注浆施工;④循环③工序,直至可以顺利成孔。

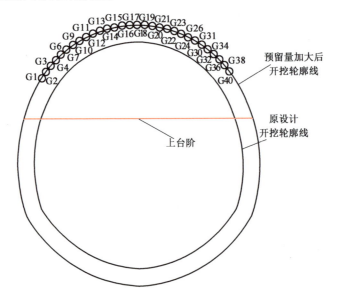

图7-38 管棚布置图

根据地质情况及防溜坍施工要求,注浆材料以普通水泥单液浆为主,注浆材料以普通水泥-水玻璃双液浆为辅。注浆可采用普通硅酸盐水泥(P·O 42.5),水玻璃浓度在38°Bé以上,模数在2.4~2.8之间。浆液配合比参数见表7-12。

浆液配合比参数表   表7-12

序号	名称	浆液配合比	
		$W:C$(水灰比)	$C:S$(体积比)
1	普通硅酸盐水泥单液浆	(0.8~1):1	—
2	普通水泥-水玻璃双液浆	(0.8~1):1	1:1

管棚注浆按照由下到上、间隔跳孔的原则,边施作管棚边注浆,避免相邻孔注浆时发生串浆。注浆时注浆压力在0.5~5.0MPa之间,终压在4.0~5.0MPa之间。注浆采用单孔注浆结束标准。注浆时注浆压力逐渐增大,达

到终压(4.0~5.0MPa)并持续稳定10min后,注浆结束。管棚注浆试验计划配置机械见表7-13,隧道管棚注浆试验人员计划配置见表7-14,管棚超前注浆效果如图7-39所示。

管棚注浆试验计划机械配置表　　　　　　　　　　表7-13

序号	机械设备名称	规格型号	数量(台)	状况
1	管棚钻机	KR805-2	1	良好
2	注浆泵	KBY90/16	3	良好
3	灰浆搅拌机	LJ-1000	3	良好

管棚注浆试验计划机械配置表　　　　　　　　　　表7-14

序号	职务或工种	数量(人)
1	管理人员	1
2	注浆记录人员	1
3	试验员	1
4	钻机司机	1
5	注浆作业人员	7
6	杂工	3
7	合计	14

图7-39　隧道超前注浆效果

7.6.2　径向注浆

对于严重、极严重大变形隧道,需对隧道周边围岩进行径向注浆加固,有利于形成围岩承载环,防止产生过大变形。径向注浆可采用ϕ42mm的小

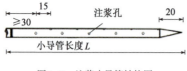

图7-40 注浆小导管结构图
（尺寸单位：cm）

导管，呈梅花形布置，间距采用1.0m×1.0m（纵向×环向），小导管前端焊成尖锥形，便于插入孔中，管体上每隔15cm打设梅花形孔，孔直径为6~8mm，尾部止浆段长度不小于30cm。小导管构造如图7-40所示，注浆参数可参照超前注浆。

7.7 二次衬砌施作时机

7.7.1 二次衬砌施作时机确定方法

1）极限位移准则确定

采用有限差分软件，分别建立单、双线隧道不同等级大变形段施工过程计算模型，对隧道开挖过程进行计算，监测模型中间断面变形发展规律。第一步为弹塑性阶段的隧道开挖模拟，第二步为施工期流变阶段模拟，考虑施工期为3年。通过上述模拟计算，确定变形与计算步间关系及隧道极限位移。重新计算上述隧道开挖模型，分别在监测断面变形达到极限位移的90%、95%时施作二次衬砌，如图7-41所示。

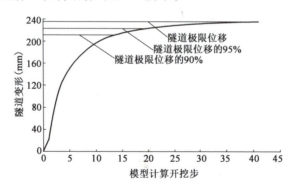

图7-41 二次衬砌施作时机计算规划

根据计算得到的实体单元的应力，通过读取单元上下边缘应力，得到实体单元的弯矩、轴力，见式(7-1)、式(7-2)。

$$M = bh^2 \frac{\sigma_1 - \sigma_2}{12} \tag{7-1}$$

$$N = bh\frac{\sigma_1 + \sigma_2}{2} \qquad (7\text{-}2)$$

式中：M——截面弯矩（kN·m）；

N——截面轴力（kN）；

b——截面宽度（m），通常取1m；

h——截面的厚度（m）；

σ_1、σ_2——截面上下边缘应力（MPa）。

根据上述单元弯矩、轴力，按容许应力法计算二次衬砌实体单元各截面的安全系数，根据铁路隧道设计规范，取2.0安全系数，确定软岩隧道二次衬砌极限位移准则标准。

2）变形速率准则确定

根据极限位移准则，取二次衬砌安全系数达到规范要求时对应的隧道变形速率作为二次衬砌施作时机的变形速率准则。将隧道变形数据通过回归分析的方法，确定变形与时间关系，并确定隧道极限位移值。本书采用指数函数对隧道变形进行拟合，见式（7-3）；拟合结果如图7-42所示。

$$y = a\mathrm{e}^{-b/x} \qquad (7\text{-}3)$$

式中：y——隧道变形（mm）；

x——监测时间（d）；

a、b——拟合系数。

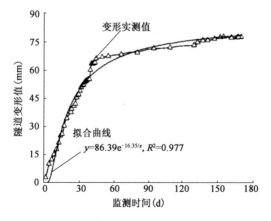

图7-42　隧道变形拟合结果

对隧道各断面变形速率进行统计,取80%保证率(80%断面位移速率可达到要求),作为隧道二次衬砌施作变形速率准则,如图7-43所示。

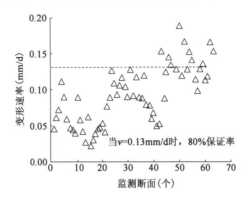

图7-43 二次衬砌施作变形速率准则

7.7.2 二次衬砌施作时机确定

对隧道施工过程的模拟按地层-结构模型进行考虑,计算模型在隧道横断面左右和上边界取5倍的隧道开挖洞径,下边界取3倍的隧道开挖洞径。最终建立的计算模型尺寸如图7-44所示。

根据现场实际情况和软岩大变形分级研究成果,对轻微和中等软岩大变形隧道进行计算,其围岩与支护参数选取见表7-15、表7-16。

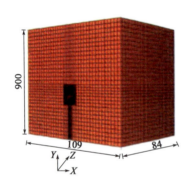

图7-44 隧道数值计算模型
(尺寸单位:m)

围岩计算参数　　　　　　　　　表7-15

软岩大变形等级	弹性模量(GPa)	泊松比	黏聚力(MPa)	内摩擦角(°)
轻微	1.2	0.32	2.1	32
中等	0.9	0.25	1.2	28
严重	0.5	0.21	0.8	25

初期支护和二次衬砌计算参数　　　　　　表7-16

结构	混凝土等级	弹性模量（GPa）	泊松比	重度（kN/m³）
初期支护	C30	30	0.2	25
二次衬砌	C35	31.5	0.2	25

隧道变形计算结果如图7-45所示。由于计算模型中的假定和简化,隧道变形和受力是对称的,因此只给出边墙一侧的变形数据。

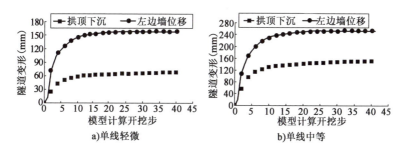

图7-45　隧道变形—开挖步曲线

由图7-45可知,在高构造应力共同作用下,隧道变形表现出明显的方向性,拱顶位移相对边墙位移较小,隧道变形以边墙位移为主。因此本书以隧道边墙位移为准,分别计算当隧道位移达到极限位移的90%和95%时施作二次衬砌的安全系数,结果如图7-46、图7-47所示。

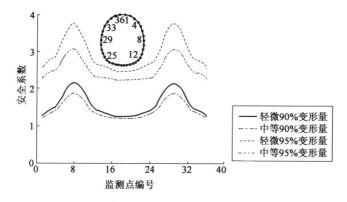

图7-46　二次衬砌安全系数分布曲线图

比较隧道二次衬砌安全系数。当位移达到极限位移的90%时施作二次衬砌,二次衬砌安全系数介于1.2~2.2之间;当位移达到极限位移的95%时施作二次衬砌,二次衬砌的安全系数介于2.2~3.9之间。综上所述,应该在隧道位移达到极限位移的95%时施作二次衬砌,软岩隧道二次衬砌施作时机建议值见表7-17。

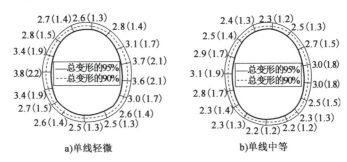

图7-47 二次衬砌安全系数分布示意图

软岩隧道二次衬砌施作时机建议值　　　　　表7-17

大变形等级	变形速率准则
轻微、中等	变形速率<1mm/d
严重	变形速率<2mm/d

7.8 工程应用

7.8.1 试验段选择及测试内容

会富莱隧道D2K130+240~D2K130+365段施工期间发生不同程度大变形问题,局部采取拱架拆换、混凝土补喷、径向注浆、增设锁脚锚杆等处治措施,施工期间多次发生长期停滞。因此,选取中老铁路老挝段中会富莱隧道的典型大变形段开展控制技术现场应用试验,分析变形控制效果。

试验段里程为D2K130+365~D2K130+500,试验段平均埋深150m,揭示岩性基本为炭质板岩,软泥质块状结构,地质条件基本一致,试验段揭示围岩如图7-48所示。依据试验段岩石强度和隧道区域地应力测试结果,初步判定试验段大变形分级属于轻微至中等,变形控制措施参数见表7-18。图7-49所示为试验段位置说明及测试断面示意。

图 7-48 试验段揭示围岩

试验检测断面主要支护参数 表 7-18

围岩级别	V级
二次衬砌类型	V级复合衬砌（钢筋混凝土结构）
初期支护 — 喷射混凝土	C25 喷射混凝土
初期支护 — 支护拱架	全环 H175 型钢钢架支护,间距 0.6m/榀
初期支护 — 钢架锁脚	φ42mm 锁脚锚管,长 4.0m
初期支护 — 纵向连接筋	I14 型钢
初期支护 — 锚杆支护	拱部 φ22mm 全长黏结砂浆锚杆,单根长 4m
初期支护 — 锚杆支护	边墙 φ22mm 全长黏结砂浆锚杆,单根长 6m
初期支护 — 钢筋网	φ6mm 钢筋网（20mm×20mm）
初期支护 — 超前支护	拱部 120°范围设置 φ42mm 小导管,纵向间距 3m/环,每环 30 根,单根长 4.5m
施工方法	三台阶法

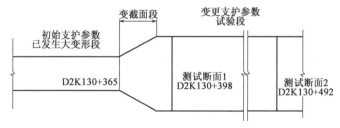

图 7-49 试验段示意图

选取试验段 D2K130+398 和 D2K130+492 两处作为支护受力监测断面,通过布设测试仪器,长期监测施工过程的围岩压力、支护钢架应力、喷射混凝土应力和锚杆轴力,分析采取控制技术后的隧道支护结构受力特征。

测试断面共计8个测点,分别对应隧道拱顶、两侧拱肩、两侧拱脚、两侧边墙、仰拱位置。围岩压力测试采用振弦式双膜压力盒,用"YL"表示;钢架应力测试采用钢筋应力计,在钢架内侧翼缘和外侧翼缘对称布置,分别用"NG"和"WG"表示;混凝土应力测试采用埋入式混凝土应变计,用"HT"表示;锚杆受力测试采用锚杆轴力计,用"MG"表示。测点布置示意如图7-50所示,现场实施如图7-51所示。

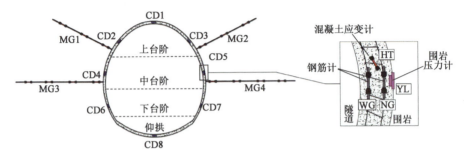

图7-50　测点布置图

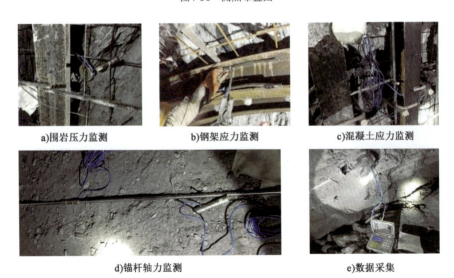

图7-51　设备安装及数据采集

测试断面围岩变形时程曲线如图7-52所示。变形主要方向以侧墙水平收敛为主,初期支护封闭后变形速率减缓并逐渐趋于稳定。D2K130+398和D2K130+492的最大水平收敛分别为173.4mm(水平收敛SL1)和199.7mm(水平收敛SL2),拱顶沉降分别为110.8mm和106.8mm,围岩变形基本可控。

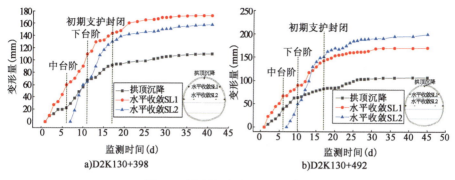

图 7-52 测试断面围岩变形时程曲线

下文将对测试断面的围岩压力、钢架喷射混凝土应力、锚杆轴力测试结果进行具体分析。

7.8.2 围岩压力

图 7-53 所示为测试断面围岩压力时程曲线。可以看出,变化规律基本划分为三个阶段。第一阶段隧道开挖至初期支护封闭,围岩压力快速增长;第二阶段初期支护封闭至衬砌施作,围岩压力仍保持缓慢上升趋势,但增速逐渐放缓;第三阶段为衬砌施作完成,此时围岩压力存在上浮波动,但基本稳定。缝合带隧道开挖至初期支护封闭阶段是围岩应力释放的主要阶段,短台阶施工缩短初期支护封闭距离,有效降低初期支护封闭后的围岩应力释放速率,围岩压力增速明显减缓,超出隧道开挖扰动范围后围岩压力基本稳定。

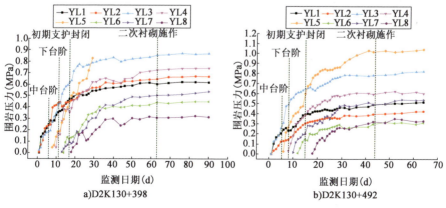

图 7-53 围岩压力时程曲线

图 7-54 所示为围岩压力分布曲线。围岩压力测试结果最大值位于 D2K130+492 右侧拱脚位置,约为 1.04MPa,整体规律表现为侧墙压力高于拱部,局部应力集中。由于隧道上台阶开挖时间最早,拱部围岩压力经历施工多次扰动累积增长,围岩压力相对较大。隧道侧墙则因缝合带高水平构造应力影响,中下台阶开挖瞬时围岩应力释放量大,释放速率快,围岩压力增速较快。

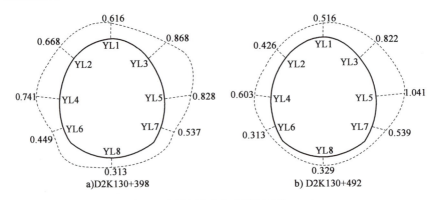

图 7-54 围岩压力分布示意图(单位:MPa)

计算各测点与拱顶围岩压力比值,见表 7-19。由图表可以看出两测试断面围岩压力分布规律基本一致,均表现为侧墙大于拱顶,说明缝合带隧道在水平构造应力作用下,围岩压力分布表现为侧向挤压为主。右侧与拱顶围岩压力的最大比值为 2.01,左侧与拱顶围岩压力的最大比值为 1.59,说明缝合带构造应力影响下隧道侧向围岩压力分布存在不对称性,试验段右侧更易形成应力集中。

不同测点围岩压力与拱顶围岩压力比值关系　　表 7-19

测试断面	YL1	YL2	YL3	YL4	YL5	YL6	YL7	YL8
D2K130+398	1	1.08	1.41	1.20	1.34	0.73	0.87	0.51
D2K130+492	1	0.83	1.59	1.17	2.01	0.61	1.04	0.64

7.8.3　钢架喷射混凝土结构应力

1)钢架结构应力

图 7-55 为钢架内外翼缘应力时程曲线,图 7-56 为钢架应力分布示意图,图中负值表示压应力。

第7章 隧道大变形主动控制技术

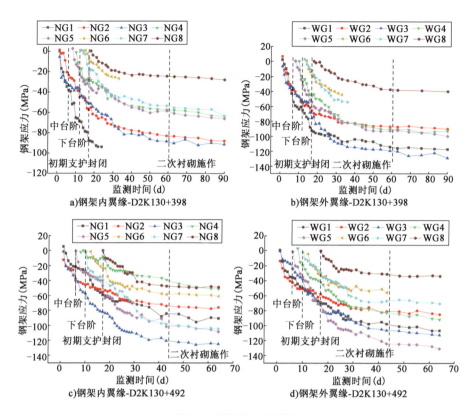

图7-55 钢架应力时程曲线

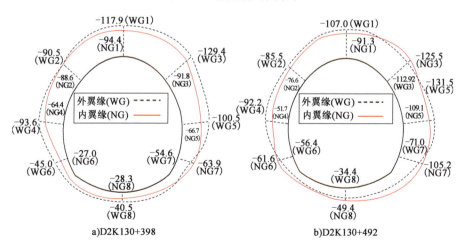

图7-56 钢架应力分布示意图（单位：MPa）

可以看出钢架应力时程曲线与围岩压力时程曲线规律相似,以D2K130+398断面为例,对施工过程钢架应力发展规律进行说明。首先上台阶钢架施作后便立即开始承载,表现为支护后拱部应力快速增长;中下台阶开挖后水平向围岩应力快速释放,侧墙位置钢架应力显著增大;初期支护封闭成环后结构整体受力,各测点应力增速减缓,并逐步趋于稳定。缝合带软岩隧道的支护钢架在施作短期内即需承受较大荷载,因此高刚度钢架结构是保证隧道围岩早期稳定的重要控制措施。

由图7-56可以看出,钢架内外翼缘应力测试结果均为压应力,且应力分布规律基本一致。表现为钢架上部至下部应力逐渐减小,左右侧应力不对称分布,右侧钢架应力明显大于左侧,局部应力集中点将承受较大荷载,但均未达到材料的屈服极限。说明通过采取控制技术后钢架受力得到显著改善,钢架结构承载性能满足大变形承载需求。

2)喷射混凝土应力

图7-57和图7-58分别为喷射混凝土应力时程曲线和应力分布示意图,负值表示压应力。

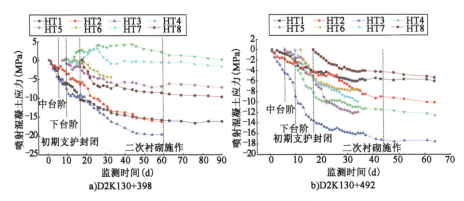

图7-57 喷射混凝土应力时程曲线

由图7-57可以看出,早期喷射混凝土的应力增速相对缓慢,围岩压力主要由钢架结构承担,随时间推移喷射混凝土强度提升,应力开始快速增长,初期支护封闭后增速减缓并逐渐趋于稳定。

如图7-58所示,喷射混凝土应力分布表现为基本整体受压,部分测点应力接近屈服极限,初期支护局部存在少量微裂缝。主要因喷射混凝土早期强度较低,承受较大压应力时薄弱环节率先达到或临近早期屈服极限,后期应力增长,薄弱环节发生应力集中,导致局部应力趋于屈服极限,总体结构受力基本满足材料承载极限。断面 D2K130+398 中,测点 HT4 和 HT7 在仪器安装后初始应力为拉应力,且测试过程中数据出现大幅波动,推断测试仪器发生损坏。

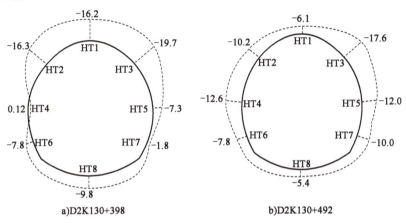

图 7-58 喷射混凝土应力分布图(单位:MPa)

7.8.4 锚杆轴力

锚杆测试选用不同长度测力锚杆,用于对比分析不同长度锚杆受力特征。D2K130+398 断面拱肩和拱脚测力锚杆长度选用 4.5m,三点布置。D2K130+492 断面拱部测力锚杆长度选用 4.5m,三点布置;拱脚测力锚杆长度选用 6.5m,四点布置。D2K130+398 断面左拱脚测力锚杆由于安装过程发生损坏,数据无法采集。图 7-59 和图 7-60 分别为 D2K130+398 断面和 D2K130+492 断面锚杆轴力时程曲线,正值表示锚杆受拉,负值表示锚杆受压。

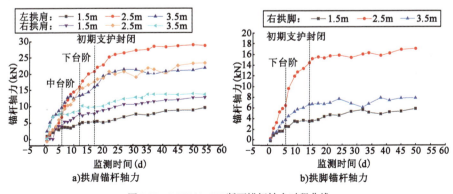

图 7-59 D2K130+398 断面锚杆轴力时程曲线

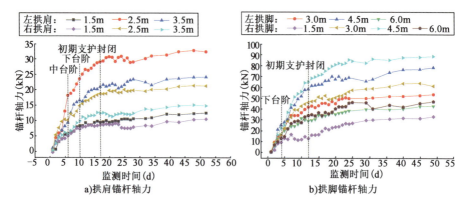

图 7-60　D2K130+492 断面锚杆轴力时程曲线

由图可以看出,测力锚杆施作后轴力快速增长,初期支护封闭成环后增速明显放缓,当测试断面距离掌子面一定距离后趋于稳定。表明长短锚杆的轴力发展规律均与施工过程密切相关,缝合带隧道开挖空间扰动后应力快速释放是导致围岩变形、锚杆轴力显著增大的重要因素。通过施作短锚杆能够发挥承载拱效应,限制上台阶开挖过程的早期围岩变形,抑制围岩松动圈扩展。长锚杆施作后将松动圈围岩与深层稳定围岩建立联系,进一步控制围岩变形增长。

图 7-61 所示为两个测试断面锚杆轴力分布示意图。由图可以看出,短锚杆和长锚杆的轴力分布均表现为两端小、中间大,但受力特征不完全相同,短锚杆轴力较小,最大值位于锚杆中段,长锚杆则承受更高拉应力,最大值一定程度后移。分析原因,短锚杆全段作用于松动圈范围,主要作用是加固浅层松动围岩,控制松动圈早期发展,受力相对均衡,而长锚杆受短锚杆加固浅层围岩影响,中性点向深层转移。

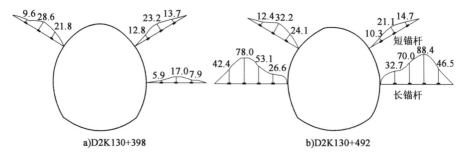

图 7-61　锚杆轴力分布示意图(单位:kN)

7.8.5 隧道大变形控制效果评价

选取初始设计支护方案和控制技术支护方案的典型断面,绘制围岩变形时程曲线,如图7-62所示。图7-63所示为不同施工阶段的累积变形量及占比情况。

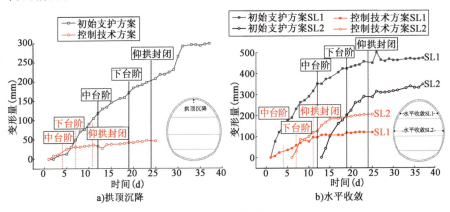

图7-62 围岩变形时程曲线对比结果

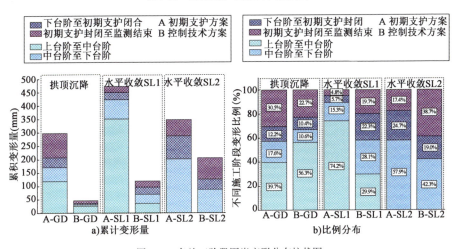

图7-63 各施工阶段围岩变形分布柱状图

由图可以看出,采取控制技术措施后初期支护封闭前仍是变形发展的主要阶段,基本达到最终变形量的70%~90%,变形主要特征仍表现为水平收敛量大,最大变形约为预留变形量的80%。但相较而言,不同施工阶段变形量均得到明显下降,台阶步距明显缩短,台阶施工衔接紧凑,仰拱封闭时间缩短约50%。

图7-64所示为上述两个典型断面的各阶段平均变形速率对比结果。由图可以看出,采取控制技术后,各施工阶段拱顶沉降和水平收敛的变形速率发生不同程度减小,表明控制措施发挥变形控制效果。采取控制技术时初期支护封闭至监测结束段的平均水平收敛变形速率略有升高,是由于短台阶开挖导致初期支护封闭成环后仍未超出掌子面的施工扰动区,因而变形仍存在增长,但由于整体结构承担围岩应力,变形速率增幅并不大,当超出扰动区后变形速率便基本稳定。

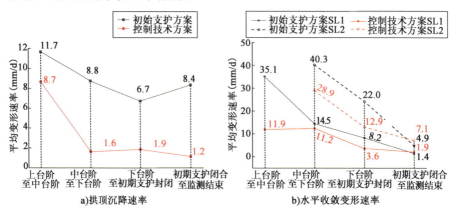

图7-64 围岩变形速率对比结果

图7-65所示为试验段围岩累积变形分布情况,围岩变形均控制在合理预留变形量范围内,表明上述技术措施后能够有效控制琅勃拉邦缝合带炭质板岩隧道变形发展。

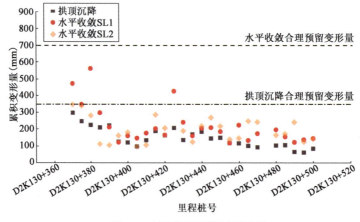

图7-65 试验段围岩累积变形统计

参 考 文 献

[1] 蔡美峰. 岩石力学与工程[M]. 北京:科学出版社,2002.

[2] 孙广忠. 岩体力学[M]. 北京:科学出版社,2002.

[3] 何满潮,景海河,孙晓明. 软岩工程力学[M]. 北京:科学出版社,2004.

[4] 杜耀辉. 炭质板岩大变形隧道结构受力特性及变形控制技术研究[D]. 西安:长安大学,2017.

[5] SHU Z, TAO T, PU D, et al. Analysis of microtopography atmospheric precipitable water vapour over the northeastern margin of the Qinghai-Tibet Plateau[J]. Atmosphere, 2022, 13(10): 1635.

[6] LI Y, CHEN J, ZHOU F, et al. Stability evaluation and potential damage of a giant paleo-landslide deposit at the East Himalayan Tectonic Junction on the southeastern margin of the Qinghai-Tibet Plateau[J]. Natural Hazards, 2022: 1-24.

[7] 李建伟,雷胜友,李振,等. 木寨岭隧道炭质板岩流变力学特性研究[J]. 隧道建设,2012,32(01):36-40.

[8] 陈艺超,张继恩,侯泉林,等. 增生弧基本特征与地质意义[J]. 地质科学,2021,56(02):615-634.

[9] 侯泉林. 高等构造地质学[M]. 北京:科学出版社,2018.

[10] 闫臻,付长垒,牛漫兰,等. 造山带中增生楔识别与地质意义[J]. 地质科学,2021,56(2):430-448.

[11] SALEEBY J B. Geochemical mapping of the Kings-Kaweah ophiolite belt, California-Evidence for progressive mélange formation in a large offset transform-subduction initiation environment[J]. Special Paper of the Geological Society of America, 2011,480:31-73.

[12] MESCHEDE M, FRISCH W, HERRMANN U R, et al. 1997. Stress transmission across an active plate boundary: An example from southern Mexico[J]. Tectonophysics, 266(01):81-100.

[13] 王宏. 老挝及邻区构造演化与成矿作用研究[D]. 北京:中国地质科学院,2013.

[14] METCALFE I. Gondwanaland origin, dispersion, and accretion of East

and Southeast Asian continental terranes[J]. Journal of south American earth sciences, 1994, 7(03):333-347.

[15] SONE M, METCALFE I. Parallel Tethyan sutures in mainland Southeast Asia: new insights for Palaeo-Tethys closure and implications for the Indosinian orogeny[J]. Comptes rendus geoscience, 2008, 340(2-3):166-179.

[16] METCALFE I. Palaeozoic and Mesozoic tectonic evolution and palaeogeography of east Asia crustal fragments: the Korean Peninsula in context[J]. Gondwana research, 2016, 9(12):24-26.

[17] LEPVRIER C, MALUSKI H, TICH V V, et al. The Early Triassic Indosinian orogeny in Vietnam (Truong Son Belt and Kontum Massif): Implications for the geodynamic evolution of Indochina[J]. Tectonophysics, 2004, 393(1-4):87-118.

[18] HOA T T, ANH T T, PHUONG N T, et al. Permo-Triassic intermediate-felsic magmatism of the Truong Son belt, eastern margin of Indochina[J]. Comptes Rendus Geoscience, 2008, 340(2-3):112-126.

[19] CAI J X, ZHANG K J. A new model for the Indochina and South China collision during the Late Permian to the Middle Triassic[J]. Tectonophysics, 2009, 467(1-4):35-43.

[20] 史鹏亮,杨天南,梁明娟,等.三江构造带新生代变形构造的时-空变化:研究综述及新数据[J].岩石学报,2015,31(11):3331-3352.

[21] 王二七,孟恺,许光,等.印度陆块新生代两次仰冲事件及其构造驱动机制:论印度洋、特提斯和欧亚板块相互作用[J].岩石学报,2018,34(07):1867-1875.

[22] 钱鑫.老挝琅勃拉邦及黎府构造带古特提斯构造演化[D].武汉:中国地质大学,2016.

[23] 陈彦,甘立胜,吴泰然,等.阿拉善地块北缘二叠纪花岗岩类的锆石年代学、地球化学及其对伸展环境的指示意义[J].岩石学报,2022,38(10):3003-3020.

[24] 佟洪广.大涌水炭质板岩隧道废水处理技术研究[J].中国资源综合利用,2018,36(11):51-54.

[25] 许王,刘福来,冀磊,等.西南三江德钦-维西地区中二叠-晚三叠世岩

浆岩与古特提斯演化[J].岩石学报,2021,37(2):462-480.

[26] 刘俊来,宋志杰,曹淑云,等.印度-欧亚侧向碰撞带构造-岩浆演化的动力学背景与过程:以藏东三江地区构造演化为例[J].岩石学报,2006,22(4):775-786.

[27] MARSH N A. The influences of crustal extension, salt tectonics and gravity-driven deformation on the structural evolution of the Halten Terrace, offshore mid-Norway: New sights from 3D seismic data and fault analysis [D]. University of Durham, 2008.

[28] BRANDES C, TANNER D C. Fault-related folding: a review of kinematic models and their application[J]. Earth-Science Reviews, 2014, 138: 352-370.

[29] 罗斌.基于约束数据域三角剖分的高精度DEM快速生成技术及实现[D].陕西:长安大学,2006.

[30] 常直杨,孙伟红,王建,等.数字高程模型在构造地貌形态分析中的应用现状及展望[J].南京师大学报(自然科学版),2015,38(4):129-136.

[31] 张会平,杨农,刘少峰,等.数字高程模型(DEM)在构造地貌研究中的应用新进展[J].地质通报,2006,25(6):660-669.

[32] 陈静.基于数字高程模型的构造地貌分析:以松潘—龙门山地区为例[D].北京:中国地质大学(北京),2009.

[33] 刘璐,邵延秀,王伟,等.藏南仲巴裂谷带地貌和断裂活动特征研究[J].地球科学,2022,47(8):3029-3044.

[34] 王晟,吕同艳,吴中海,等.藏南裂谷区晚第四纪泉华的ESR测年适用性研究[J].地质力学学报,2023,29(2):276-289.

[35] 张宇,潘金花,刘畅,等.新甘交界北山地区大泉断裂走滑特征及ESR测年证据[J].北京大学学报(自然科学版),2009,45(1):71-78.

[36] 胡玲,何登发,胡道功.准噶尔盆地南缘霍尔果斯—玛纳斯—吐谷鲁断裂晚新生代构造变形的ESR测年证据[J].地球学报,2005,26(2):121-126.

[37] 罗介池.福格村隧道隧址区渗流场研究与涌水量预测[D].四川:西南交通大学,2021.

[38] 郑中华.中国大陆2000—2004年构造应力图和全球深源地震机制解

初探[D].北京:北京大学,2005.

[39] 刘金朝,陆诗阔,许鹤华,等.三维黏弹性LDDA方法及其在地学中的初步应用[J].地震学报,2002,24(3):325-332.

[40] 苏生瑞.断裂构造对地应力场的影响及其工程意义[D].成都:成都理工学院,2001.

[41] 沈海超,程远方,赵益忠,等.基于实测数据及数值模拟断层对地应力的影响[J].岩石力学与工程学报,2008(S2):3985-3990.

[42] 翁剑桥,曾联波,吕文雅,等.断层附近地应力扰动带宽度及其影响因素[J].地质力学学报,2020,26(01):39-47.

[43] 刘家仁.褶皱构造应力场及其演化[J].地质力学学报,2019,25(3):341-348.

[44] 周翠英,李昂,刘镇.平行褶皱构造对隧道围岩变形的影响研究[J].现代隧道技术,2020,57(3):65-74,84.

[45] 谢新生.挤压带褶皱构造力学解析及其地震意义[J].地震学报,1999,21(3):278-284.

[46] 刘钰宏.中老铁路琅勃拉邦缝合带段岩石学特征及工程问题研究[D].四川:西南交通大学,2022.

[47] 杨旸.地质缝合带高地应力炭质板岩隧道大变形控制技术研究[D].北京:北京交通大学,2022.

[48] 袁铎恩,边家辉,刘紫璇,等.华北板块南缘早二叠世煤中微量元素赋存特征及主控机制[J].地质科技通报,2023,42(5):138-149.

[49] 陈艺超,张继恩,田忠华,等.造山带中缝合面结构特征与构造意义[J].岩石学报,2021,37(8):2324-2338.

[50] 张少华,邓小江,冯许魁,等.川南地区深层页岩气地球物理勘探技术新进展与攻关方向[J].石油地球物理勘探,2023,58(1):238-248.

[51] 蔡美峰.地应力测量原理和技术[M].北京:科学出版社,2000.

[52] 闫振雄,郭奇峰,王培涛.空心包体应变计地应力分量计算方法及应用[J].岩土力学,2018,39(02):715-721.

[53] 郭建伟,朱元广,王蕾,等.基于六向压应力传感器流变应力恢复法的地应力测量[J].科学技术与工程,2020,20(34):14027-14033.

[54] 刘泉声,罗慈友,朱元广,等.流变应力恢复法压力传感器传感单元方

位布设研究[J]. 岩土力学,2020,41(1):336-341,352.

[55] 吴满路,马寅生,张春山,等. 兰州至玛曲地区地应力测量与现今构造应力场特征研究[J]. 地球物理学报,2008,51(5):1468-1474.

[56] 侯明勋. 深部岩体三维地应力测量新方法、新原理及其相关问题研究[J]. 岩石力学与工程学报,2004,23(24):4258-4258.

[57] 朱明德,王照亚,张月征,等. 基于水压致裂法的三山岛深竖井工程区地应力测量与反演分析[J]. 地质力学学报,2023,29(3):430-441.

[58] 徐干成,袁伟泽,李成学,等. 某工程区水压致裂法地应力测试及其分布特征研究[J]. 现代隧道技术,2021,58(4):163-169.

[59] 刘允芳,刘元坤. 单钻孔中水压致裂法三维地应力测量的新进展[J]. 岩石力学与工程学报,2006,25(z2):3816-3822.

[60] 李军,张超谟,王贵文,等. 一种研究山前挤压构造区地应力的新方法[J]. 地球学报,2004,25(1):89-94.

[61] 王秀娟,孙贻铃,庞彦明. 三肇地区扶、杨油层裂缝和地应力分布特征及对注水开发的影响[J]. 大庆石油地质与开发,2000,19(5):9-12.

[62] 徐隽松,潘鹏志,陈建强,等. 基于地应力反演的褶曲区煤层冲击危险性评价研究[J]. 煤炭科学技术,2023,51(9):35-45.

[63] 刘春康,苗胜军,卢新爱,等. 软硬岩交替区隧道初始地应力场反演研究[J]. 人民长江,2023,54(6):179-185.

[64] 刘军平,宛胜,田素梅,等. 滇西云县地区中二叠世火山岩的发现及其对昌宁-孟连古特提斯洋俯冲作用的约束[J]. 地质学报,2022,96(3):942-953.

[65] 周传芳,冯嘉,杨华本,等. 漠河盆地中侏罗世绣峰组物源分析及构造意义[J]. 吉林大学学报(地球科学版),2023,53(2):450-474.

[66] 王朝贝. 岩石压裂特性及地应力大小分析[D]. 山东:中国石油大学(华东),2016.

[67] 洪开荣,冯欢欢. 近2年我国隧道及地下工程发展与思考(2019—2020年)[J]. 隧道建设(中英文),2021,41(8):1259.

[68] 王云龙. 板岩隧道围岩变形破坏机制及稳定性控制方法研究[D]. 北京:北京交通大学,2013.

[69] 刘泾堂,姜立初,胡金鑫. 炭质板岩地层隧道塌方处治措施探讨[J]. 公

路交通科技(应用技术版),2015,11(03):41-50.

[70] 谢云鹏,陈秋南,贺泳超,等.深部高地应力环境下含白云母及石墨炭质板岩蠕变模型构建及其应用[J].中南大学学报(自然科学版),2021,52(02):568-578.

[71] 左清军,吴立,袁青.软板岩膨胀特性试验及微观机制分析[J].岩土力学,2014,35(04):986-997.

[72] TAO G, KING M S. Shear-wave velocity and Q anisotropy in rocks: a laboratoiy study[J]. International Journal of Rock Mechanics and Mining Science & Geomechanics Abstracts, 1990,27(05): 353-361.

[73] HOMAND F, MOREL E, HEMY J P, et al. Characterization of the module of elasticity of an anisotropic rock using dynamic and static methods[J]. International Journal of Rock Mechanics and Mining Science & Geomechanics Abstracts, 1993,30(05): 527-535.

[74] 肖尧,付小敏.碳质板岩力学性质研究[J].地质灾害与环境保护,2011,22(01):84-86.

[75] 宋勇军,雷胜友,邹翀,等.干燥与饱水状态下炭质板岩变形特性分析[J].煤炭工程,2015,47(04):124-127.

[76] 白永平,时保国.兰渝铁路沿线经济带构建研究[J].城市发展研究,2011,18(11):80-84.

[77] 赵福善.兰渝铁路两水隧道高地应力软岩大变形控制技术[J].隧道建设,2014,34(6):546-553.

[78] 李二强,张洪昌,张龙飞,等.不同层理倾角炭质板岩巴西劈裂试验及数值研究[J].岩土力学,2020,41(09):2869-2879.

[79] 胡涛涛,康志斌,陈建勋,等.含软弱夹层炭质板岩单轴压缩力学行为模拟研究[J].应用力学学报,2021,38(04):1580-1587.

[80] 张永兴,王更峰,周小平,等.含水炭质板岩非线性蠕变损伤模型及应用[J].土木建筑与环境工程,2012,34(03):1-9.

[81] LIU X, YAN P, CHEN M, et al. Optimization analysis of excavation procedure design of underground powerhouses under high in situ stress in China[J]. Applied Sciences, 2021, 11(21): 10252.

[82] TAO Z, CAO J, YANG L, et al. Study on deformation mechanism and

support measures of soft surrounding rock in Muzhailing deep tunnel[J]. Advances in Civil Engineering,2020,2020(2):1-14.

[83] LIU N, JING K, QI S, et al. The study of destruction status of inclined shaft second lined in Liangshui tunnel[J]. Advanced Materials Research, 2011, 228-229:1181-1184.

[84] 孟凌峰,胡端,张志强. 兰渝铁路西秦岭隧道结构受力变形的数值模拟分析[J]. 路基工程,2016(6):143-147.

[85] 廉明. 双线铁路软岩隧道施工大变形控制技术研究[D]. 北京:北京交通大学,2020.

[86] LIU Z. Study on the mechanical behavior of double primary support of soft rock tunnel under high ground stresses and large deformation[J]. Advances in Civil Engineering, 2020.

[87] 郭小龙,谭忠盛,喻渝. 成兰铁路软岩隧道大变形控制技术及变形控制基准研究[J]. 铁道学报,2022,44(3):86-104.

[88] 谭忠盛,李松涛,王建军,等. 中老铁路隧道软弱围岩大变形特征试验研究[J]. 中国铁道科学,2021,42(4):98-106.

[89] 周航,陈仕阔,刘彤,等. 复杂山区深埋隧道软岩大变形机理研究:以杨家坪隧道为例[J]. 工程地质学报,2022,30(3):852-862.

[90] 王更峰,张永兴,熊晓晖,等. 深埋大变形隧道炭质板岩蠕变特性试验[J]. 公路交通科技,2012,29(09):95-102.

[91] 宋勇军,雷胜友,邹翀,等. 分级加载下炭质板岩蠕变特性的试验研究[J]. 长江科学院院报,2013,30(09):47-52.

[92] 王永刚,丁文其,王者超,等. 炭质板岩三轴压缩蠕变特性及其本构模型[J]. 东北大学学报(自然科学版),2017,38(04):586-590.

[93] 李松,陈秋南,张志敏. 高围压炭质板岩流变力学试验与硬化损伤模型研究[J]. 地下空间与工程学报,2019,15(06):1691-1698.

[94] DAEMEN J. The engineering geology of weak rock[J]. Engineering Geology, 1994, 37(02):161-162.

[95] 中华人民共和国住房和城乡建设部. 工程岩体分级标准:GB/T 50218—2014[S]. 北京:中国计划出版社,2015.

[96] 谢俊峰,陈建平. 火车岭隧道软弱围岩大变形特征及机理分析[J]. 武

汉科技大学学报(自然科学版),2007(06):647-651.

[97] 刘志春,李文江,孙明磊,等. 乌鞘岭隧道F4断层区段监控量测综合分析[J]. 岩石力学与工程学报,2006(07):1502-1511.

[98] 谭忠盛,杨旸,陈伟,等. 中老铁路高地应力软岩隧道大变形控制技术研究[J]. 铁道学报,2020,42(12):171-178.

[99] 刘志春,朱永全,李文江,等. 挤压性围岩隧道大变形机理及分级标准研究[J]. 岩土工程学报,2008(05):690-697.

[100] 张文强,王庆林,李建伟,等. 木寨岭隧道大变形控制技术[J]. 隧道建设,2010,30(02):157-161.

[101] 汪波,李天斌,何川,等. 强震区软岩隧道大变形破坏特征及其成因机制分析[J]. 岩石力学与工程学报,2012,31(05):928-936.

[102] 林达明,尚彦军,陈明星,等. 雁门关隧道大变形突泥段地质结构与力学分析[J]. 岩石力学与工程学报,2012,31(z1):2751-2757.

[103] 李国良,刘志春,朱永全. 兰渝铁路高地应力软岩隧道挤压大变形规律及分级标准研究[J]. 现代隧道技术,2015,52(01):62-68.

[104] 李磊,谭忠盛. 挤压性破碎软岩隧道大变形特征及机制研究[J]. 岩石力学与工程学报,2018,37(S1):3593-3603.

[105] 郭健,阳军生,陈维,等. 基于现场实测的炭质板岩隧道围岩大变形与衬砌受力特征研究[J]. 岩石力学与工程学报,2019,38(04):832-841.

[106] 梁洪永,李镇,刘武,等. 千枚岩公路隧道初支结构变形破坏数值模拟分析[J]. 建筑安全,2021,36(10):19-25.

[107] 张良辉,熊厚金,张清. 隧道围岩位移的弹塑黏性解析解[J]. 岩土工程学报,1997(04):66-72.

[108] 潘岳,王志强,吴敏应. 非线性硬化与非线性软化的巷、隧道围岩塑性分析[J]. 岩土力学,2006(07):1038-1042.

[109] MARTIN C D, GIGER S, LANYON G W. Behaviour of weak shales in underground environments[J]. Rock Mechanics and Rock Engineering, 2016, 49: 673-687.

[110] 杨哲峰,徐颖,罗林,等. 软岩隧道破坏机理及大变形趋势判断研究[J]. 铁道建筑,2014(11):56-60.

[111] FENG W, HUANG R, LI T. Deformation analysis of a soft-hard rock contact zone surrounding a tunnel[J]. Tunnelling & Underground Space Technology Incorporating Trenchless Technology Research, 2012, 32: 190-197.

[112] 韦猛,林宇. 层状软岩隧道非对称大变形控制解耦方法[J]. 成都理工大学学报(自然科学版),2022,49(3):358-369.

[113] 蒋斌松,张强,贺永年,等. 深部圆形巷道破裂围岩的弹塑性分析[J]. 岩石力学与工程学报,2007(05):982-986.

[114] 张志增. 横观各向同性岩体位移反分析的理论与应用研究[D]. 北京:清华大学,2010.

[115] 余东明,姚海林,卢正,等. 考虑中间主应力的横观各向同性深埋圆隧弹塑性解[J]. 岩土工程学报,2012,34(10):1850-1857.

[116] 赵佃锦. 兰渝铁路木寨岭隧道高地应力软岩施工变形控制研究[D]. 兰州:兰州交通大学,2014.

[117] 袁超,王卫军,赵延林,等. 考虑岩体塑性硬化与软化特性的巷道围岩变形理论分析[J]. 煤炭学报,2015,40(S2):311-319.

[118] MANCHAO H, e SOUSA R L, MÜLLER A, et al. Analysis of excessive deformations in tunnels for safety evaluation[J]. Tunnelling and Underground Space Technology, 2015, 45: 190-202.

[119] 曾癸森,吕爱钟. 考虑构造应力作用下浅埋圆形隧洞的解析解[J]. 岩土力学,2017,38(S1):79-86.

[120] DALGIÇ S. Tunneling in squeezing rock, the Bolu tunnel, Anatolian Motorway, Turkey[J]. Engineering Geology, 2002, 67(1-2): 73-96.

[121] XU Z H, WANG W Y, LIN P, et al. Buffering effect of overlying sand layer technology for dealing with rockfall disaster in tunnels and a case study[J]. International Journal of Geomechanics, 2020, 20(8):04020127.

[122] 田四明,王伟,巩江峰. 中国铁路隧道发展与展望(含截至2020年底中国铁路隧道统计数据)[J]. 隧道建设(中英文),2021,41(2):308-325.

[123] 温剑. 成兰铁路跃龙门隧道3#斜井变形特征及治理措施研究[D]. 成都:成都理工大学,2017.

[124] HE M C, GONG W L, LI D J, et al. Physical modeling of failure process

of the excavation in horizontal strata based on IR thermography[J]. Mining Science and technology,2009,19(06):689-698.

[125] 邱俊. 成兰铁路某隧道软弱围岩大变形特征及其控制措施研究——以 D5K222+360～D5K222+560 段为例[D]. 成都:成都理工大学,2017.

[126] 何满潮,郭宏云,陈新,等. 基于和分解有限变形力学理论的深部软岩巷道开挖大变形数值模拟分析[J]. 岩石力学与工程学报,2010,29(S2):4050-4055.

[127] 赵旭峰,孙钧. 挤压性软岩流变参数反演与本构模型辨识[J]. 铁道工程学报,2008(05):5-8.

[128] 孙钧,潘晓明. 隧道软弱围岩挤压大变形非线性流变力学特性研究[J]. 岩石力学与工程学报,2012,31(10):1957-1968.

[129] 沙鹏,伍法权,李响,等. 高地应力条件下层状地层隧道围岩挤压变形与支护受力特征[J]. 岩土力学,2015,36(05):1407-1414.

[130] 李磊. 千枚岩隧道挤压性大变形机理及控制技术研究[D]. 北京:北京交通大学,2017.

[131] 吴成刚,何川,李讯,等. 高地应力下隧道结构力学的模型试验研究[J]. 现代隧道技术,2008,45(S1):250-255.

[132] 李鸿博,戴永浩,宋继宏,等. 峡口高地应力软岩隧道施工监测及支护对策研究[J]. 岩土力学,2011,32(S2):496-501.

[133] 晏长根,罗鑫,王凯,等. 深埋软岩大变形偏压公路隧道3层支护结构受力变形特征[J]. 中国公路学报,2016,29(02):98-107.

[134] 张德华,刘士海,任少强. 三台阶七步法施工高地应力隧道支护结构受力特性分析[J]. 现代隧道技术,2016,53(01):96-110.

[135] 陈子全,寇昊,杨文波,等. 我国西南部山区隧道施工期支护结构力学行为特征案例分析[J]. 隧道建设(中英文),2020,40(06):800-812.

[136] 国家铁路局. 铁路隧道设计规范:TB 10003—2016[S]. 北京:中国铁道出版社,2017.

[137] 中华人民共和国行业标准. 公路隧道设计细则:JTG/T D070—2010[S]. 北京:人民交通出版社,2010.

[138] 朱永全,张素敏,景诗庭. 铁路隧道初期支护极限位移的意义及确定

[J].岩石力学与工程学报,2005(09):1594-1598.

[139] 赵东平,喻渝,王明年,等.大断面黄土隧道变形规律及预留变形量研究[J].现代隧道技术,2009,46(06):64-69.

[140] 王明年,路军富,刘大刚,等.大断面海底隧道CRD法绝对位移控制基准建立及应用研究[J].岩土力学,2010,31(10):3354-3360.

[141] 朱成豪.复杂条件下高速公路隧道施工期洞周位移控制基准研究[D].成都:西南交通大学,2011.

[142] 陈亮,陈寿根,杨家松.锦屏二级水电站引水隧洞软岩段变形特征及预留变形量分析[J].水利水电技术,2013,44(10):52-56,61.

[143] 任少强.兰新高铁碎屑流及薄层板岩隧道施工变形控制技术[D].北京:北京交通大学,2015.

[144] 郭小龙.高地应力软岩隧道变形分级控制技术及二次衬砌施作时机研究[D].北京交通大学.2019.

[145] 陈宗基.地下巷道长期稳定性的力学问题[J].岩石力学与工程学报,1982(01):1-20.

[146] AYDAN Ö. AKAGI T, KAWAMOTO T. The squeezing potential of rock around tunnels: Theory and prediction with examples taken from Japan [J]. 1996, 29(03):125-143.

[147] 苑郁林,周群立.乌鞘岭隧道穿越F7断层隧道变形机理分析及其支护措施的探讨研究[J].中国铁路,2005(02):20-23,10.

[148] 王成虎,沙鹏,胡元芳,等.隧道围岩挤压变形问题探究[J].岩土力学,2011,32(S2):143-147.

[149] 李术才,徐飞,李利平,等.隧道工程大变形研究现状、问题与对策及新型支护体系应用介绍[J].岩石力学与工程学报,2016,35(07):1366-1376.

[150] 董方庭,宋宏伟,郭志红.巷道围岩支护圈理论[J].煤炭学报,1994,19(01):21-32.

[151] 何满潮.高应力软岩的工程地质特征及变形力学机制[J].岩土工程学报,1998,12(03):20-25.

[152] 刘高,张帆宇,李新召,等.木寨岭隧道大变形特征及机理分析[J].岩石力学与工程学报,2005(S2):5521-5526.

[153] 吴永胜. 千枚岩隧道围岩力学特性研究及工程应用[D]. 北京:北京交通大学,2017.

[154] 倪国荣,叶梅新."板裂"结构岩体的力学分析法[J]. 岩土工程学报,1987,9(01):99-108.

[155] 杨建辉,杨万斌,郭延华. 煤巷层状顶板压曲破坏现象分析[J]. 煤炭学报,2001(03):240-244.

[156] 陈先国. 隧道结构失稳及判据研究[D]. 成都:西南交通大学,2002.

[157] 李明,茅献彪,王鹏,等. 巷道围岩层裂板结构稳定性分析[J]. 矿业安全与环保,2011,38(01):10-16.

[158] 刘阳,伍晓军,刘志强,等. 关于碳质板岩隧道大变形机理及应对措施的探讨[J]. 现代隧道技术,2014,51(06):19-24.

[159] RABCEWICZ L V. The new austrian tunnelling method[M]. Berlin, Heidelberg: Springer, 2008.

[160] EISENSTEIN Z, HEINZ H, NEGRO A. On three-dimensional ground response to tunneling[J]. ASCE GeotechⅢ, Tunnelling in Soils and Rocks, 1984: 107-127.

[161] ASEF M R, REDDISH D J, LLOYD P W. Rock-support interaction analysis based on numerical modeling[J]. Geotechnical and Geological Engineering, 2000(18): 23-37.

[162] 陈建勋,楚锟,王天林. 用收敛-约束法进行隧道初期支护设计[J]. 西安公路交通大学学报,2001(02):57-69.

[163] 刘保国,杜学东. 圆形洞室围岩与结构相互作用的黏弹性解析[J]. 岩石力学与工程学报,2004(04):561-564.

[164] 唐雄俊,狄先均,李强,等. 隧道开挖面附近约束损失分析[J]. 华中科技大学学报(城市科学版),2009,26(04):49-66.

[165] 孙闯,张向东,贾宝新. 基于收敛-约束法的隧道围岩安全性评价[J]. 公路交通科技,2014,31(03):96-118.

[166] 扈世民. 基于收敛-约束法地铁区间隧道初期支护安全性研究[J]. 铁道学报,2015,37(10):117-121.

[167] 董方庭,郭志宏. 巷道围岩松动圈支护理论[C]//世纪之交软岩工程技术现状与展望. 北京:煤炭工业出版社,1999:52-60.

[168] 于学馥,郑颖人,刘怀恒,等.地下工程围岩稳定分析[M].北京:煤炭工业出版社,1983.

[169] 陆家梁.松软岩层中永久洞室的联合支护方法[J].岩土工程学报,1986(05):50-57.

[170] 孙钧.地下工程设计理论与实践[M].上海:上海科学技术出版社,1999.

[171] 方祖烈.拉压域特征及主次承载区的维护理论[C]//世纪之交软岩工程技术现状与展望.北京:煤炭工业出版社,1999:48-51.

[172] 王襄禹,柏建彪,李伟.高应力软岩巷道全断面松动卸压技术研究[J].采矿与安全工程学报,2008(01):37-45.

[173] 汪波,郭新新,何川,等.当前我国高地应力隧道支护技术特点及发展趋势浅析[J].现代隧道技术,2018,55(05):1-10.

[174] 刘招伟,王明胜,方俊波.高地应力大变形隧道支护系统的试验研究[J].土木工程学报2010,43(05):112-116.

[175] 原小帅,张庆松,李术才.超大断面炭质千枚岩隧道新型支护结构长期稳定性研究[J].岩土力学,2011,32(增2):557-560.

[176] 徐飞,李术才,石少帅,等.千枚岩隧道传统与新型支护结构现场对比试验研究[J].岩石力学与工程学报,2017,36(03):609-621.

[177] 江玉生,江华,王金学,等.公路隧道Ⅴ级围岩初支型钢支架受力分布及动态变化研究[J].工程地质学报,2012,20(03):453-458.

[178] 徐帮树,杨为民,王者超,等.公路隧道型钢喷射混凝土初期支护安全评价研究[J].岩土力学,2012,33(01):248-254.

[179] 张德华,刘士海,任少强.基于围岩-支护特征理论的高地应力软岩隧道初期支护选型研究[J].土木工程学报,2015,48(01):139-148.

[180] 李为腾,王乾,杨宁,等.钢管混凝土拱架在巷道支护中的发展与现状[J].土木工程学报,2016,49(11):97-128.

[181] 邹志晖,汪志林.锚杆在不同岩体中的工作机理[J].岩土工程学报,1993(06):71-79.

[182] 高谦,宋建国,余伟健,等.金川深部高应力巷道锚喷支护设计与数值模拟技术[J].岩土工程学报,2007,29(02):279-284.

[183] 郭小红,王梦恕.隧道支护结构中锚杆的功效分析[J].岩土力学,

2007,28(10):2234-2239.

[184] 余莉,尤哲敏,陈建平,等. 高地应力地区隧道围岩分级研究[J]. 现代隧道技术,2015,52(3):23-30.

[185] 余伟健,高谦,朱川曲. 深部软弱围岩叠加拱承载体强度理论及应用研究[J]. 岩石力学与工程学报,2010,29(10):2134-2142.

[186] 姚强岭,李波,任松杰,等. 中空注浆锚索在高地应力松软煤巷中的应用研究[J]. 采矿与安全工程学报,2011,28(02):198-203.

[187] 赵景彭. 节理倾角对层状岩体大断面隧道稳定性研究[J]. 铁道建筑,2011(09):58-61.

[188] 洪开荣,杨朝帅,李建华. 超前支护对软岩隧道空间变形的影响分析[J]. 地下空间与工程学报,2014,10(02):429-440.

[189] 孙洋,左昌群,刘苗,等. 加长锚杆在软岩隧道大变形控制中的应用[J]. 现代隧道技术,2014,51(03):174-180.

[190] HE M C, GONG W L, WANG J, et al. Development of a novel energy absorbing bolt with extraordinarily large elongation and constant resistance[J]. International Journal of Rock Mechanics & Mining Sciences, 2014, 67:29-42.

[191] 姚宝珠. 软岩分类及软岩巷道支护方法[J]. 煤矿安全,2003,34(12):28-30.

[192] 何满潮,郭志飚. 恒阻大变形锚杆力学特性及其工程应用[J]. 岩石力学与工程学报,2014,33(07):1297-1308.

[193] 李国良,朱永全. 乌鞘岭隧道高地应力软弱围岩大变形控制技术[J]. 铁道工程学报,2008(03):54-59.

[194] 孙小明,武雄,何满潮,等. 强膨胀性软岩的判别与分级标准[J]. 岩石力学与工程学报,2005,24(1):128-132.

[195] 王才高. 千枚岩地质条件下隧道平导扩挖快速施工技术[J]. 铁道标准设计,2007(S1):166-169.

[196] 马伟斌,张梅,赵有明,等. 高地应力软岩隧道超前洞室断面优化模拟研究[J]. 铁道工程学报,2011,28(09):58-62.

[197] 马时强. 酉水隧道围岩大变形及支护结构数值模拟研究[J]. 地下空间与工程学报,2009,5(3):494-498.

[198] AUDLEY-CHARLES, M. G. Reconstruction of eastern Gondwanaland [J]. Nature, 1983,306(5983):48-50.

[199] 刘书生,杨永飞,郭林楠,等. 东南亚大地构造特征与成矿作用[J]. 中国地质,2018,45(05):863-889.

[200] 李兴振,刘朝基,丁俊. 大湄公河次地区构造单元划分[J]. 沉积与特提斯地质,2004.24(04):13-20.

[201] HAYASHI M. The hydrocarbon potential and tectonics of Indochina[J]. Journal of Petroleum Geology, 2007, 11(02):219-232.

[202] DENG J, WANG Q F, LI G, et al. Tethys tectonic evolution and its bearing on the distribution of important mineral deposits in the Sanjiang region, SW China[J]. Gondwana research,2014, 26(02):419-437.

[203] DICKINS, J M, PHAN C T. Indosinian Tectogeny in the geological correlation of Vietnam and adjacent regions[J]. world & regional geology, 1995,8:87-96.

[204] 施美凤,林方成,李兴振,等. 东南亚中南半岛与中国西南邻区地层分区及沉积演化历史[J]. 中国地质,2011,38(05):1244-1256.

[205] DABARD, MARIE-PIERRE, NALPAS, et al. The volcaniclastic series from the Luang Prabang Basin, Laos: A witness of a triassic magmatic arc [J]. Journal of Asian Earth Sciences, 2016, 120: 159-183.

[206] 张宏远,刘俊来. 三江南段—中南半岛特提斯蛇绿岩大地构造与成矿[J]. 地球科学:中国地质大学学报,2011,36(02):262-276.

[207] HUDSON J A, COOLING C M. In Situ rock stresses and their measurement in the U. K. —Part I. The current state of knowledge[J]. International Journal of Rock Mechanics & Mining Sciences & Geomechanics Abstracts, 1988, 25(06):363-370.

[208] ZOBACK M D, ZOBACK M L, MOUNT V S, et al. New evidence on the state of stress of the San Andreas Fault system[J]. Science, 1987, 238 (4830):1105-1111.

图书在版编目(CIP)数据

中老铁路软岩隧道大变形控制技术 / 谭忠盛著．
北京：人民交通出版社股份有限公司，2024.11.
ISBN 978-7-114-19690-4

Ⅰ．U459.1

中国国家版本馆CIP数据核字第20245EH430号

审图号：GS京（2024）2289号

Zhong-Lao Tielu Ruanyan Suidao Da Bianxing Kongzhi Jishu

书　　名：	中老铁路软岩隧道大变形控制技术
著 作 者：	谭忠盛
责任编辑：	张　晓　李学会
责任校对：	赵媛媛　魏佳宁
责任印制：	刘高彤
出版发行：	人民交通出版社
地　　址：	(100011)北京市朝阳区安定门外外馆斜街3号
网　　址：	http://www.ccpcl.com.cn
销售电话：	(010)85285857
总 经 销：	人民交通出版社发行部
经　　销：	各地新华书店
印　　刷：	北京印匠彩色印刷有限公司
开　　本：	720×960　1/16
印　　张：	19.25
字　　数：	303千
版　　次：	2024年11月　第1版
印　　次：	2024年11月　第1次印刷
书　　号：	ISBN 978-7-114-19690-4
定　　价：	125.00元

(有印刷、装订质量问题的图书,由本社负责调换)